JN187017

熊谷信昭　第 12 代総長

大阪大学とともに歩んで

熊谷信昭第十二代総長回顧録

大阪大学アーカイブズ編

大阪大学出版会

序にかえて

大阪大学の鷲田清一総長（当時、現名誉教授・京都市立芸術大学長）から「これまでのいろいろな思い出や印象に残っている出来事などについて自由にお話しいただきたい」というお申し出をいただいたのは平成二十二年（二〇一〇年）七月のことでした。大阪大学の歴史に関する史料等を収集・保存していく全学的な取組みの一環として行うもので、大阪大学に関係した人達の記録なども広く収集して後世のために残したいというのが主旨であるということでした。私は大変有難いお話だと思い、喜んでお受けすることにしました。

そしてその後、何回かにわたってインタビューをお受けし、問われるままにいろいろな思い出や関連する事柄などについて思い出すままにお話ししました。インタビューをしてくださったのは当時の大阪大学文書館設置準備室長の阿部武司教授（後、大阪大学アーカイブズ室長、現大阪大学名誉教授・国士舘大学政経学部教授）と同設置準備室の菅真城講師（現大阪大学アーカイブズ教授）のお二人で、研究歴に関する部分については私の愛弟子の一人である大阪大学大学院工学研究科の北山研一教授（電気電子情報工学専攻）がインタビューアーを務めてくださいました。インタビューは毎回大阪大学発祥の地である大阪市内の中之島にある大阪大学中之島センターの中に設けていただいている大阪大学同窓会連合会の会長室で行われました。

その後、ビデオ収録したインタビューの記録を一冊の本にまとめて大阪大学出版会から出版したいというお話をいただきましたので、私は出来るだけ正確を期したいと思い、念のため当時の資料を調べ直したり、関係した方々に直接確認したりしているうちに、いつの間にか最初に鷲田総長からお話をいただいてから五年もの歳月が経ってしまいました。その間、辛抱強くご協力くださった阿部教授と菅教授の両先生には本当に感謝の言葉もありません。それでもなお、まだまだ言い足りないことや言い残したことなど不十分な点が多々あることと思いますが、本書によって、大阪大学をはじめこれまで私が関係してきたいろいろな分野のために尽くされた大勢の方々の、余り一般にはよく知られていない陰でのご苦労や貴重なご貢献などを少しでも後世の方々にお伝えすることができれば望外の喜びです。

本書の出版にあたって大変なお世話になった阿部武司教授と菅真城教授、阿部教授の後を受けて大阪大学アーカイブズ室長に就任された飯塚一幸教授、大阪大学出版会の発足以来ずっと出版会のためにご尽力いただいてきた大西愛さんをはじめご関係の皆様、そして私の阪大総長時代から現在まで三十年近くにわたって秘書としてご協力くださっている植本美千代君に厚く御礼申し上げます。

これまでさまざまな局面で言葉では言い尽くせない数々の暖かいご支援、お力添えをたまわってきた大勢の方々に対し、この機会に改めて心より深く感謝申し上げたいと思います。
本当に有難うございました。

熊谷信昭

目次

第一章　誕生から阪大工学部学生時代まで

旅順に生まれる

阿部　本日は熊谷信昭先生がお生まれになってから、浪速高等学校を経て大阪大学を卒業される頃までの事柄につきまして、ご記憶に残っていることを自由にお話しいただきたいと思います。特にご家庭の学問的環境、それから浪速高等学校にお進みになった理由、浪速高等学校の尋常科・高等科の頃の先生方、そして当時の学友や学校生活の思い出、特に印象に残っていることなどについておうかがいしたいと思います。

熊谷　私は昭和四年（一九二九年）に当時日本領だった関東州旅順市、現在の中国東北部の遼寧省大連市旅順口区で生まれました。私の父親の熊谷三郎（故人、大阪大学名誉教授）が、昭和二年に京都帝国大学（現京都大学）工学部の電気工学科を卒業して、すぐに当時の（官立）旅順工科大学に講師として赴任し、その年の暮れに京都帝大時代の恩師のご紹介で結婚いたしまし

父が旅順工科大学の助教授時代。旅順の官舎の玄関前の桜のもとにて両親（熊谷三郎、道子）と妹（節子、澄子）と共に。昭和11年春。

て、以来、日中戦争が始まる前の年の昭和十一年まで旅順工科大学の助教授を務め、私もそこで生まれたわけです。私が旅順で生まれた昭和四年は有名な世界経済の大恐慌が始まった年で、その二年後の昭和六年には満州事変が勃発していますが、もちろん赤ん坊の私にそんなことがわかるわけもなく、ましてやその年の五月一日に大阪帝国大学（現大阪大学）が誕生していたことなど知るよしもありませんでしたが。そして、昭和十一年に父親が大阪帝国大学（現大阪大学）工学部の教授に選任されて、我々一家は旅順を引き揚げて大阪にまいりました。私が小学校一年生の時でした。

父・熊谷三郎のこと

熊谷　私の父親は、やはり専門が電気工学で、大阪帝国大学工学部電気工学科の教授になった後、昭和二十七年（一九五二年）には大阪大学の教養部長を併任し、その後工学部長などを歴任しました。父親が教養部長になった頃、大阪大学の教養部は旧制大阪高等学校のあった大阪市の阿倍野のキャンパス、これを南校と呼んでいましたが、この南校と、旧制浪速高等学校があった今の待兼山の豊中キャンパス、これを北校と呼んでいましたが、この南校と北校の二つに分かれていました。これを父が教養部長の時に北校一つに統合したのですが、元大高（旧制大阪高等学校）だった南校の先生方からは強い抵抗を受け、大変恨まれたという話を聞いています。そういう苦労をして、大阪大学の教養部を今の待兼山の豊中キャンパス一ヶ所に統合するような仕事もしています。

大阪帝国大学は戦後間もない昭和二十二年に「大阪大学」と改称され、さらに昭和二十四年には学制の大変革によって旧制の大阪大学から新制の大阪大学へと変わり、一般教養部などが新たに設置されました（一般教養部は昭和三十二年に教養部と改称）。日本の大学がそれまでに経験したことのない大変革で、いろいろな難しい課題が山積していましたが、中でも教養部はそれまでの日本の大学にはなかった制度で、カリキュラムの編成から始まってすべてが模索の状態でした。

私はその頃、まだ併存していた旧制の大阪大学工学部の最後の学生でしたが、私が教養部長時代の父をそばから見ていても本当に大変だろうなと思ったのは、当時南校、北校に分かれていた教養部を北校に統合したことだったように思いました。

阿部　南校の学生や先生方が、今の豊中キャンパスにあった北校に全部移ることになったということでしょうか。

熊谷　そうなんです。旧制浪速高等学校（浪高）と旧制大阪高等学校（大高）の二つの旧制高校が新制の大阪大学の教養部の母体になりまして、旧制の浪高、大高の教授や助教授の先生方は大半が大阪大学教養部の教授や助教授や講師などになられたのですが、元大高の先生方は、それまでずっと大高に通っておられたわけで、例えば万葉集のご研究で著名な犬養孝先生なども大高の教授でしたので、そういう方々が長い間通い慣れた勤め先が、大阪の南から豊中市の石橋という北のほうに移るとなると、通勤一つをとっても大変な変化で、それはずいぶん抵抗があっただろうと思いますね。

しかも、大高の関係者にしたら、いわば大高という学校とそのキャンパスが名実ともに消えてなくなってしまうわけですから、卒業生にしても非常に残念がって大きな抵抗感があったと思いますし、また、それは当然のことだったと思います。大阪大学が、後に大阪市内の中之島にあった理学部や医学部や医学部附属病院などを豊中キャンパスや吹田キャンパスに移す時なんかにも大変な抵抗がありました。

父親はその後、大阪大学の工学部長などを務めて、停年直前の昭和四十二年に、突然、愛媛大学長に選任されて松山に赴任し、二月十日付で学長に就任いたしました。そして、きっちり四年後の、学長の任期二期目の昭和四十六年二月十日に、松山一の敷島という料亭で、大阪大学から行った自分の教え子の教授などを呼んで食事をしていて、お酒を飲んだり、歌を歌ったりしていた最中に、突然その料亭のお座敷でころっと亡くなっちゃったんです。いかにも親父らしいあっさりした最後でした。

父親が愛媛大学長をしていた頃は大学紛争の一番激しかった時期で、父もそれには大変苦労していましたが、同時に愛媛大学や地元の長年にわたる念願であった医学部を新しく創設したりして皆に大変感謝されていました。亡くなった時には愛媛大学は大学葬をもってその功労に報いてくださり、大変親しくさせていただいていた松下電器（現パナソニック）の創業者の松下幸之助さんや、阪大でも大学紛争のまっただ中でとても大変な時だったにもかかわらず現職の阪大総長であった釜洞醇太郎先生などもわざわざ松山までお越しくださって、弔辞を述べてくださいました。

父親が亡くなった時、まだ私は阪大工学部の助教授だったので、その後私が教授になったことを父親は知りませんでしたが、私は昭和四十六年の六月に、かつて父親が担当していた工学部通信工学科の第一講座担当の教授に昇任しま

大阪大学工学部長当時の父熊谷三郎（後、愛媛大学長、大阪大学名誉教授）。昭和 38 年頃。

した。この通信工学科は、第二次世界大戦中の昭和十五年に、日本の国立大学としては大阪大学に最初にできた情報・通信工学の分野の教育・研究を専門的に行う学科で、大阪大学には日本で最初にできた特色ある学部や学科が大変多いのですが、この通信工学科もその一つでした。そして、その学科に最初に開設されたのがこの第一講座だったのですが、この講座に電気工学科から移って初代の担当教授となったのが私の父親だったのです。

そして、その三十一年後に、また私が同じ講座の担当教授になったわけですが、その時、文部省の人が、同じ国立大学の、同じ学部の、同じ学科の、しかも同じ講座の教授を親子でやった例というのは、文部省でも前例を知らないと言っていました。さらにその後、私が阪大の総長になった時には、また文部省の人が、親子二代で国立大学の学長を務めたという例は、自分の知る限り、文部省では記録がないというようなことも言われました。そういえば、さらについでに思い出しましたが、父は大阪大学からは初の電気通信学会（後の電子通信学会、現電子情報通信学会）の会長を務めましたが、後に私も同じ学会の、阪大からは二人目の会長になり、その時にもこのような大きな学会の会長を親子で務めるのは珍しいと言われたこともありました。

教育熱心な家庭だった

熊谷　私は小学校一年生の一学期まで旅順の小学校におりましたが、先ほど申し上げたように、父親が大阪帝国大学の教授になって昭和十一年（一九三六年）に内地へ帰ることになりました。それで、その前に、両親が中国や満州の各地を旅行しまして、私もそれに連れられて、有名な満鉄の特急「あじあ号」などにも乗りましたし、当時の満州国の首都新京（現中国吉林省長春市）や、奉天、哈爾浜《ハルピン》、撫順《ブジュン》などを回り、また中国の青島《チンタオ》などにも親に連れられて行った記憶がございます。

日本に帰ってから一年間ほどは母の実家のあった神戸にいましたが、その後はずっと豊中に住んでおりました。私は妹五人と弟一人の七人兄弟の長男で、まだ日本では女子の大学進学率が非常に低い時代でしたが、私のすぐ下の妹は大阪大学の文学部を卒業しましたし、ほかの妹たちも奈良女子大学その他、五人全員が大学まで行きました。教育には非常に熱心な家庭だったと思います。

一番下の弟（熊谷貞俊）は、灘中、灘高を経て東大工学部の電気工学科を卒業したあと、大学院は大阪大学の基礎工学研究科を修了し、大阪大学から工学博士の学位を受け、その後、大阪大学大学院工学研究科電気電子情報工学専攻システム工学部門の教授となり、退職後は大阪大学名誉教授の称号をいただき、衆議院議員などを務めました。

そういうわけで、結局、父親と息子の私たち兄弟の三人とも全員が、同じ大阪大学工学部の電気系の教授を務めたことになりました。大阪大学とは大変ご縁の深い一家だったと言えるかもしれませんね。

浪高・大高が阪大の教養部に

熊谷　先ほど、大阪大学の教養部が大高と浪高の二つの旧制高校を母体として、南校と北校の二つのキャンパスで発足したということを申しましたが、第二次世界大戦後の学制改革で、旧制度の学制から新制度の学制に変わった時、旧制高等学校はそれぞれ独立して新制の大学になるか、旧制の大学と統合して新制の大学の教養部になったわけです。

例えば、旧制高校でも私立の甲南高等学校とか、東京でいえば成城高等学校や成蹊高等学校などは、それぞれ新制の甲南大学や成城大学、成蹊大学などの大学になりましたが、それ以外の高等学校は、ほとんどが新制の大学の教養部になったんですね。近くで言えば、姫路高等学校は神戸大学の教養部の母体になりましたし、第三高等学校（三高）は京都大学の教養部になり、また名古屋の八高（第八高等学校）や仙台の二高（第二高等学校）はそれぞれ名古屋大学や東北大学の教養部になりました。その中で、大阪大学は浪速高等学校と大阪高等学校の二つの旧制高校を母体として教養部としたわけです。

二つの旧制高校をもって教養部としたのは、国立大学では東京大学と大阪大学の二大学だけでした。東京大学は第一高等学校（一高）と東京高等学校の二つの旧制高等学校を母体として教養学部をつくり、大阪大学は浪高と大高の二つの旧制高校を母体として教養部にしたのです。

これは、大阪大学にとっても大高や浪高にとっても、その後のためにとても良いことだったと思っていますが、大阪大学の場合、特に難しかったのは、浪高が府立の高等学校だったということです。東大の場合は、一高も東京高校もどちらも官立でしたから、それを統合して国立の東大の教養学部をつくることは比較的簡単だったのですが、阪大の場合、大高は官立でしたが浪高は府立で、しかも、当時、大阪府は府立の浪高を主要な母体として大阪府立の大学をつくろうとしていましたので非常に難しかったのです。

私もよく覚えていますが、当時、浪高の生徒だった私たちも浪高の先生方もみんな大阪大学の教養部になることを強く望んでおり、そのための運動などもやっていました。そして結局、いろいろな方々のご努力もあって、大阪大学は官立（国立）の大阪高等学校と公立（府立）の浪速高等学校の二つの旧制高校を母体として教養部とすることができたのです。私は浪高の卒業生としても阪大の卒業生としても非常に有難いことだったと思っています。

浪高尋常科へ入学

熊谷　なぜ私は小学校を卒業したあと浪高の尋常科へ進んだのかということですが、当時、日本には旧制の高等学校が約四十校ありまして、その大半は旧制中学校（修業年限四年ないし五年）を卒業してから入る三年制の高等学校だったのですが、官立（国立）の一つの高等学校と、公立三校、私立四校の合わせて八つの高等学校だけが、旧制の中学校に相当する尋常科四年と旧制の高等学校に相当する高等科三年からなる七年制の高等学校で、浪高もその一つでした。

明治以降、日本の各界の指導的立場に立つエリートとなることを志す若者は全員が旧帝大（旧帝国大学）に入学することを目指しました。しかし、当時、どうしても帝大に行きたいと思う者は、まず旧制高等学校を卒業しなければ事実上帝大へは行けなかったので、全国で七つしかなかった帝国大学まで行きたいと思う者は、みんな旧制高等学校に入るための必死の受験勉強や灰色の浪人生活など惨憺たる苦労をしていました。帝国大学へ進むためには旧制高等学校に入るのが最大の難関だったのです。

ところが、七年制の高等学校ですと、小学校を出て尋常科にさえ入れば、現在の中高一貫教育みたいなもので、高等科（高等学校）に進むための入学試験はありません。ただ、七年制の高等学校は先ほど申し上げましたように関東と関西に合わせて僅か八校しかなかったので、この七年制の高等学校の尋常科に入るというのが親たちも含めてみんなが一番望んだ夢だったのです。

当時の学区制の時代でも、浪高の尋常科などは学区制に関係なく、全国どこからでも受けられましたので、遠く離れた遠隔地からも大勢が受けにきて、しかも小学校の成績が各クラスで二番以下という者はいなかったとさえ言われていたほど大変な難関だったのです。

実際、例えば関西でも、浪高の尋常科と他の有名な中学校の両方に合格した者はほとんど全員が浪高の尋常科に行きました。そのように、七年制の高等学校の尋常科というのは別格で、しかも入学定員はわずか二クラス、八十名程度と少なかったので最難関の学校とされていましたが、私は幸い浪高の尋常科に入れたのです。この浪速高等学校が、将来、大阪大学の教養部になるということは、私はもちろん、当時の誰一人として、夢想だにしていませんでしたけどね。

自分が行った学校のことをこんなふうに申し上げるのはいかにも入るのがそんなにも難しい学校に入学したことを自慢しているようでさぞお聞き苦しいことかと存じますが、本意は決してそういうつもりではありません。実際、入学できたといっても別に難しい入学試験があったわけではなく、小学校からの内申書と簡単な口頭試問があっただけでしたので、まあ運がよかっただけだったと言えるかもしれません。ただ、戦後の学制改革で大阪大学の教養部の母体となった浪高という学校はそういう素晴らしいエリート校だったのだということを後生の阪大

旧制浪速高等学校の創立70周年記念祝典で行った記念講演「日本の高等教育─旧制高等学校の果たした役割と浪速高等学校─」。平成7年7月8日。

の人たちにもぜひお伝えしておきたいと思ったからに他なりません。今では旧制の浪速高等学校のことをご存じの方も非常に少なくなっていますので、あえて申し上げた次第ですのでなにとぞご理解とご容赦をたまわりたいと思います。

なお、旧制高等学校と浪高（浪速高等学校）のことにつきましては、浪高の創立七十周年記念祝典で私が行った記念講演「日本の高等教育－旧制高等学校の果たした役割と浪速高等学校－」の中でかなり詳しく述べてあります（『待陵』第九号創立七〇年祭記念号、旧制浪速高等学校同窓会、一九九七年）。

尋常科時代の思い出

熊谷　私が覚えているのは、入学式の二、三日後に保護者会があって、母親が学校に行くと、尋常科主事の富熊雄先生が新入生の親たちに、「あなたたちの子どもさんは、これまでずっと小学校ではみんな一番とか二番の子どもさんたちばっかりだったかもしれないけれど、浪高の尋常科に入ってからは、一学年の生徒数は八十名、一番から八十番までになるんですよ。しっかり勉強させせないといけませんね」と言われたという話を家へ帰ってしていました。この印象は大変強烈で、今でもよく覚えています。

実際、浪高は尋常科、高等科とも勉強には極めて厳しく、成績が基準に満たないと容赦なく落第（留年）させられました。同じ年に尋常科に入学した八十名の同期生のうち、無事に規定通り七年後に高等科を卒業した生徒は、半分ぐらいしかいなかったといわれたほどの厳しさでした。もちろん決して出来の悪い生徒が多かったというわけではありません。それほど浪高の教育と指導が厳しかったということです。私がいまでも親しくつきあっている一つ年上の親友は、私が尋常科に入学した時には一年上の先輩でしたが、そのうち彼が留年して同級生になり、その後また彼は落第して、高等科を卒業する時には彼は一年後輩になっていました。だから彼は、「俺には同窓会が三つあって、同級生の数も普通の者の三倍いるんだ」と言っていばっています。彼は広島県の福山から小学校を卒業するとすぐ浪高の尋常科に入学して来ていた人で、後に大きな会社の社長となり、立派な業績をあげて社業を伸ばし、八十歳半ばを過ぎた今でも元気に活躍しています。旧制高校にはこういう勇ましい豪傑がたくさんいました。

　尋常科の頃の私はよくふざけたり、騒いだり、けんかをしたりして、先生にしかられたり、母親が呼び出しをくらったりしていました。私は、どうもやんちゃ坊主だったような気がいたします。

終戦の印象

熊谷　浪高の尋常科時代の思い出の中で非常に印象的だったことの一つは、四年生の時、終戦の詔勅を読まれる昭和天皇のラジオ放送を浪高の本館（後の阪大イ号館、現大阪大学会館）の屋上で聞いた時のことです。尋常科・高等科の生徒たち全員と先生方全員、それから当時は軍事教練を担当する職業軍人の配属将校がいましたから、そういう人たちも含めて全教職員と生徒が集められて、終戦を告げる天皇陛下のいわゆる玉音放送を聞いたのです。これは非常に印象的で、天皇陛下の声を生まれて初めてラジオで全員が聞きました。先生方や生徒たちは大きなショックを受けながらもみんな冷静に聞いていましたが、配属将校は軍刀を抱きしめて号泣していたのを覚えています。昭和二十年（一九四五年）八月十五日のことでした。

　そして、放送が終わった後の校長先生の言葉が、今から考えますと本当に立派だったと思うんですね。今でもよく覚えていますが「今日、この時間から戦争は終わる。しかし、決して軽挙妄動してはならない。落ち着いて、君たちは明日からもちゃんと今までどおり学校に来て勉強しないといけない。ゲートルは、今日、帰る時から巻かずに帰ってよろしい」という訓示でした。戦争中は、普段でも毎日、学校に登下校する時は必ずゲートルを巻いていなければならないことになっていたのですが、「もう明日からはゲートルを巻かずに来てよろしい」ということを言われたわけです。

今とは状況が全く違う「鬼畜米英撃ちてしやまん」という戦時色一色の時代が続いていた時に、突然終戦の詔勅を聞いて、その直後に、そういう訓示を校長先生がされたというのは、本当に立派だったと思います。今から振り返ってみても浪高の先生方は本当に偉い方が多かったと思います。戦争中、私と友人数名が尋常科主事の富熊雄先生の所へ行って、「こんな時代なので、高等科に進まずに陸士（陸軍士官学校）か海兵（海軍兵学校）に行きたい」と頼んだことがあるのです。陸士や海兵というのは旧制中学校を出てから行く陸軍将校や海軍士官などの幹部職業軍人を養成する学校ですが、そういう学校に我々は行きたいと言ったわけです。そうしたら、富先生は「日本が戦争に勝っても、ちゃんとまっとうな教育を受けた人間が日本にいなければ日本の将来はないんだ。だから、陸軍や海軍の軍人になって国のために尽くすのも一つの道だが、君たちはちゃんとした勉強をして日本の将来のために働かないといけない」と諭されました。私たちはその頃はまだ幼稚でよく分かっていませんでしたけれども、今から振り返ってみますと本当に有難いご指導だったと思います。

また、当時のほとんどの中学校や高等学校の生徒たちは、勤労動員で塹壕《ざんごう》掘りに駆り出されたり軍需工場へ働きに行かされたりして、勉強はほとんどできなかったのですが、浪高は先生方が防波堤になって、なるべく生徒たちを勤労動員に行かせずに勉強させようと大変頑張られました。軍からの圧力が厳しくて勤労動員に全然行かないというわけにはいかなかったのですが、その場合にも、最小限の日数だけ行くように大変な努力をされていたようです。そういう先生方のご努力があったことは、我々生徒たちも当時から知っていました。

今から考えますと、ちょっとでも戦争に非協力的なことを言っただけで、すぐ「非国民」とか「国賊」と言われて憲兵隊に引っ張られるような戦時中の厳しい時代に、よくそういうしっかりと生徒たちや国の将来を見すえた、教育の重要性を認識した態度を貫かれたものだと思って、当時の浪高の先生方のご見識と勇気に改めて感心いたします。

その頃、浪高の卒業生で、当時海軍にいた人が母校の浪高に講演に来られたことがあって、海軍のことや戦争のいろいろな話をして、最後に「皆さんにはしっかり勉強してもらわないといけない。日本が戦争に勝っても負けても、ちゃんと勉強した人材がどうしても必要なんだから」と言って話を終わられました。我々は、普段から先生方に言われていたことと同じなので別に何とも思わずに聞いていたのですが、そのすぐ後に、その人は憲兵隊に逮捕されたんです。

何が悪かったのかというと、「戦争に勝っても」というのはいいが、「負けても」と言ったのはけしからんということだったんです。それで憲兵隊に検挙されたわけですが、そういう今では考えられないひどい時代がずっと長く続いていたのですから、そんな中での浪高の先生方の態度は本当に立派だったと思います。

高等科へ進学

熊谷　そのような事情があったものですから、終戦の翌年、高等科に進んだ時、尋常科から上がっていった生徒と、他の中学校から高等科へ入ってきた人たちとの間には、英語や数学をはじめあらゆる科目で非常に大きな学力の差がついていました。他の中学校から来た人たちは、気の毒なことに、ほとんどが勤労動員に行かされて、尋常科に比べますと学校で勉強した時間は極めて少なかったからなんですね。そのために学力の差は非常に大きかったのです。しかし、その差を解消するための特別の補講とか補習授業というようなものはなくて、めいめい自分たちで頑張って追いつかなければならなかったので、本当に気の毒でした。

だけど、他の中学校から来た人たちもそれぞれ優秀な人たちでしたから、その後の大学進学や社会に出てからの活躍などには大きな差はなく、みんな各界、各分野で立派な仕事をしていました。

理科を選択

熊谷　浪高の尋常科を修了した者は高等科へ進むわけですが、その時、理科にするか文科にするかを選びます。私は父親が阪大工学部の教授でしたし、自分もかねてから理系に行きたいと思っていましたので高等科は迷わず理科に行きました。

旧制高等学校の非常に大きな特徴の一つは、旧制高等学校ができた頃の日本の国家的な必要性もあったのでしょうが、外国語の教育を非常に重視していたことです。外国語の授業のない日は一週間のうちに一日もなかったですね。英語は必修で、その他にドイツ語かフランス語のどちらかを第二外国語として選択しなければなりませんでしたが、私はドイツ語を第二外国語に選びました。ドイツ語は日本語や英語に比べて文法が比較的明確で、規則性が高いように思えて、私はドイツ語が大好きになりました。

大学は大阪大学へ

熊谷　私は昔から化学が苦手で、いまだに化学の天地根本の原理みたいなものがよく分からないんですね。ですから、化学が好きで、化学がよくできるという人をみると私は今でもつい尊敬してしまうのですが、物理とか数学は化学に比べるとはるかに単純明快なように思えて私には分かりやすかったものですから、私は数学や物理学は大好きでした。それで、大学はできれば理学部に行って物理学を勉強したいと思って父親に相談したら、「物理じゃ飯が食えん。工学部に行け。工学部でも物理に近い講義や研究をやっている学科もあるんだ」と言われました。

それで、工学部に行くことにして、このあたりで一度親元から離れて暮らすのもいいのではないかと思って、あまり深くも考えずに東大工学部の電気工学科と東京工業大学の電気工学科の二つを受験することにして願書も出したんです。

そうしたら、父親の同僚である阪大工学部の通信工学科の教授お二人がわざわざ私の家までおみえになって、私に、「東京の大学の電気系の学科を受験するということを聞いたが、大阪大学に同じような学科がないんだったらともかく、大阪大学にも通信工学科や電気工学科というような学科があり、親父さんがそこの教授をしているというのに、息子が他の大学に行くようなことをされたら、あなたの親父さんはもちろん、我々も面子が立たない。大阪大学に来なきゃ駄目だ」とおっしゃったんです。菅田栄治先生と青柳健次先生（いずれも故人）でした。

また、親戚の叔父が、「いまどき東京へ行って下宿なんかしたら栄養失調で病気になってしまうからやめておけ」と言ってきました。実際、その頃はまだ戦後の大変な食糧難が続いていた時代で、お米も配給制でしたから、よその家に泊めてもらう時でも自分の食べる分のお米は持って行かなければならないというような時代でしたので、自分の家を離れたら確かに栄養失調になる恐れもありました。

それで、私は、父親は京都大学の卒業で現在は阪大の教授ですし、どちらも家から通えますので阪大か京大のどちらかにしようと思って一応父親に意見を聞いてみたら、親父が言下に「京都はやめとけ。大阪大学のほうがいい」と言うんです。どこがいいのかと聞いたら、「京都より近いから電車賃が安上がりだ」と言いましてね（笑）。そして「阪大工学部の通信工学科に行け。家から通えて京都へ行くよりも電車賃が安くてすむうえに、ワシの持っている本も全部使えるから本代も少なくすんで安上がりだ」と頭ごなしに言われました。乱暴な理由ですが説得力は結構あるわけですね（笑）。

そんなこともあって、結局、私は阪大工学部の通信工学科へ行くことにしたのですが、今から考えてみても本当によい選択だったと思って感謝しています。その頃はまだ旧制の阪大には法学部や経済学部、文学部などの文系の学部はありませんでしたので、浪高の文科の卒業生たちはどうしても京大や東大などに行かなければなりませんでしたが、私の浪高の理科の同級生たちはほとんど全員が阪大の医学部や理学部や工学部に進みました。

大阪大学工学部（旧制）通信工学科を卒業

熊谷　父親が教授を務めている学科に入ったわけですから、息子の私は自分の父親の講義を直接聴く経験をしました。「交流理論」と「過渡現象論」という電気回路に関する二つの主要科目でしたが、率直に言って、親父の講義はそれまでに聴いたどの講義よりも明快で、格調高く、実に素晴らしい、立派な講義でした。親父の講演や講義が素晴らしいということは多くの人たちから聞いていていましたが、本当に名講義でした。

私は学部の卒業研究も父親の研究室でやりました。旧制大学の修学年限は三年でしたから、昭和二十四年（一九四九年）に旧制の大阪大学に入学した私は、三年後の昭和二十七年に卒業するはずだったのですが、三年生の時に結核性肋膜炎を患い、一年間休学して留年し、昭和二十八年に旧制の最後の卒業生として卒業しました。この年は新制の大阪大学の第一回の卒業生も同時に卒業した年でした。

私が卒業した当時の旧制の大阪大学には理学部、医学部、工学部の三学部しかなく、卒業式も大阪市の中之島にあった医学部の講堂で行われました。全学部の卒業生があまり広くもない医学部の講堂に十分入れるぐらいの規模だったのですね。今から振りかえってみますと、まさに隔世の感があります。大阪大学の歴史はそういう意味でも文字通り発展と拡充の一途をたどった歴史であったと言うことができると思います。

大学卒業後の進路

熊谷　私が昭和二十八年（一九五三年）に旧制の大阪大学の最後の卒業生として卒業した当時、旧制の大学院には研究奨学生制度というのがあって、毎年、工学部全体でもほんの十名程度、一つの学科からせいぜい一人ぐらいが選ばれてこの大学院の研究奨学生になることができました。

この制度は、戦争中、若者がほとんど軍隊に取られていたので、文部省（当時、現文部科学省）が日本の将来のために「高度の学術研究者の養成確保」を目的として大学院特別研究生制度というものをつくり、ごく少数でしたけれども、兵役を免除して大学院の学生として採用するようにしていたのですが、この制度が戦後もしばらくの間、同様の趣旨で旧制の大学院の研究奨学生制度として継承されていたのです。研究奨学生には奨学金が与えられていましたが、この奨学金は非常に高額で、後に私が助手に任官した時には、大学院の研究奨学生としてもらっていた奨学金よりも助手の給料の方が少なく、大学院の学生時代よりも収入が減りました。研究奨学生の奨学金の方が助手の給料よりも高かったのです。しかも、大学の教官などの教職や研究機関の研究職につけば返還の義務は免除されることになっていました。

このように、昔の旧制大学院のことを知っておられる方ならよくご存じですが、旧制の大学院の特別研究生（戦後は研究奨学生と改称）に選ばれるというのは大変名誉なことでもあり、また研究者となることを志す者にとっては非常に有難い制度でしたが、私はまことに幸いなことにこの旧制の大学院の数少ない研究奨学生にしていただくことができて、学部時代から引き続いて父親の研究室で大学院研究奨学生として本格的な研究生活を始めることになりました。旧制の大学院では講義などは一切なく、専ら与えられたテーマの研究に専念していました。

旧制の大学院は前期が三年、後期が二年で、後期に進む時には、さらに研究奨学生の枠が約半分ぐらいに減らされるので、誰を残すかというのはくじ引きで決めることになっていました。それで、各学科の大学院の研究奨学生が工学部長の部屋に集められてくじを引いたのですが、私は残念ながら空くじで、奨学金がもらえる研究奨学生としては後期には進めないことになったんです。

そんなわけで、どこかに就職しなければならないということになって、松下電器（現パナソニック）の中央研究所に行くことにして、採用も内定していたのです。

松下電器の中央研究所に就職することにしたのにも理由がありまして、私の父親が戦争中、松下幸之助さんに頼まれて松下電器の中央研究所をつくるのに協力し、創設後は大阪帝国大学教授のまま、その研究所の初代所長を兼務していました。戦争中の大阪帝国大学時代に、官吏（国家公務員）である大阪帝国大学の教授が、現職のまま、一民間企業である松下電器の中央研究所の所長を兼務することを当時の文部省は正式に認めていたんですね。今よりはるかにおおらかで、規制が少なく、すべてが今よりむしろ弾力的だったような気がします。

そのようなご縁で、松下幸之助さんと我々一家は大変懇意にしていただいていまして、私の妹のうち三人は結婚する時のお仲人が松下幸之助さんご夫妻でした。そういう関係もあったので、私は松下電器の中央研究所に就職することに決めていたのです。

ところが、松下電器に行こうとしていた矢先に、突然、私がその頃一番親しくしていた同じ研究室の先輩の助手の里深清さんという方が、肺結核の手術の失敗でそのままあっという間に亡くなられたんです。これには全く驚愕しましたが、そのために、思いもかけず私が助手として大学に残ることになり、結局、その後もずっと大学で暮らすことになったわけです。本当に、人の運命というものは分からないものだと思います。いろいろな弾みや偶然というようなものが重なって人の人生が決まっていくんですね。私もこんなことがなければ大学に残ることにはならず、その後も大学でずっと暮らすことになっていたかどうかも分かりません。

こうして、私は大阪大学の助手に任官することになったのです。昭和三十一年、二十七歳の時でした。以上が私が生まれてから学生時代を終わるまでのざっとしたあらましです。

父母のこと

阿部　他にもいくつか教えていただきたいことがございます。まず、ご尊父の三郎先生は、京都帝国大学のご卒業直後に旅順工科大学の講師という役職についておられます。これらのいきさつについてご教示いただけますか。

熊谷　私の父親は山口県の出身で、旧徳山市の近くの福川という瀬戸内海に面した小さな漁村（現在は周南市）の網元の家の三男坊に生まれて、徳山中学校から熊本の第五高等学校（旧制五高、現熊本大学）に行ったんですが、聞くところによりますと大変な秀才だったらしくて、旧制の第五高等学校には特待生という制度があって、特に成績の優れた生徒は授業料が免除されることになっていたんだそうですが、父親は五高の時はその特待生だったと聞いています。

大学は、関東大震災の直後で東京は壊滅状態だというので、京都帝国大学の工学部の電気工学科に入ったのです。

そして昭和二年（一九二七年）に卒業する時、恩師の教授から旅順工科大学の講師のお話があり、外地手当などもついて一流会社の初任給よりもはるかに高い給料で、そのうえ官舎もついているというので、父はそれをお受けしたということです。官舎は広い地下室から三階まであるれんが造りの大きな一戸建ての邸宅で、冬はペチカをたいていたことを憶えています。

大学を卒業してすぐ旅順工科大学の講師になり、翌年には助教授になっていますので、父親は助手の経験をしていません。大学を卒業して一年後の二十四歳で官立大学の助教授になっているんですから、当時としてもずいぶん早いほうだったでしょうね。昭和十一年に大阪帝国大学の教授になった時も、まだ三十三歳の若さでした。

父親は旅順に赴任した昭和二年に京都帝大時代の恩師の青柳榮司先生のご紹介で結婚しました。母の実家は神戸で、母方は代々クリスチャンの家系でしたので、結婚式は神戸の兵庫県庁のすぐ近くに今でもあります栄光教会で挙げました。その時司祭をしてくださったのは栄光教会の日野原（善輔）牧師さんでしたが、その日野原牧師の息子さんが現在百歳を超えてなお元気な有名な日野原重明先生で、日野原重明先生と私の母親は幼なじみだったのです。

阿部　もう一つうかがいたいのは、三郎先生は昭和三十五年に大阪大学の計算センター設置準備委員会の委員になられ、翌年は基礎工学部創設の委員に就任されています。二つとも、いまから見ますと非常に重要な委員だったと考えられるのですが、これらにつきまして何かご存知ありませんか。

熊谷　そういうのも含めて、父親は他にも日本学術会議の会員などをはじめ、いろいろな学内外の委員会の委員や委員長を務めていましたし、政府関係の各種の委員会や審議会の委員や会長、学会や協会などの会長その他いろいろなことをやっていましたから、学内の個々の委員会の委員としての父親の仕事の中身などについては、私はあまり詳しくは存じません。

なお、父親のことについては、父の没後、父親の十三回忌を迎えるにあたって、父の講座の助教授を務めておられた兒玉慎三教授（現名誉教授）らが中心になって『熊谷三郎先生追想録』

（熊谷三郎先生追想録刊行会、一九八三年）という本を出してくださって、その中で大勢の方がいろいろな思い出やエピソードなどを詳しく書いてくださっています。

浪高時代の友人関係

菅　浪高の高等科に進まれた時のお話ですが、他の中学校から来た生徒とは学力の差がかなりあったというお話を先ほどうかがいました。それで、他の中学校から来た生徒と、尋常科から上がってきた生徒との関係というのはどんなものだったのでしょうか。

熊谷　友達としては全く区別なく、本当に仲良く一体に融け合って高校生活を謳歌しました。学力の差も、中学校時代の授業の時間が浪高の尋常科に比べて一般の中学校では勤労動員に駆り出されて非常に少なかったというのが主な原因だったわけで、他の中学校から来た人でも秀才はいくらもいましたし、友達としての気持ちのうえでの差別のようなものなどはほとんど意識しませんでしたね。

例えば、学年は私より一年下でしたが国立循環器病研究センターの総長をされた川島（康生）先生は、中学校は旧制の豊中中学校で、浪高の高等科に入って、大学は京都大学の工学部の機械工学科に行かれました。工学部の機械工学科といえば昔は看板学科の一つですよ。ところが、京大の機械工学科で一年間勉強した後、京都大学をやめて阪大の医学部を受け直して、阪

旧制浪速高等学校高等科の生徒時代。待兼山の坂道（現阪大坂）を級友達と下校中。前列右端。昭和23年頃。

大の医学部を卒業し、阪大医学部の教授となって心臓外科と心臓移植の日本の第一人者になられたのです。文化功労者にも選ばれています。

中之島にあった阪大医学部と同附属病院の吹田キャンパスへの移転がいよいよ本格化した頃、川島先生は附属病院長に就任され、当時総長だった私の自宅に来られて、「日本最高の世界的な大学附属病院にしたいと思うのでよろしく」と情熱を込めて話されたことを憶えています。今でも大変親しくさせていただいていますけれども、この川島先生も尋常科の卒業ではありませんが、川島先生には、現在、浪高同窓会の会長もお願いしていま す。

阿部　先ほど菅さんが言われていた、浪高の高等科の外部から来た方と尋常科から進んだ方の学力差という問題に関係して一点おうかがいします。太平洋戦争下では英語が敵性語だから勉強してはいけないという風潮が一般にあったと聞いているのですが、浪速高等学校ではそうしたことはなかったのでしょうか。

熊谷　全くありませんでした。先ほども申し上げましたように、もともと旧制高校では外国語の教育を非常に重視していましたが、浪高では尋常科でも同様で、戦時中「敵性語」と言われていた英語の教育が尋常科でも高等科でもしっかり行われていました。本当に立派な学校だったと思います。

阿部　先ほど川島先生のお名前が出ましたが、浪速高等学校の時の同級生で、文科系に進まれた方でご存じの方はおられますか。

熊谷　それはもうたくさんいます。例えば京都大学の法学部にいった香西茂君は京大法学部の教授になって国際法の第一人者になられましたし、三菱化成の社長になった浅井一平君なども文科系ですが、いずれも私と尋常科の同期生で、その他すぐには思い出せないほど大勢います。一風変わったところでは、やはり尋常科の同級生で高等科は文科に進んだ池口金太郎君（通称イケキン）というまことに面白い友人がいて、勉強は非常によくできたのですが遅刻の常習犯で、朝、阪急の石橋駅から待兼山に行く坂道（現在の阪大坂）でイケキンが走っているのに出会ったら、みんな「もう今日はダメだ」と遅刻を覚悟したというような、とても剽軽《ひょうきん》な人でしたが、大学は東大の経済学部に行き、高等文官試験（現在の国家公務員一種試験に相当）には全国トップの成績で合格して大蔵省（現財務省）に入省したという秀才でした。大蔵省退職後は日本万国博覧会記念協会の理事長や紀陽銀行の役員などを歴任され、後に浪高同窓会の会長もお務めくださいましたが、この池口金太郎君の実弟が有名な堺屋太一さん（本名池口小太郎さん）なのです。そんな関係もあって、私は堺屋太一さんとも時々一緒にゴルフをしたりして親しくさせていただいています。

浪高の私の同期生で特に特徴的なことではないかと思うのは、大学の教授になった人が非常に大勢いたということです。実際、さっき申し上げた香西茂君や私の他にも、橋本一成君、神川喜代男君、田中武彦君、松本圭史君等が阪大医学部の教授となり、大塚穎三君は阪大教養部の教授、庄野達哉君は京大工学部の教授、志水義房君は信州大学の教授、原田馨君は筑波大学の教授、亘弘君は京都府立医大の教授、中塚明君は奈良女子大学の教授、松田修君は法政大学の教授、等々と、実に十三人もの同期生が大学教授となっているのです。そのうち九人は尋常科の時からの同期生なのですが、たった二クラスの尋常科の同期生の中から九人もの人が大学教授になっているというのは、普通の中学校の場合などと比べると随分多いのではないだろうかと思いますね。この他にも大学の助教授にまでなった後、企業などに移った同期生が二人もいました。とにかく、大学の教授や助教授になった人がとても多い学年でした。

先輩や同級生も含めて学界や経済界をはじめ広く各界、各分野で活躍した浪高の卒業生は枚挙にいとまがないくらい大勢おられて文字通り多士済々なんですが、ただ、考えてみますと、政界に進んで政治家になったという人の話はほとんど聞いたことがありません。これも浪高の特徴の一つといえるかもしれませんが、この傾向は、ごく最近まで、大阪大学にも引き継がれてきたような気がしますね。

ちなみに、私の直前の第十一代阪大総長の山村雄一先生と私はいずれも旧制浪高の尋常科、高等科の卒業生で、私のすぐ後の金森順次郎総長と第九代総長の釜洞醇太郎先生はお二人とも旧制大高のご卒業で、まったく偶然の結果ではありますが、浪高と大高からちょうど二人ずつ阪大総長が出ています。

菅　浪高の先生で、特にこの先生が印象に残っているという方はいらっしゃいますか。

熊谷　いっぱいいろいろな先生が印象に残っています。先ほどの話に出た尋常科主事をしておられた数学の富熊雄先生などもそうですが、他にも、いま思い出してもなつかしい立派な先生方や実にユニークな面白い先生方がいっぱいおられました。

阿部　私どもは、数年前に五島忠久先生のお話をうかがいました。百歳ぐらいで亡くなられたようですが、五島先生も確か戦後、浪速高等学校の教授を務められて、それから阪大の教養部の先生になられたとお聞きしました。

熊谷　そうですね。浪高と大高の先生方はほとんどそのまま阪大教養部の教授や助教授になられました。

第二章　私の研究者歴

マイクロ波回路の研究からスタート

北山　今日はお忙しいところ、お時間をいただきまして有難うございます。今回のインタビューは、工学研究科の北山がインタビューアーを務めさせていただきます。

今日は先生のご研究にフォーカスして、先生の研究歴、あるいはその時々のいろいろなエピソードなども織り交ぜてお話をうかがいたいと思っております。

先生は最初、マイクロ波の研究から始められまして、波長で言いますと、どんどん波長の短い領域へと進まれて、ミリ波から最後は光通信まで幅広い領域にわたる電磁波の基礎理論とその工学的応用という大きなテーマに一貫して取り組まれ、研究の第一線で活躍されてきました。先生が学位論文を書かれたのは昭和三十四年（一九五九年）で、その内容はミリ波伝送用の導波管に関する研究成果をまとめられたものですが、その前には、先ほど申しましたマイクロ波の研究をしておられました。

まずマイクロ波から始められて、それからミリ波に進まれた、そのあたりの先生のモチベーションとか、その時の時代背景とか、その辺からお話をうかがいたいと思います。

熊谷　前にも申し上げたかと思うのですが、私はもともと物理が好きだったので、阪大工学部の通信工学科に入学した後も電磁気学や電波工学などに非常に興味を持っていました。学部の卒業研究の時から電磁理論の基礎的な論文を読んだりして、将来研究者になった場合には研究分野もそういう分野でやりたいと思っていました。

私が大学に入ったのは昭和二十四年で、まだ第二次世界大戦が終わって間もない頃でしたが、第二次世界大戦中に電波兵器の研究に関連して急速に進歩したマイクロ波の技術が、戦後、各種のレーダーやマイクロ波通信などの民需用に活用・転用されはじめていました。ですから、マイクロ波技術というのは、当時としては最先端の技術分野だったので、私もまずはマイクロ波の研究から始めたわけです。

その頃、アメリカでは波長七・五㎝のマイクロ波を使ってニューヨーク・サンフランシスコ間、四八〇〇㎞を一〇七中継で結んだTD-2方式と呼ばれる世界初の長距離マイクロ波通信回線が開通しました。終戦から六年目の昭和二十六年八月のことでした。そして、その翌月の九月に、サンフランシスコのオペラハウスで行われた日本と連合国との講和条約の調印式の模様が、すぐ前の月に開通したばかりのマイクロ波通信回線によって、アメリカの西海岸から東海岸までリアルタイムで実況中継されました。これは、通信技術の発達史上記念すべき出来事でした。私が大学の二年生の時でした。

北山　先生が旧制の大学院の研究奨学生になられたのは昭和二十八年でしたね。

熊谷　そうです。そして、その翌年の昭和二十九年には日本でも東京・大阪間を八中継で結ぶ波長七・五㎝のマイクロ波を用いた通信回線ＳＦ-Ｂ1が開通しました。これは日本で進められていた最新の技術を駆使したマイクロ波通信回線で、当時、世界的にも大きな注目を集めた世界最高レベルのものでした。

マイクロ波通信回線というのは、北山君はもちろんよくご存知のように、直接見通しのできる山や丘などの頂や高い鉄塔の上に大きなお皿のようなパラボラアンテナを向かい合わせに設置して、その間の大気中を伝搬路としてマイクロ波を送・受信しながら順次伝えていくというもので、何百回線もの電話や何チャンネルものテレビを一度に送ることができる通信方式なのですが、一般の方々もそのようなパラボラアンテナをどこかでご覧になった経験はきっとおありではないかと思います。

ちなみに、昭和三十八年（一九六三年）にはマイクロ波を用いた衛星中継による日米間のテレビの宇宙中継が始まりましたが、たまたまその放送開始初日の十一月二十三日（日本時間）

にアメリカでケネディ大統領が暗殺されるという思いがけない大事件が突発し、その生々しい現地の様子が開通初日の日米間のマイクロ波衛星中継によってアメリカから日本にテレビで伝えられました。私も大変なショックを受けましたが、これも日本の衛星通信技術の発達史上忘れられない出来事でした。

大学院に進んで本格的な研究活動に入った私は、当時最も先進的なマイクロ波線路の一つであった、現在の集積回路の原形ともいえる平行平板導体形の導波路（マイクロ波ストリップ線路）に関する理論的・実験的研究を行い、その結果をまとめて学会誌に発表しましたが、これが私の研究歴における最初の論文となりました。

こうして、私の研究生活はマイクロ波（超高周波）回路の研究から出発しましたが、その頃、日本の学界では、昭和三十年四月に電気通信学会（現電子情報通信学会）にマイクロ波伝送研究専門委員会（昭和四十一年にマイクロ波研究専門委員会と改称）が設置され、後に私もその委員長を務めました。また、一九六六年（昭和四十一年）にアメリカのカリフォルニア州パロアルトで開催された世界最大の学会である米国電気電子学会（ＩＲＥ、現ＩＥＥＥ）の大会にInvited Speakerとして招きを受け、日本におけるマイクロ波研究の状況について紹介する招待講演を行った思い出などもあります。

ミリ波伝送系の研究へ

北山　その後、ミリ波帯の研究に進まれたわけですね。

熊谷　その頃、マイクロ波通信に続く次世代の通信はマイクロ波よりもさらに波長の短いミリ波を用いたミリ波通信になるであろうというのは、この分野の多くの研究者たちの一致した認識となっていました。

ご承知のように電磁波を使って行う通信では、使う周波数が高くなるほど、したがって波長が短くなるほど、送れる情報量が増えていきます。ですから、波長が一メートル程度ぐらいから数センチメートルぐらいのマイクロ波よりも一桁以上波長の短い数ミリメートル程度の波長のミリ波を使うと、送れる情報量はさらに一桁以上増える可能性があります。

したがって、増え続ける情報量に対応していくためには、近い将来、マイクロ波よりもさらに波長の短いミリ波を用いる通信に進んでいかなければならなくなるであろうと考えられていたわけです。それで、世界中の大学や研究所で、それまでマイクロ波の研究を行っていた多くの研究者や技術者がミリ波通信の研究に転向しました。私はかなり早い時期、昭和三十年代の初め頃から、それまで全く未開拓の領域であったミリ波帯の通信への応用に関する研究に進みました。

ミリ波を用いた通信系を実現するためには、克服しなければならない困難な課題がいくつもありましたが、なかでも最も重要な基本的課題の一つは、ミリ波伝送線路の開発でした。

マイクロ波よりも波長の短いミリ波は、その性質がより光に近くなります。そのために、ミリ波を使うと、マイクロ波を使う場合にくらべて、よりたくさんの情報を送ることができるようになる一方、その性質が光に近づいて、雨や雲や霧などの影響を受けて減衰するために、マイクロ波通信の場合のように大気中を伝搬路とするような通信方式は採用できず、どうしても外界から遮蔽された伝送路の中を通してミリ波を送らなければならなくなるという基本的な課題がありました。

しかし、これが予想以上の難問題で、それまでマイクロ波帯までの領域で広く用いられていた同軸ケーブルなどは、ミリ波帯では導体損失による減衰が大きくなりすぎて長距離用の伝送路として使うことはできず、いろいろな考案や提案などもなされましたが、いずれも実用には至りませんでした。そういう中で、ただ一つ、多くの研究者の注目を集めた極めてユニークな伝送線路がありました。それは、断面が円形の金属導体の管、すなわち円形導波管の中を通して TE_{01} モード（TE_{01} 姿態）とよばれる特別の波形でミリ波を伝送するという方式で、普通の伝送線路の場合には送る電磁波の周波数が高くなるほど導体の抵抗による伝送損失が増大していくのに対して、この円形 TE_{01} モード導波管だけは、逆に、周波数が高くなるほど導体損失が減少していくという極めて特異な特性を持っており、ミリ波の伝送には誠に好都合のものでした。

しかし、やはり世の中に良いことばっかりというものはなくて、このTE_{01}モードを送ろうとすると、他のたくさんのモードが同時に導波管の中を伝搬できるようになって、送ろうとする信号TE_{01}モードの電力がそれ以外の不要モードの電力に変換されたり、逆にその不要モードの電力がもとの信号TE_{01}モードの電力に再変換されたりするモード変換現象という非常にやっかいな問題が起こるということがわかってきました。

このモード変換現象は導波管の横断面が真円から少しでも歪んだり、導波管が少しでも曲がったり、導波管と導波管のつなぎ目が僅かにくい違ったり、折れ曲がったりしてもすぐに発生してまともな通信ができなくなるという、まことにやっかいな難問題でした。

特に、導波管を曲げようとすると事情は更に深刻で、いかに緩やかな曲がりにしても不要モードとの結合は避けられず、ある特定の不要モードとの間では曲がり部分の全長にわたって連続的にモード変換が生じ、一定の曲がり角まで曲げると、信号TE_{01}モードの電力はすべてこの不要モードの電力に完全に変換されてしまうという、とんでもない性質があることも分かってきました。曲がり部が全くない一直線の通信系などというものは実際にはあり得ませんから、この曲がり部の問題などは実に深刻な難題でした。

このように、円形TE_{01}モード導波管によるミリ波の伝送は世界の通信技術者がそれまでにかつて経験したことのない多重モード（多重姿態）伝送系に特有の困難な問題点を数多く含んでいましたが、それは同時に、学問的にも技術的にも多くの研究者や技術者たちの研究意欲を刺激する極めて興味深い研究テーマを提供するものでもあったので、私もこのミリ波伝送用円形 TE_{01} モード導波管伝送系に関する研究に取り組み、世界中の研究者と激しい競争を繰り広げながら、どのような不整部によって、どのような不要モードが、どのくらい発生するか、というような、それまで全く未解明であった問題を電磁波論的に解明したり、不要モードの発生を抑制したり、不要モードを除去したりする方法や、円形 TE_{01} モード用の各種の新しい回路素子などを考案・試作して、それらの成果を国内外の学会や学会誌に次々に発表しました。

このようにして、昭和四十年代の前半頃には日本におけるこの分野の研究はアメリカと一、二を争う世界のトップレベルに達しており、世界で最初にミリ波通信系を実現するのは日本かアメリカのどちらかであろうと言われていました。実際、昭和四十三年（一九六八年）には日本電信電話公社（現ＮＴＴ）によって全長八・四㎞にわたる円形 TE_{01} モード導波管を用いたミリ波通信回線の総合中継実験なども行われました。私は昭和三十四年に大阪大学から旧制の工学博士の学位をいただきましたが、その学位論文名は「多重姿態円形導波管伝送系に関する研究」というものでした。若き日の情熱を傾けて取り組んだミリ波通信用の円形 TE_{01} モード導波管は、私にとって初恋の人のようなものでした。

レーザー光を用いた光通信への挑戦

北山　ミリ波伝送系のご研究の次に取り組まれたのが、レーザー光を用いた光通信のご研究ですね。

熊谷　そうです。昭和三十五年（一九六〇年）に史上初めてルビーを用いたレーザーの発振が成功し、人類は初めて定まった周波数で連続的に続くいわゆるコヒーレントな光を発生する、電波の発振器に相当する光の発振器を手にすることができるようになりました。電波の真空管発振器の発明に遅れること約半世紀後のことでした。

私はちょうどその頃（昭和三十三年から同三十五年まで）約二年半にわたってカリフォルニア大学（バークレー）の電子工学研究所で電磁波の散乱問題に関する研究を行っていました。そして、昭和三十五年末に帰国したのですが、帰国して間もなく、日本の電気関係三学会から昭和三十六年度の電気関係学会関西支部連合大会において部門講演（各部門の論文発表に先立って行われる特別招待講演）を行うよう依頼がありました。

私は帰国早々で、しかもまだ助教授になったばかりの若輩でしたが、この大役をお引き受けすることにし、テーマはまかせるということだったので、「同じやるなら」と、まだ日本ではあまり多くの人が注目していなかった生まれたばかりのレーザーに関する紹介をすることにして、「サブミリ波、赤外線および光メーザ」という演題で、レーザーの革新的な原理やその特色、考えられる将来の各種の応用などについて講演しました。レーザーが発明されてから最初しばらくの間は、レーザーは「赤外線メーザ」とか「光メーザ」などと呼ばれていたのです。そして、その時の講演の原稿や集めた資料などをもとにまとめた解説論文を電気通信学会雑誌（現電子情報通信学会誌）に投稿しましたが、翌昭和三十七年一月号に掲載された「赤外線および光メーザ」と題するこの論文は日本の電気関係の学会誌に現われたレーザーに関する最初の論文とされています。

ところで、光の波長はミリ波の波長よりもさらに三桁ないし四桁も短いですから、レーザー光を使えば、少なくとも原理的には、ミリ波通信の場合よりもさらに三桁以上も多い情報を送ることができる可能性があります。それで、それまでミリ波通信の研究に取り組んでいた研究者や技術者の多くが、今度は光通信の研究に再転向するという事態になりました。私もレーザーとその応用に関する研究を開始し、大勢の学部や大学院の学生らとともに、レーザー用光共振器の最適設計理論をはじめ、各種の光回路素子を提案したり、レーザー発振器やレーザー増幅器などのレーザー装置を電気回路論的に取り扱うユニークな工学的手法を考案するなど、レーザーと光エレクトロニクスに関する幅広い研究を展開し、その成果を次々に発表していきました。

しかし、ミリ波通信の場合もそうであったように、いかなる技術についても、原理的な可能性と実用化との間には千里の道のりがあります。レーザーを用いた光通信の場合にも、その前途には克服しなければならない多くの困難な課題が横たわっていました。その中でも最大の課題の一つは、ミリ波通信の場合と同様に、光通信用の伝送線路をいかにして実現するかという問題でした。光はミリ波よりもさらにはるかに波長が短いですから、ミリ波の場合よりもさらに大きく気象の影響を受けることになり、ごく短距離の見通しの範囲内での簡易通信のような場合を除いては大気中を伝搬路とする無線方式で安定な通信回線を構成することはできず、どうしても低損失の光伝送線路を開発する必要がありました。それで、世界各国で競って光伝送線路の研究が行われ、ミリ波用の円形 TE_{01} モード導波管を光波帯で用いる可能性の検討をはじめ、実にさまざまな光伝送線路が提案されたり検討されたりしました。

我々も導体反射板を用いた反射形ビームウェイブガイドなどいろいろな光導波系を考案し、その伝送特性を解析したり、最適設計条件を求める研究などを進めましたが、その中の一つである誘電体薄膜を用いた平行平板型表面波光線路は、ほぼ同時に、全く独立にアメリカのベル研究所から発表されたものと完全に同じ着想、同じ構造のものでした。

そのような中で、最も早くから誰もが知っており、しかも一番見込みが少ないと考えられていたのがガラスファイバーでした。その最大の理由はガラスファイバーの損失があまりにも大きすぎるということでした。実際、レーザーが発明されてから十年間くらいの間は、当時入手し得る最良のガラスを用いても一メートルか二メートルおきぐらいに中継用の光増幅器が必要となって、とても通信用の線路として使うわけにはいかなかったのです。それで、ガラスファイバーではとても無理だということで、奇想天外な提案なども含めていろいろな光通信用の線路が真剣に模索されていたわけです。

ところが、昭和四十一年（一九六六年）にカオ（K. C. Kao）という人が、ガラスの中の、光を吸収する特定の不純物イオンを除去すれば低損失のガラスファイバーが実現できる可能性があるということを理論的に指摘しました。そして、その四年後の一九七〇年にアメリカのコーニング（Corning）というガラス会社が、カオ博士の予言どおり驚くべき低損失のガラスファイバーを実際に作ったんですね。それまでのガラスファイバーの損失を一挙に何桁も減らす画期的な成果でした。ちなみに、カオ博士は後に香港の中文大学の学長になられた中国人ですが、この貢献によって二〇〇九年にノーベル物理学賞を授与されています。一方、また、同じ一九七〇年には常温で動作する半導体レーザーが発明されました。これは、当時、アメリカのベル研究所にいた日本人の林巖雄博士の研究成果ですが、たまたまその発振波長がガラスファイバーの損失が最も小さくなる波長帯と一致しており、さらに、その波長帯でうまく動作する受光器、つまり光の受信機もあったという幸運なども重なって、レーザーを用いた光ファイバー通信が一挙に現実性をもったものとなりました。ですから、一九七〇年（昭和四十五年）を光通信の紀元元年と言う人もいます。

そして、それから後は、レーザーと光ファイバーを使った光通信の実用化に向けた研究・開発が世界中で競争で行われるようになったわけですね。日進月歩という言葉がありますが、光ファイバーの低損失化なんていうのは本当に週単位、日単位で改善されていきました。そしてわずか数年後には、それまでのいかなる通信線路と比べても桁違いに損失の少ない、信じ難いような超低損失の光ファイバーが作られるようになったのです。

我々の研究室では、それよりもはるか以前の、レーザーが出現して間もない頃から、レンズ状の媒質からなる自己集束形の光ファイバーや、ファイバーの周囲を屈折率のわずかに小さいもう一つの誘電体で被覆した、現在用いられているクラッド形光ファイバーなどの伝送特性やその最適設計条件などについて研究を進め、自己集束形光ファイバーと円形 TE_{01} モード導波管との間に成り立つ極めて興味ある類似性を見い出すなど、多くの理論的成果をあげて学会などに発表してきましたが、それらの基礎研究や幅広く展開してきた光エレクトロニクスに関する先駆的な研究の成果などがすべて役立つことになりました。

光ファイバー通信の実用化への途を拓く決め手となったのは、何といってもその驚異的な低損失化の実現でしたが、同時に、多くの現場の技術者たちの地道な努力と大きな貢献がありました。例えば、ミリ波の多重モード導波管伝送系の研究・開発でモード変換現象に散々悩まされてきた経験から、関係者の間には何とかして一つのモードしか通さない単一モード伝送系としての光ファイバーを実現したいという強い希望がありました。

しかし、そのためには、直径が伝送する光の波長と同程度以下の一〇〇〇分の数㎜ぐらいの細さのファイバーを長尺で製造する技術や、そのような、髪の毛よりも細い極細径のファイバーを損失を生ずることなく接続する技術などを実現していかなければなりませんでした。当初はとても無理ではないかと思われていたこれらの技術も技術者たちの大変な努力によって何とか実現できそうな目途がついてきたのです。

このようにして、マイクロ波通信の次はミリ波通信であると信じられていたものが、ひょっとするとミリ波を飛び越して光通信の時代が先に来るかもしれないというような状況になり、昭和五十年代には光通信の優位性は決定的なものになりました。

その頃、私が座長をしていた電子通信学会（現電子情報通信学会）の「ミリ波か光か」というテーマのシンポジウムで、ミリ波通信の実用化に打ち込んできていたあるメーカーの技術者が、しみじみと「やっぱり光ファイバーですね。だって、とにかく光ファイバーは曲げられますもの」と言ったのが忘れられません。これは、ミリ波の導波管伝送で、ちょっと曲げるのにも散々苦労してきた技術者から出た痛切な言葉だったんですね。非常に印象的で、今でもよく覚えています。こうして、光ファイバー通信実現への気運は急速に高まり、世界各国で光ファイバーを用いた高速・大容量の通信ネットワークの構築が進められるようになったのです。

そういう経緯をたどって、結局、ミリ波通信というのは日の目を見ずに、光ファイバー通信の時代に移っていったのです。マイクロ波の研究者たちがミリ波通信の研究・開発に進み、さらに光通信の研究・開発・実用化に移っていったわけですが、ではマイクロ波やミリ波通信の研究をしていた人たちの苦労や研究成果は何の役にも立たなかったのかというと、決してそうではなくて、マイクロ波の研究成果や技術の経験がなかったら、ミリ波通信へは進めなかったでしょうし、ミリ波通信に関する理論的・実験的研究や散々苦労した技術的経験の積み重ねなどがなかったら、光ファイバー通信もあんな速さでは実用化できなかったと思います。そういう意味で、基礎から応用・実用化まで徹底して行われた研究の成果や技術的経験というものは決して無駄にはならず、いつか、その後の発展に極めて重要な役割を果たすことがあるものだということを痛感しました。

今でも、結局は日の目を見ないことになるかもしれない極めて基礎的な研究や新しい技術開発への挑戦などが行われていますが、それらは非常に貴重なもので、いつか、どこかで、大きく役に立つ可能性があります。研究者や技術者はそういう覚悟で全力を尽くしてやらなければいけないし、企業の経営者も政治や行政の人たちも、そういう目で基礎的な研究や先駆的・冒険的な技術開発に取り組んでいる研究者や技術者の努力を見ないといけないと思います。

北山　いまのはまさに金言だと思います。

熊谷　光ファイバー通信というのは、日本では実用化に向けて、北山君がおられた電電公社（日本電信電話公社、現ＮＴＴ）が中心になって、ＦＴＴＨ（Fiber To The Home）というスローガンのもとに、日本中のすべての家庭の端末にまで光ファイバーのネットワークを張り巡らすという目標を立てて推進していましたね。

電電公社によって単一モード光ファイバーを使った最初の商用回線が開通したのは大阪で、その開通式に私も招かれて、お祝いの言葉を述べた後、使い初めとして私の声が日本で最初の光ファイバーを使った商用通信回線を通して送られるという光栄に浴したんですよ。とても印象深い思い出の一つです。

北山　昭和五十八年十二月十四日のＦ四〇〇Ｍ方式の開通式の日のことですね。

熊谷　そうです、それです。波長一・三ミクロンメーター（一・三㎜の一〇〇〇分の一）の光を通す単一モード光ファイバーで電話五、七六〇回線を一度に送ることのできる日本初の大容量光ファイバー通信系の使い初めの日の式典のことでした。

北山　日本で初の光ファイバー通信回線に先生の声が最初に流れたということですね。

熊谷　そうそう（笑）。何を言ったかは覚えていないけどね。

技術者たちの努力と貴重な貢献

北山　これでひとあたり、マイクロ波からミリ波、そして光通信のご研究にいたるまでの歴史を語っていただいたのですが、先生のご研究はいつも最先端のテーマでしたから非常に競争の厳しいところで、たぶんアメリカのベル研究所などとも一日を争うような研究を抜きつ抜かれつでやっておられたんでしょうね。

熊谷　まさにそうでしたね。ミリ波の導波管通信の研究も光ファイバー通信の研究も世界中の研究者が競争相手でしたけれども、やはり一番の強敵はアメリカのベル研究所でしたね。それ以外でも世界各国で必死になって研究が行われていましたが、日本とアメリカのレベルが、ずっと断トツでトップをいっていました。

これまでの発展の経緯を振り返ってみて、改めてつくづく思うことは、現場に近い多くの技術者たちのご苦労とご努力を決して忘れてはいけないということです。

例えば、光ファイバーなんて、光が通る部分のファイバーの直径は一〇〇〇分の数㎜というような髪の毛ぐらいの細さですから、長尺で、かつ実用に耐える十分な強度を持った、超低損失で均質なファイバーを作るというのは、技術的に極めて大変なことです。しかも、他の通信ケーブルと比較してもコストが見合うような価格でそのような低損失光ファイバーを製造するというのは容易ではありませんが、そういう技術でも、日本の電電公社（現ＮＴＴ）やメーカーの人たちが協力して世界トップのいい仕事をしていました。

また、そんな細いファイバーを現場でどうやってつないでいくかということも実際には簡単な話ではありません。大変難しい大問題でした。ほんの少しでもずれたら、折角ファイバーの低損失化で苦労しても、そこで一挙にロスが増えてしまうわけですからね。

そういうことに苦労した人たちの功績というのはあまり世の中の一般の方には知られていませんが、実用化するにはそういう人たちの大きな陰のご苦労とご功績があったということを決して忘れてはいけないと思います。あらゆる技術分野について言えることですけどね。

北山　全くそうですね。

ドイツ博物館での体験

北山　ほかに何か印象に残っているような思い出話などがありましたらお話しくださいませんか。

熊谷　阪大の総長時代に国際的な学長会議があってドイツに行った時、有名なミュンヘンのドイツ博物館（Deutsches Museum）を訪れたことがあるんです。これは世界最大級の科学技術博物館で、例えば電磁波の関係では、世界で初めて電磁波の存在を実証した有名なヘルツ（Heinrich Rudolf Hertz）の実験装置とか、その他あらゆる分野の貴重な歴史的装置の数々が展示されていて、実物の潜水艦から機関車まであるような大博物館なのですが、そこに電気通信分野のフロアもあって、見ていたら、先ほどお話しした円形 TE_{01} モード導波管を使ったミリ波伝送回路と光ファイバーを使った光伝送回路とが、二箇所の曲がり部をもつ全く同じ形、同じ長さの伝送系として作られて並べて展示されていて、見学者はスイッチを切り替えることによって、両方式のいずれでも全く同様に信号が送られるのを自分で試すことができるようになっていました。

もう世の中では完全に忘れ去られているのではないかと思っていたミリ波通信用の円形 TE_{01} モード導波管が光ファイバーと並べて展示されているのを見て、私は深く感動しました。若い頃、私が情熱を傾けて取り組んだミリ波導波管伝送系が、きちんと世界的な科学技術博物館であるドイツ博物館に展示されているのを見て、私はミュンヘンの地で初恋の人に巡り会ったような気がして、しばしその前に立ち尽くしたものでした。また、それと同時に、この世界的に有名なドイツ博物館の素晴らしさに感心し、改めて敬意を表したものでした。

北山　非常に印象的だったでしょうね。

熊谷　本当に印象的でした。日本でもミリ波通信の実用化に大変な苦労をした電電公社の人たちが、何とかして、せめて曲がり部分の比較的少ない青森と函館の間の青函トンネルの中に円形導波管を敷設して円形 TE_{01} モード導波管によるミリ波通信系を作って記念に残そうとしたけれども、結局それも実現せず、関係者が集って残念会を開いたという話を聞きました。

カリフォルニア大学（バークレー）での研究生活

北山　先生のご経歴の中で、バークレーにおられたのが昭和三十三年（一九五八年）から三十五年にかけてですが、先生がバークレーに行かれたきっかけはどういうことだったのでしょうか。

熊谷　私がカリフォルニア大学のバークレーの電子工学研究所に行ったのは、そこの研究所長をしておられたサミエル・シルバー教授（Samuel Silver　カリフォルニア大学電気工学科教授兼電子工学研究所所長。後、同大学宇宙科学研究所の初代所長）によばれたからです。この方は、マイクロ波アンテナの世界最高の権威だったのですが、このシルバー先生が国際電波科学連合（URSI）の会長になられて、世界中の主だった大学や研究所を視察して回られた時、日本にもお見えになって、大阪大学にも来られました。

私は当時、ミリ波導波管伝送系の研究のほか、ミリ波帯の電磁波の波長を準光学的な技法を用いて簡単に測定する方法の研究などもしていましたので、その実験装置などをお見せしながらご説明したんですが、シルバー先生がアメリカに帰られると、すぐに手紙が来て、バークレーに来て研究しないかというお話をいただきました。その頃は今と違ってアメリカに行くというのはなかなか大変なことだったので、私は喜んで行くことにしたわけです。

実は私の父親（熊谷三郎、大阪大学名誉教授、故人）も阪大工学部の電気工学科の教授をしていた時、文部省（当時）の在外研究員として、太平洋戦争が始まる直前の昭和十五年（一九四〇年）に一年間カリフォルニア大学のバークレーに行っていましたので、私がバークレーに行くことになった時には大変喜んでくれました。

父親はバークレーではカリフォルニア大学のインターナショナル・ハウス（International House略称 I House アイ・ハウス）に滞在していましたが、私もバークレーにいた二年間、ずっとアイ・ハウスで暮らしました。アイ・ハウスの館長が「親子二代の来館を歓迎する」と言って、父親が書いた自筆の入館申込書を見せてくださって、私はとてもなつかしく思いました。「希望する部屋」という欄に親父独特の几帳面な字で「the cheaper the better（安いほどよい）」と書いてあるのを見て思わず涙がこぼれそうになったのを憶えています。

バークレーでは電子工学研究所の上席研究員としてカリフォルニア大学から給料をもらっていましたが、私が日本で大阪大学の助手としてもらっていた給料の十倍ぐらいありましたね。

後に日本電気（NEC）の社長になられた金子（尚志）さんなども留学生として来ておられましたが、当時は一ドル三六〇円で、しかも円をドルに換えるのにも制限があって、学生として来ていた人たちは本当に大変な頃でしたが、私は日本の月給の十倍ぐらいの給料をもらっていたものですから、週末には毎週のようにサンフランシスコの日本料理屋なんかにみんなを連れて行っていました。今でも金子さんは、「あの時には本当にごちそうになった」と言ってくれています。

アメリカの生活レベルは、当時の日本の生活レベルと比べればまるで天国みたいに素晴らしかったし、大学の研究・教育環境にも大変な差がありましたが、一方、同時に、アメリカの研究者たちは、みんな本当に一生懸命よくがんばっていると思って感心もしました。教授たちも午前と午後の一回ずつ、コーヒーブレイクで十五分ぐらいコーヒーを飲んで一服する以外は、実に熱心に教育と研究に打ち込み、よく勉強していました。学会などでみんなが集った時でも、食事の時や休憩時間でさえもすぐに研究の話になって、みんな本当に真剣にやっているなと思いました。

私もよい刺激を受けながら、シルバー先生のご提案で、複合散乱体による電磁波の多重反射の問題や散乱現象に関する理論的、実験的研究を行い、興味ある結果を得て、米国電気電子学会（ＩＲＥ、現ＩＥＥＥ）の学会誌と日本の電気通信学会雑誌（現電子情報通信学会誌）に投稿して昭和三十五年の秋に帰国しました。私にとって、カリフォルニア大学における二年余りの研究生活は本当に貴重な経験となりました。

また、その間に、私は二十代から三十代になり、大阪大学から工学博士の学位をいただいて工学士から工学博士になり、大阪大学工学部の助手から助教授に昇任しましたので、そういう意味でもこの二年余りは私にとってまことに感慨深い、人生の大きな節目の時期であったような気がいたします。

新しい電磁波論の開拓と相対論的電磁理論の創始

北山　一方、先生は相対論的電磁理論や電磁波の基礎理論に関する研究を昭和四十年代の初めごろからやっておられますけれども。

熊谷　私が電磁波論の研究を始めたのはもっとずっと前からですが、私の研究室からたくさんの論文が出だしたのはその頃からですね。

もともと電磁理論の研究というのは私が若い頃から興味を持って一貫して取り組んできたもう一つの大きなテーマだったので、私の研究室には電磁界理論の研究を熱心に行っているグループがありました。そして、いろいろな数学的手法を活用したり、改良・拡張したりして各種の有用な電磁界解析技法を考案・開発したり、それらを用いて実際の電磁系の特性を電磁波論的に解明するなど多くの学術的成果をあげて活発に学会発表等を行っていました。

北山　先生はいつも最先端のテーマをぱっとつかまえて次々に新しい研究を展開してこられましたが、そのコツと言いますか、例えば相対論的電磁波論の研究を始められたのはどういうきっかけからなのでしょうか。

熊谷　相対論的電磁波論の研究を始めたきっかけは、私の研究室にいた当時大学院の学生だった塩澤（俊之）君と藤岡（弘）君の二人（いずれも後に阪大教授）が、「相対性理論を考慮した電磁波論の研究をしたいと思うんですがどうでしょうか」と相談に来たのがはじまりです。私は以前から、その分野は大変面白い重要な分野だと思っていたので、すぐに「ぜひやろう」ということになったのです。

そして、他の大勢の優秀な学生たちも参加して、次々にそれまで全く知られていなかった興味ある現象や、予想もしなかったような面白い結果が得られて、どんどん論文を出し始めました。学会でも、一つの会場で、我々の研究室の連中の発表ばかりがずっと続くというようなことがよくありました。

こうして、従来の定説や常識を覆す数々の興味ある電磁現象や多くの重要な学術的新知見を次々に見出して国内外の学界に大きな論議を巻き起こし、この分野に関するその後の世界的な研究活発化の端緒を開いたのです。みんな本当によく勉強し、一生懸命研究して、それまでの物理学の教科書に書かれていた法則などを書き直さなければならないような面白い現象も次々に見つけていきました。

例えば、全く同じ物質でも、ある面を境にして、一方がもう一方に対して相対的に動いていると、媒質は全く同じなのに、その境界面に入射した光は反射されることがあるという、それまで全く予想もされなかった極めて特異な現象が現れるということなども分かりました。しかも、ある特定の入射角では全反射すらも起こるというような驚くべき現象が現れることなども見出されました。

これまでの教科書だと、屈折率の違う二つの異なる媒質の境界面に光が入射すると、一部は屈折して透過し、一部は反射して、ある特定の条件の入射角だと全反射すると書いてあって、二つの媒質が全く同じ屈折率を持つ同じ媒質の境界面では光は当然素通りして反射や屈折、ましてや全反射が起こり得るなどというようなことは全く考えられていませんでした。これまでの教科書に書いてある反射・屈折や全反射の法則などは、どちらの媒質も相対的に静止している特別の場合にのみ成り立つ法則にすぎないということを初めて示したわけです。

また、例えば、携帯電話をはじめ放送や通信に不可欠なアンテナの放射特性や受信特性などが、アンテナが動いている場合には静止している場合と全然違ってくるというようなことも分かりました。そして、アンテナの運動速度が光速度に近づけば近づくほどアンテナの放射特性や受信特性が大きく変わってくる様子なども詳細に解明しました。

これなども、将来、例えば宇宙空間を光速度に近い超高速で移動するようなロケットと基地局との間で通信を行うような場合のアンテナを設計する際などには必ず役に立つのではないかと思いますが、とにかく、これらの研究で、我々の研究室の連中は世界のこの分野の学界をリードしていました。

北山　興味があるのは、常識を覆すような理論とかというものは、往々にして論議を巻き起こして、なかなか受け入れられないものなので反響はどうだったのかということですが。

熊谷　確かに、それまで全く予想もされていなかった極めて特異な現象や、従来の定説や常識を覆すような興味ある学術的新知見を次々に発表していったわけですから、当然国内外の専門家の間では大きな関心をよび、この分野に関するその後の世界的な研究活発化の端緒を開いたことは確かですが、その内容はいずれもアインシュタインの相対性理論やマックスウェルの電磁理論から理論的に厳密に導き出される明快な結果ばかりですから、理論的な結果について疑いをさしはさむような議論や反論などは当然ながら一切ありませんでした。ただ、実際に光の速度に近いような速さを実現するのは簡単にはできませんから、実験的にこれらの相対論的な効果を実証してみせることはなかなか難しいですけどね。

北山　でも、実際に論文になるまでには、最初の頃は、いろいろなご苦労もあったのではないかなと思うのですが。

熊谷　ええ、それは確かにありましたね。例えば理論で得られた結果を具体的な数値例で示すためには数値計算をしなければなりません。今の言葉で言えばシミュレーションですが、その頃は、今のようなコンピュータがありませんでしたから、手回し式の機械的な計算機でやらなければなりません。みんな毎日毎日朝から晩まで研究室で手回し式のタイガーの計算機をガラ回すわけですから肩がこるどころの騒ぎではなかったですね。あの頃の数値計算なんて、ほんと腕力でしたよ。

北山　本当の腕力ですね（笑）。

熊谷　そういう苦労はありましたけれども、みんな新しい結果や面白い結果を求めて一生懸命にやっていましたから、別につらいとも思いませんでしたし、毎日が実に楽しかったですね。また、こんな論文は信用できないと言って学会誌になかなか載せてもらえなくて苦労したというようなこともありませんでしたから、そういう意味では簡単に世に受け入れられなくて苦しんだというようなこともなかったわけですが、一般の関心をどの程度広く呼んだかということになると、一部の人にしか関心は持たれなかったのではないかと思いますね。理論が好きな人は非常に面白いと思ってくれたでしょうけれども、光の速度に近いような速度で動いた場合にどうなるかというようなことなんて、日常的には一般の人にはほとんど関係のない話ですからね。

大学の講義には全力投球

北山　相対論的電磁波論の研究が学生さんからの提案で始まったというのが大変興味深いんですが、なかなか勉強熱心な立派な学生さんたちがいたんですね。

熊谷　確かにそう思いますね。実際、私の研究室には極めて優秀な学部や大学院の学生諸君がいつも大勢集ってきてくれました。私は大学の講義には全力を傾注してきたつもりなんですが、そのせいもあったとしたら本当に嬉しい限りです。

私は、学生のとき電磁気学の講義を竹山説三先生から聴きました。みんなが怖がって近寄らなかったような厳しい古武士のような先生でしたが、私が助教授になって間もない頃、竹山先生に呼ばれて先生の教授室に行くと、「僕は来年停年になって退官する。ついては僕の講義を君に継いでもらいたいと思うがどうか」と言われましてね。全く思いもかけなかったお話で、本当に驚きました。実際、当時は今と違って、電磁気学というのは電気関係の学科では最も重要な主要科目の一つで、東大や京大をはじめどの大学でも電磁気学の講義を担当しておられる先生というのは、日本中に名を知られたようなそれぞれの大学の有名な大先生方ばかりだったんです。

そんな重たい電磁気学の講義を、まだ青二才で助教授になったばかりの若輩の私に突然やれと言われて、私は即答できかねて、「とても重大なお話なのでちょっと考えさせてください」

と言って部屋を出たんですが、その時、あの恐ろしい竹山先生が実に優しい声で「君、いい返事を待っているよ」と言われたのをいまでも鮮明に憶えています。本当に感動しました。

しかし、なかなか返事ができなくて、親父（熊谷三郎）も電気の教授をしていたので、「こんな重要な講義を引き受けていいもんだろうか」と言って相談したんですが、「お前がやれると思うんだったらやれ。とても無理だと思うんだったらお断りしろ」と言うだけでした。そして結局、やはり自分が大好きだった分野の基礎科目だし、とにかく頑張ってやってみようと思ってお引き受けすることにしたんです。

竹山先生には『電磁気学現象理論』という有名な電磁気学の大著があって、阪大工学部の電気系では長年にわたってずっとこの本を教科書として電磁気学の講義が行われていましたので、竹山先生は当然私もその教科書を使って自分の講義を受け継いでくれるものと思っておられたはずなんですが、私はかねがねこれまでの電磁気学の教科書と講義の仕方はいずれも理論体系としての論理性に乏しく、学生が理論を体系として見通すことも容易ではないので、あまり合理的ではないと思っていました。それで、私は竹山先生の教科書は使わずに、アメリカのマサチューセッツ工科大学（ＭＩＴ）の講義などを参考にしながら、論理的で系統立った、分かりやすくかつ中身も出来るだけ実際の役に立つような世界最高の電磁気学の講義をしようと思って全力投球したんです。竹山先生には大変申し訳けなかったと思っていますが。

大阪大学工学部通信工学科の教授時代。工学部電気系学科（電気工学科、通信工学科、電子工学科）の学生に電磁理論の講義中。昭和 50 年頃。

しかし、そのおかげかどうかわかりませんが、普通、電磁気学は一番難しい科目として学生たちがみんな敬遠して、電磁気学に関する研究をやりたいというような若者は昔からほとんどいなかったのですが、私の講義を聴いてくれた人たち、先ほど名前が出た塩澤（俊之）君や藤岡（弘）君やそのほか大勢の素晴らしい学生たちが私の研究室に次々に来てくれるようになったんです。

北山君もその一人だけどあなたも私の講義を聴いてくれましたよね。

北山　もちろん聴かせていただきました。まだ教科書はできていなくて、プリントを配られて講義をしておられました。それはそれはきれいな字で黒板に書かれて、よどみのない講義でしたね。途中で止まるというようなこともなく、ずっと流れるようにお話しされながら、きれいに書かれて。

熊谷　あまり字は上手じゃなかったけどな。

北山　いや、とても分かりやすい講義でした。

熊谷　電磁気学って普通は一番難しい科目といわれているんだけどね。

北山　そうですね。でも私は抵抗なく理解できました。ですから私も好きになって、楽しみに聴かせていただきました。いま私は初めて先生が講義に全力投球されたということをうかがったのですが、やはり生半可なことではとてもあれだけの講義はできないと、私は自分で講義をするようになってつくづく思いました。たぶん講義の準備で多くの時間を費やされたのではないですか。

熊谷　講義の準備には時間をかけ、毎年手直しをして、最後に教科書として本にしたんです。

北山　『電磁気学基礎論』（オーム社、一九八七年）というご著書ですか。

熊谷　いや、あれは相対論まで書いてある大きな本で、電子情報通信学会から著述賞をいただいたものですが、いま私が言った教科書というのはそれをできるだけ簡潔にした電子情報通信学会の教科書シリーズの一つになっている『電磁理論』（コロナ社、一九九〇年、最新改訂版二〇一三年）という本です。私は大学の学部学生用の電磁気学の教科書としては、今でも、あれは世界で最高の教科書ではないかなと自負するぐらい推敲を重ねて書いた教科書です。まあ自分で勝手にそう思っているだけかも知れませんけどね。

弟子の恩

熊谷　こうやって振り返ってみますと、私には直接指導を受けた研究上の師と呼べる人はいませんでした。テーマを選ぶことから研究の進め方にいたるまですべて自分で考え、自分で決めてきました。そういう意味では、研究上の直接の恩師という人には巡り会えなかったということになりますが、その代わり、常に自分が一番やりたいと思うテーマを自由に選んでそれに打ち込むことができたのは大きな幸せであったとも言えるのではないかと思います。

そして、もう一つの大きな幸せは、実に多くの素晴らしい弟子たちに恵まれたことでした。先ほど申し上げたように、私は一貫して学部と大学院で電磁気学と電磁波論の講義を担当し、世界で最も優れた講義となることをめざして情熱を傾けました。実際、私がこれまでに書いてきた多くの著書や論文の中から最も自負するものを一つ挙げよといわれたら、さっきお話しした、自分の講義をもとに著した電磁理論の教科書を挙げたいと思うくらいです。

そのせいかどうかはわかりませんが、私の研究室には実に素晴らしい大勢の優秀な学生たちが集まり、学部、大学院の学生たち全員が互いに励まし合い、競い合い、あるいは協力し合いながらそれぞれの研究テーマに懸命に取り組み、次々に成果を挙げていきました。学生諸君たちだけでなく、私の研究室の助教授や講師、助手の人たちもみんな優秀で、この人たちは後にみんな大学の教授になりましたが、本当に研究熱心でしたから、国内外の学会などへの発表論文件数なども我々の研究室は日本で最も多い研究室といわれた時期が何年も続きました。

折角の機会ですので、思い出すままに振り返ってみますと、いずれも私の講義を聴いてくれた教え子で、私の研究室の助教授を務めてくれた松原正則君（後、岡山理科大学教授、故人）、講師を務めてくれた堤誠君（後、京都工芸繊維大学教授）、助手を務めてくれた森田長吉君（後、千葉工業大学教授）をはじめ、大学院学生として熱心に勉学と研究に励み、多くの成果を挙げてくれた、先程お名前の出た塩澤俊之君や藤岡弘君、今回のインタビューアーを務めてくださっている北山研一君（いずれも後、大阪大学教授）などの他、後に大学の教員になった学生諸君だけを思い浮かべてみましても、倉薗貞夫君（後、大阪大学教授、故人）、澤新之輔君（後、大阪府立大学教授、故人）、小嶋敏孝君（後、関西大学教授）、中川紀美雄君（後、岡山理科大学教授、故人）、山口孜君（後、近畿大学講師）、小川英一君（後、摂南大学教授）、安川交二君（後、大阪工業大学教授）、田中嘉津夫君（後、岐阜大学教授）、大高真人君（後、福井大学助教授、故人）、里村裕君（後、大阪工業大学教授）、森下克己君（後、大阪電気通信大学教授）、塩野充君（後、岡山理科大学教授、故人）、下代雅啓君（後、福岡工業大学教授）、河﨑善一郎君（後、大阪大学教授）、桐本哲郎君（後、電気通信大学教授）、大平孝君（後、豊橋技術科学大学教授）、信吉輝巳君（後、岡山理

天皇陛下ご臨席のもとに日本学士院賞の授賞式。平成９年７月７日。

科大学教授）、松本正行君（後、和歌山大学教授）、島崎仁司君（後、京都工芸繊維大学准教授）、豊田一彦君（後、佐賀大学教授）、Angkaew Tuptim 君（後、Chulalongkorn University タイ、Assistant Professor）、Heshmatollah Maheri 君（後、Shahid Bahonar University of Kerman イラン、Assistant Professor）、等々の諸君の若い日々をなつかしく思い出します。この他にも実に多くの優れた学生諸君が研究と勉学に励み、一流企業などに就職して立派に活躍してくれました。

　これら大勢の素晴らしい弟子たちのお名前を全部挙げることはとても出来ないのがまことに残念で、かつ大変申し訳なく思いますが、この人たちのおかげで、私も国内外の学会など各方面から高い評価をいただくことができたのです。

私は、平成九年（一九九七年）に日本学士院から日本の研究者としては最も名誉に思う日本学士院賞を授与されましたが、その賞状には受賞の対象となった業績として「新しい電磁波論の開拓と電磁波導波伝送への応用に関する基礎的研究が学術の進歩に著しい貢献をした」と書かれていました。まさに、一貫してそのようなテーマを中心として研究生活を続けてきたわけですが、その研究生活の後半はこれらの学生諸君と私の教え子の助教授、講師、助手などの研究室全員の活躍によって支えられてきたもので、今でも感謝の気持で一杯です。

世に「師の恩」という言葉がありますが、私は「弟子の恩」というものもあると思っています。多くの愛する優れた弟子たちに心から感謝したいと思います。

若い研究者へのアドバイス

北山　そろそろ最後になりますけれども、折角の機会ですから、これから研究を始めようとする学生さんや若い研究者の人たちに対して先生のご経験から何かアドバイスとか、激励の言葉とか、こういうふうにすると研究が面白くなるよというようなことがございましたらお願いします。

熊谷　いろいろありますけれども、まず最初に申し上げておきたいことは、これまでに科学的に解明されていることよりも未だ解明されていない未知の事柄の方がはるかに多いということです。

例えば、進化論で有名なチャールズ・ダーウィンが有名な『種の起源』を出版したのは今から一五〇年以上も前のことですが、当時、ダーウィンが不思議に思ったことや、理由が分からずに仮定として説明しなければならなかったことの多くは、一五〇年以上を経た現在においても、なおそのほとんどが未だ未解明のままなのだということを長谷川真理子氏（元日本進化学会会長、総合研究大学院大学理事・副学長）が述べておられます。

また、ガリレオ・ガリレイが自ら作った望遠鏡を用いて人類初の天体観測を行い、宇宙への扉を開いてからすでに四〇〇年を超える歳月が経っていますが、黒田武彦氏（元兵庫県立西はりま天文台長、兵庫県立大学自然・環境科学研究所教授）によりますと、宇宙を構成する物質について、現在、我々に分かっているのは僅か四％に過ぎず、ダークマターとよばれる正体不明のものなどを含めて、その九十六％は未だ解明されていないということです。

あるいは、大熊盛也氏（理化学研究所微生物材料開発室長）によれば、数多い微生物の九十九％以上は個々の種類や性質などが未だ未解明のままだということですし、また、現在、一万種類近く存在すると考えられている原子核のうち、その性質を厳密に知ることができるのは未だ僅か一％にも満たないのであるということを中務孝氏（理化学研究所仁科加速器研究センター准主任研究員）が述べておられます。

これらはいずれも、それぞれの分野の第一人者たちが言っておられることなのですが、このように、世の中には未だ科学的に解明されていない未知の事柄の方がはるかに多いのだということをまず申し上げておきたいと思います。

第一次南極観測隊の越冬隊長などを務められた、無機化学の権威で登山家としても有名な京都大学名誉教授の故西堀栄三郎博士は「お化けの存在を否定するような学者は偽者と思え」と言っておられます。これは言葉通り受け取ってはいけません。世の中には現在の科学では分からないことがまだいっぱいあるのだということを言っておられるのであって、科学者の慢心を戒めた自戒の言葉なのです。

また、同様に、現在の科学技術もいろいろな意味で未だ十分成熟していない未熟な段階にあるものがほとんどなのだということを申し上げておきたいと思います。例えばエネルギー消費の効率性、期待される安全性、環境との調和性、その他いろいろな点で未だ十分満足すべき段階に達しているとはいえないものが大部分なのです。

未熟な科学技術を成熟した科学技術とするためには「ハードウェア」と「ソフトウェア」に加えて「ヒューマンウェア」が極めて重要になります。

「ヒューマンウェア」というのは、技術と人間とのインターフェイスにおける親和性や操作性、人間の感性や心理などとの整合性、芸術性やデザイン性、社会倫理との適合性、等々のことで、現在の科学技術はこれらの点で未だ十分成熟しているとはいえないものが大部分なのです。使う人間に違和感を与えたり、熟練を要求するような技術は未熟な技術といってよいのです。

よく、「技術の進歩が速すぎて人間や社会が追いついていけない」ということを耳にいたしますが、実はそうではないのです。「技術の進歩が未だ未熟で、人間の諸特性や社会の要請などに十分対応できていない」というのが実態なのです。

つまり、申し上げたいことは、科学や技術の分野において我々がこれからやらなければならないことはまだまだいっぱいあるのだということです。若い研究者や学生の皆さん方の今後のご活躍に期待するところ極めて大なるものがある所以です。

異分野間の連携・融合

熊谷　新しい科学の分野を拓いたり、未熟な科学技術を成熟した科学技術とするために重要な鍵となるものがいくつかあります。その一つは、人文・社会科学系までを含む幅広い「異分野間の連携・融合」をはかることです。

これまでにも、例えば医学と工学との連携・融合によって医用電子工学などの新分野が生まれたのをはじめ、多くの診断・医療機器などが開発されて、診断や治療の技術が飛躍的に進歩したことは皆さん方もよくご存知の通りですが、現在でも、例えば生命科学と情報工学との融合や、量子物理学と計算機工学との融合など、異分野間の連携・融合によって多くの新しい科学技術の分野が生まれてきています。

異分野間の連携・融合が極めて重要なことを分かりやすい例で申しますと、例えば自動翻訳電話などは実用的にも技術的にも大変興味深いテーマなのですが、実際に、誰もが、どんな国の人とでも自由に話すことのできるような十分成熟した自動翻訳電話を実現するためには、言語学者や民族学者などを含む幅広い人文・社会科学系の分野の専門家との協力が必要不可欠で、技術者の技術的な努力だけでは達成することは不可能なのです。実際、例えば、日本で「親が草場の蔭で泣いている」というのは、アメリカでは「親がお墓で寝返りをうつ」（Your parents would turn in their grave.）と言いますが、そのそれぞれをいかに正確に機械的にそのまま翻訳してもお互いに全く意味は通じません。食事のあと、日本人の一人が「今日は僕が自腹を切る」と言ったのを直訳されて、聞いた外国人が卒倒したという笑い話もあります。成熟した自動翻訳電話の実現なども技術者の技術的な努力だけでは達成不可能で、人文・社会科学系の分野の人たちとの連携・協力が必要不可欠なのです。

また、科学技術に対して最も強く求められる安全性の確保などについても、人文・社会科学系までを含む幅広い異分野間の連携・融合が必要不可欠となります。

実際、およそ人間の作るものは、すべて、その研究・開発の段階から、設計、製造、据付、運転、点検、修理、保守、管理にいたるまでのあらゆる段階で、人間が全く関与しないような局面は皆無です。従って、技術的にいかに安全性確保の手だてを尽くしても、最後に残るのはヒューマンファクター、ヒューマンエラーの問題となります。

例えば、ジェット旅客機が就航したのは今から六十年余り前の一九五二年で、その直後の五年間ぐらいは大事故が続発しましたが、その後、著しい改善がみられ、技術的には現在までずっと改良、進歩が続けられてきているにもかかわらず、いまだに毎年、必ず二十件前後の大事故が発生しています。そして、その事故原因の八十五％はヒューマンエラーに起因していることが分かっています（杉江弘著『機長が語るヒューマン・エラーの真実』ソフトバンク新書、二〇〇六年）。

また、平成十一年（一九九九年）九月に、アメリカ航空宇宙局（ＮＡＳＡ）の火星探査機「マーズ・クライメート・オービター」が火星の周回軌道に乗るのに失敗したのは、探査機の制御部門を担当したコロラド州のロッキード・マーチン社とカリフォルニア州のパサディナにあるジェット推進研究所の二つのチームが、長さの単位にそれぞれ「メートル」と「インチ」という二種類の異なる単位を使っていたことに最後まで誰も気付かなかったのが原因でした。

日本の「Ｈ２Ａ」ロケットは非常に勝れたロケットなのですが、平成十四年二月四日にこの

「H2A」二号機によって打ち上げられた宇宙科学研究所（現、宇宙航空研究開発機構、JAXA）の実験衛星「DASH」がロケットからの分離に失敗したのは、発注時の設計図をメーカーが製造用の図面に書き写す際に、たった二本の配線先を誤って書き写した極めて単純な人的ミスが原因であったことが分かっています。

他にも例をあげればまだまだたくさんありますが、このように、安全性確保のためにいかに技術的改善に力を尽くしても、機器やシステムを設計したり、製造したり、据え付けたりする際の人的ミスや、人間が行う運用時の操作ミスや修理の際の僅かな見落としなどのヒューマンエラーを完全に根絶することは今後とも極めて困難なのです。

従って、二十一世紀の科学技術に対して最も強く求められる安全性を少しでも改善・向上していくためにも、人間や、人間が作る組織に関する心理学や、人間科学的ないしは社会科学的なヒューマンファクターに関する研究分野との連携・融合が必要不可欠となるのです。

私が初代の社長・所長を務め、今も最高顧問会議の議長を拝命している原子力安全システム研究所では、二十年以上も前の平成四年に設立された当初から、原子力発電の安全性および信頼性の向上をめざして、その組織を、技術的な側面から研究を行う技術システム研究所と、人間科学的ないしは社会科学的な側面から研究を行う社会システム研究所の二つによって構成し、互いに連携しながらそれぞれの側面から地道な研究を続け、その成果を広く公開してきています。(例えば、原子力安全システム研究所 技術システム研究所編『安全の探究―人・社会と巨大技術が構成するシステムの安全学とその実践―』ＲＥＣ出版、二〇〇一年、同社会システム研究所編『安心の探究―二十一世紀の課題 安全の人間科学―』プレジデント社、二〇〇一年、同社会システム研究所編『実践ヒューマンエラー対策―皆で考える現場の安全―』日本電気協会新聞部、二〇一〇年、その他)。

内閣総理大臣が議長を務める総合科学技術会議でも、その目的を「人文・社会・自然科学を総合した科学技術を対象とする総合戦略を策定すること」と規定しています。私も長く議員を務めていた総合科学技術会議の前身の科学技術会議では、審議の対象を「科学技術(ただし人文科学のみに係るものを除く)」とわざわざ書いてあったのですが、いまのように改められたのは非常に結構なことであったと思っています。

自然と生物に学ぶ

熊谷　新しい科学的発見や科学技術の進歩・発展にとって、もう一つ重要な鍵となるものがあります。それは「自然と生物に学ぶ」ということです。

実際、自然と生物は未解明の不思議に満ち満ちています。例えば、ジェット旅客機などに比べれば、その膨大なガソリン燃料に相当する大量のエネルギーを貯蔵するところなどほとんどないような蚊や蜂のような小さな生物が、驚くべき僅かなエネルギーで長時間自由に飛び回り、状況を把握し、判断し、自己組織的に作られていくという不思議。

クモは、それぞれ違った七種類の目的とそれぞれに適したそれぞれの特性をもつ糸を紡ぎ出すのだそうです。髪の毛よりも細く、絹糸よりも強く、弾力性に富み、二〇〇度の高温にも耐え、紫外線にも強いという極細の糸を、数百メートルを超える長尺で、常温、常圧のもとに小さな体から作り出すというのです。「これを工業的に造るとしたらどれ程の製造設備と生産工程を要するか想像もつかない。人工繊維など足元にも及ばない天然のスーパー繊維である」と奈良県立医科大学の大崎茂芳教授が述べておられます。大崎教授は阪大理学部のご卒業で、ふとしたことからクモの興味にからめとられてクモの糸の研究を始め、その後もずっと続けてこられたということです。

シロアリは塔を造ります。これまでに知られている最も高い塔は六・八メートルで、シロアリの大きさを人間の大きさに換算しますと約一五〇〇メートルの超高層ビルに相当する高さです。そして、その中には女王アリの居室から育児室、キノコ畑まであり、新鮮な空気をとり入れるための換気システムも備えられていて、昼間は摂氏五〇度の高温で夜は零度以下になるというある地域のサバンナ地帯（草原地帯）のシロアリの巣の中の温度がいつも一定の摂氏三〇度に保たれていたという報告もあるそうです。設計者もいないし、大きな脳も持っていないシロアリがどうしてそんな巣を造れるのか。全く不思議という他はありません。（マイク・ハンセル著、長野敬、赤松真紀訳『建築する動物たち―ビーバーの水上邸宅からシロアリの超高層ビルまで―』青土社、二〇〇九年）。

人と人との衝突で怪我人が出る事故が東京駅構内だけで一日平均六～七件は発生しているのに、鳥や魚はいかなる大群が密集して行動していても互いが衝突して死傷するような事故は決して起こらないのはなぜか。蛍の群れの光の点滅やコオロギの鳴き声が自然に同期するのはなぜか。すべて分からないことばかりです。

日本では昔から炭坑に入る時にはカナリアを連れて入っていましたが、オウム真理教の富士山麓の施設に最新の化学防護服に身を固めて捜査に入った機動隊員がその手に持っていたのもカナリアを入れた鳥かごでした。有毒ガスに対するカナリアの感知能力は現在のいかなる科学センサーよりも勝れているからです。

阪神淡路大震災の時にも、瓦礫の下に生き埋めになった人たちを探し出すのに一番役に立ったのは犬でした。スイスの救援隊が連れてきた救助犬が大活躍しました。現在でも、世界中の空港や港などにおける麻薬の検査や行方不明者の探索などには犬が実際に使われているのは皆さんよくご存知の通りです。

このような、数々の不思議に満ちた自然と生物に学ぶことが、新しい科学的発見や新技術の創出につながる大きな鍵となるのです。

実際、例えば二〇〇八年度のノーベル化学賞を受賞された下村脩さんは「クラゲが光るのはなぜだろう」ということを不思議に思って追求し、ノーベル化学賞の受賞につながったのです。衛生機器やタイルなどの製造で有名な伊奈製陶（現ＩＮＡＸ）におられた石田秀輝さん（後、東北大学大学院環境科学研究科教授）は、カタツムリの殻が汚れないでいつもピカピカなのはなぜか、ということを調べ、「汚れない便器」、「汚れないビルのタイル」などを開発・実用化されました。石田教授は自然と生物から学ぶ新しい技術を「ネイチャーテクノロジー」とよんでおられます。（石田秀輝著『自然に学ぶ粋なテクノロジー―なぜカタツムリの殻は汚れないのか―』化学同人、二〇〇九年）。

また、私が長年顧問を務めている、空調機ではシェア世界トップのダイキン工業では、魚のエイのヒレや白鳥の羽根の形を模して室内機や室外機のファンの形状を工夫し、空調機の消費電力を十五％も削減して省エネ化に成功しています。

新幹線高速化の突破口を開いたのはフクロウとカワセミに学んだことでした。列車の高速化にとって最大の課題は高速化に伴って急激に増大する騒音問題の解決でしたが、最大の騒音源となっていたパンタグラフの設計に、あらゆる鳥の中で最も静かに飛んで獲物に近づくフクロウの羽根を詳細に検討し、その仕組みを援用したのが低騒音化に成功した決め手となったのです。こうして、それまでの騒音を三十％もカットすることができたのです。

さらに、もう一つの大問題であった、高速列車がトンネルに突入した際に気圧波ができて、トンネルの出口側で大きな破裂音が発生するいわゆる「トンネルドン現象」の難問を解決するために、空中から水中に捕食のために飛び込むカワセミのくちばしから頭部にかけての形状にヒントを得て、数々の実験と数値シミュレーションを繰り返して得られた先頭車の最適解の形状は、カワセミのくちばしから頭部へかけての形とそっくりになったのです。

このようにして、当時世界最高速でかつ最も低騒音の新幹線「のぞみ五〇〇系」を実現すると同時に、最高時速三〇〇kmの「のぞみ五〇〇系」の走行抵抗を、それまでの最高時速二七〇kmの「三〇〇系」に比べて約七割に軽減し、消費電力も「三〇〇系」よりも十五％も少なくすることに成功しました。（元ＪＲ西日本技術開発室長　仲津英治著『自然に学ぶ―地球に謙虚に―』近代文芸社、一九九九年）。この開発の責任者だった仲津英治氏は大阪大学工学部機械工学科の卒業生で、ＪＲ西日本を退職された後も台湾の高速鉄道建設の指導などをなさっていました。

この他、コンピュータウィルスを、生物の免疫機構に範をとった方法で、自己と異なる異物として検知し、ウィルスを無毒化したり、感染したプログラムを正常なプログラムに自動修復するシステムの研究や、蛍の群れの光の点滅やコオロギの鳴き声が自然に同期するメカニズムを数値モデルによってシミュレートし、新しいシステム制御の方法を求める研究、あるいは人を刺すときに人に全く痛みを感じさせない蚊の針に学んで「痛くない注射針」を作る試み、など、自然と生物に学ぶいろいろな興味ある研究が行われています。

大阪大学でも、柔軟性、弾力性に富むユビキタスネットワークを実現するために、生物界から学ぼうとする「バイオ・インスパイアード・インフォーマティクス」（Bio-Inspired Informatics）の研究などが行われています（大阪大学大学院情報科学研究科　村田正幸教授、若宮直紀准教授）。

また、私が現在会長を務めている国際電気通信基礎技術研究所（ＡＴＲ）では、人間の脳の機能を解明し、人が頭で思うだけで操作できる世界最先端の介護支援ロボットの研究・開発（川人光男　ＡＴＲ 脳情報通信総合研究所長）や、情報通信ネットワーク技術を駆使した超高齢社会に対応できる生活支援ロボットの研究・開発（荻田紀博　ＡＴＲ 知能ロボティクス研究所長）、遠隔操作人型ロボットの研究（石黒浩　ＡＴＲ 石黒浩特別研究所長）、あるいは人間の生命動態を解明し、生物科学、医科学、計算科学等を融合させて健康長寿な未来社会の創成をめざす研究（佐藤匠　ＡＴＲ 佐藤匠特別研究所長）等々を行っています。

その他、ＡＴＲと大阪大学および情報通信研究機構（ＮＩＣＴ）が共同で「脳情報通信融合研究センター」（CiNet）を設け、人間の脳の高次な機能を解明したり、生命システムに学ぶことなどによって、革新的な情報通信技術のイノベーション創出などをめざす先端的な研究・開発が進められており、センター長にはこの分野を先導する大阪大学の柳田敏雄教授が就任しておられます。

科学技術の振興のために関西の経済界や学界、官界、自治体等によって作られている「関西サイエンス・フォーラム」というユニークな組織があるのですが、その中に、阪神淡路大震災のすぐ翌年（平成八年）に、私が提唱して発足した「地震前兆現象調査研究専門部会」という研究専門委員会があります。この研究専門委員会は、地震発生の直前に現れる様々な前駆的、前兆的な現象、例えば異常な電波の発生や電磁波の伝搬特性の異常な変化、地下水、地電流、大気中のイオン濃度などの異常な変動、閃光その他の異常な気象現象、家畜や野生の動物、魚類、昆虫などの異常な行動、等々をリアルタイムで収集し、これらをすべて「重ね合わせ」て、適切な処理と判断を行うことによって、確度の高い、有意の「地震予知情報」が得られる可能性がないかということを探究している研究会で、発足当初からこの研究を提案した私が部会長を務めています。

この研究専門部会には地震学者をはじめ、宇宙科学、地球科学、気象学、地質学、電磁気学、電波工学、情報工学、通信工学、等々の研究者や、動物園長、植物園長、水族館の館長などを含む動物、魚類、昆虫、植物など様々な生物分野の専門家、さらには地震予知情報の公開の在り方やそれに伴う社会的影響などを専門的に検討する社会科学分野の権威なども参加していて、まさに、先ほどから申し上げている「人文・社会科学系までを含む異分野間の連携・融合」

のもとに、「自然と生物に学ぶ」学際的研究のモデルケースの一つといえるのではないかと思います。これまでに国際シンポジウムや公開講演会などを度々開催したり、研究報告書を出すなど調査・研究の結果を公表してきていますが、私はこのような研究によって、近い将来、人類が長い間切望してきた、短期ないしは直前の、確度の高い、実際の役に立つ「地震予知情報」が得られるようになるであろうと確信しています。平成二十六年七月には「日本地震予知学会」という学会も発足し、私も名誉会員という称号をいただいています。

この他にも面白い例はまだまだ沢山ありますが、「究極の知的機械」である人間を含む自然と生物はあらゆる科学技術の新しい知識やアイデア発掘の最大の源泉であるということができるのです。二十一世紀の最先端技術は「生き物模倣技術」であるという人もいます（東京都市大学　桶井史郎教授）。

アメリカでは、かなり前から「Bio-mimicry」（生体模倣）という言葉ができています。「mimicry」というのは「真似」とか「模倣」という意味ですが、日本でも「バイオミメティクス」（Biomimetics、生体模倣）と言う言葉が生まれています。「mimetic」もやはり「模倣の」というような意味なのです（例えば、技術総合誌ＯＨＭ「バイオミメティクス」特集、二〇一五年一月号）。

例えば、アメリカのマサチューセッツ工科大学（ＭＩＴ）では、昆虫が一〇〇メートルも離れたところにある物の匂いをかぎ分ける能力を解明して、それを真似た「人工鼻」を作り、癌が放つわずかな匂いを感知しようとする研究を行っていました。そのような小型・高感度の匂いセンサーができれば、捜査犬などに代わる「匂いのバイオセンシング装置」としていろいろな応用が広く期待できると考えられます。

マサチューセッツ工科大学（ＭＩＴ）をはじめ、ハーバード大学やカリフォルニア工科大学などでは、かなり前から、文系・理系を問わず、全学科の学生全員に生物学を必修科目として課しています。さすがはアメリカと思わせる非常に先見性のある先進的な教育方針で、やはりアメリカという国はなかなかに侮り難い国であると思います。

日本でも、ホンダの創業者本田宗一郎はゴキブリの研究を真剣に行ったといわれています。ゴキブリはどんなにそっと手を近づけて掴もうとしてもすばやく逃げてなかなか捕まりません。ゴキブリはわずかな気圧の変化を敏感に感知して逃げるのではないかという説もありますが、本田宗一郎はそのようなゴキブリの機能を解明して自動車の衝突防止装置に応用できないかと考えたのです。生物の機能に学んで新しい技術の創出をめざした極めて先進的な考え方で、さすがは本田宗一郎であると思います。

二〇一〇年にノーベル化学賞を受賞された根岸栄一博士（米国パデュー大学特別教授）は、植物が太陽の光をエネルギー源として二酸化炭素（CO_2）と水から炭水化物と酸素を作り出している光合成のメカニズムを解明し、それに学んで人工的にこれを実現しようという「人工光合成」の研究を提唱しておられます。成功すれば有害なCO_2を減少させて酸素に変え、地球環境問題の改善に寄与するとともに、食糧問題や燃料資源の解決などにも役立つと考えられ、まさに自然と生物に学んで新しい科学技術の途を拓こうとする素晴らしい方向をめざすものであるといえましょう。

以上に申し上げましたように、若い研究者や学生の皆さん方の前には極めて興味深い、やり甲斐のあるテーマがたくさん横たわっているのです。大きな夢と高い志をもって創造的な研究に意欲的に取り組んでいただきたいと思います。

脇目を振って研究せよ

熊谷　研究者としては自分がやりたいと思うテーマをやれるのが一番幸せだと思いますが、やるときには本当に徹底してやることです。「こり性」でないと駄目ですね。「しつこさ」が必要です。立派な業績を挙げた研究者や技術者たちは、ノーベル賞の受賞者なども含めて、みんな共通して「こり性」の人が多いですね。

ただ、徹底してやると言っても、周りを全く見ない研究のやり方というのは、あまり感心しません。先程来申し上げてきたように、他のいろいろな異分野の状況を常に見ながら研究するほうが、新しいヒントが得られたり、発展のいとぐちが見つかったりする可能性が高いからです。「脇目も振らずに研究する」という時間ももちろん必要ですけれども、同時に、研究者には「脇目を振って研究せよ」ということもできると思います。そうすることによって、全く異なる他の分野のアイデアとか、考え方とか、研究の手法というようなものが、思いもかけない大きなヒントや参考になることがよくあるからです。私自身もそういう経験を何度かしてきました。

私だって若い頃には、大みそかの十二月三十一日の除夜の鐘を聞くまで研究室で実験をしていて、明けて翌正月一日の朝には、お雑煮を家で食べたら、またすぐに大学にもどって実験を続けるというような生活をしていた時期もありました。そういう、自分の研究に没頭する時期ももちろん必要ですけれども、同時に、他の分野での新しい研究成果や全く違うテーマの研究の解析手法なんかが大きなヒントになることがあって、それが自分の研究に非常に役立ったというような経験もあります。つまり、申し上げたいことは、「脇目を振って研究する」ことも必要だということです。

「ネアカ」のすすめ

熊谷　最後に若い研究者や学生の皆さん方にぜひ申し上げておきたいと思う極めて重要なことがあります。それは、世の中に「良いことばっかり」ということはないのと同様に、世の中に

「悪いことばっかり」ということもまたけっしてない、ということです。そんなことはいまさら改めて言われなくてもよく分っていると思われるかもしれませんが、実はこれは、人の世にも、仕事の世界にも、自然界にも共通する、単純にしてかつ極めて重要な基本的真理なのです。

技術や研究の世界においてもまた然りです。ある目的に対して非常に具合の悪い不都合な現象でも、見方、捉え方を変えると、思いもかけなかったような全く別の応用や新しい発展の途が拓ける可能性があるということです。

私の専門分野で具体的な例を申しますと、例えば電気的に通信を行う場合、時間的に変化しない一定の直流電流を導線に流して情報を送ると、抵抗による導体損失は最も小さく、かつ構造も簡単で有利なのですが、一方、この場合には、電流を断続して情報を送るモールスのトン・ツー式のような「電信」しかできず、送れる情報は電報文のような簡単なものに限られます。これに対して、時間的に変化する交流電流を使うと電話のような音声や音楽なども送ることができるようになり、さらに高い周波数の交流を使うとテレビのような画像情報を送ることもできるようになるほか、一度に何百回線もの電話や何十チャンネルものテレビなどを送ることもできるようになります。このように、前にも申し上げましたが、一般に、使う周波数が高くなればなるほど（従って使う波長が短くなればなるほど）、送れる情報量は増大します。

しかし一方、周波数が高くなると「表皮効果」という現象が現れて、電流が導線の表面近傍の薄い層内に集中して流れるようになり、電流の流れる導線の実効的な断面積が減少するために抵抗が増大し、「導体損失」が急増するとともに、実際に電流が流れる導体表面の薄い層内に高いジェール熱が発生して、情報を遠方まで送れなくなります。

しかし、導体の表面近傍の薄い層内に高い熱が発生して、遠方まで情報を送れなくなるというこの不都合な現象を逆に積極的に利用すると、鉄や鋼などの導体表面を加熱して硬化する技術に応用できます。これは「高周波表面焼入れ」として実際に工業化されています。

また、同時に、周波数が高くなると「電磁放射」という現象が現れて、送ろうとする信号の電気的エネルギーが電磁波となって線路の周りの空間に放射されて散逸してしまい、「放射損失」が生ずるようになります。この放射損失も周波数が高くなるほど増大するので、面倒で高価な特別の工夫を施した伝送線路、例えば同軸ケーブルや特殊な導波管などが必要になってきます。

しかし一方、周波数が高くなるほど電磁放射が顕著になり、送ろうとする電気信号のエネルギーが電磁波となって周りの空間中に散逸して放射損失が増大するという具合の悪い現象を逆に積極的に利用すると、放送や通信に不可欠なアンテナになるのです。すなわち、携帯電話やテレビ放送などになくてはならないアンテナというのは、実は電気信号を線路に沿って伝送しようとする目的にとっては大変不都合な具合の悪い電磁放射現象を逆に積極的に利用したものなのです。

アンテナから放射された電磁波は、物質中を通ると、今度は電磁波のエネルギーが物質に吸収されて熱エネルギーに変わり、電磁波は減衰していきます。これは「吸収損失」と呼ばれているもので、例えばマイクロ波中継回線やレーダーなどのように、霧や雲や雨などに左右されずにできるだけ遠方まで電磁波を送ろうとする目的に対しては非常に具合の悪い難点となります。

しかし、電磁波が物質中を通ると電磁波のエネルギーが物質に吸収されて熱エネルギーとなり、電磁波は減衰して物質の内部が発熱するという不都合な現象も、逆にこれを積極的に利用すると例えば電子レンジになるわけです。この現象はギックリ腰やムチ打ち症の治療や癌の温熱療法などとして医療の分野などでも利用されています。

このような例は他にもまだまだたくさんありますが、申し上げたいことは、仕事や研究に行きづまったり、思い通りにならないような事態に陥ったりした時には、「世の中に悪いことばっかりということはけっしてない」という真理を思い出していただき、視点を変えて見直せば何事にも必ず逆の良い面があることに気づき、思いもかけない利用・活用の途が見つかったり、新しい展望が開けたりする可能性があるということです。悲観して早々と投げ出したり、愚痴をこぼしたりしているだけに止まっている限り、決して新しい展望や発展は望めないでしょう。要するに「ネアカ」でなければ駄目だということです。言葉を変えれば、自由で積極的な「発想の転換」が重要だといってもよいでしょう。

「アフリカに行った靴のセールスマン」という話があります。アフリカの奥地までふみ込んで行った靴のセールスマンが、現地人が誰一人として靴を履いていないのを見て、「これは駄目だ。ここでは靴は全く売れない」とあきらめて帰ったというのです。ところが、次に行った別のセールスマンは、現地人がまだ一人も靴を履いていないのを見て、「これはいい。ここはこれから大きな靴のマーケットになる」と受けとめたというのです。どちらがネアカで、積極的な考え方かは明らかでしょう。

このような楽観的ないしは積極的な性格、ネアカの気質というものは誰にでも生来備わっているとは限りませんが、しかし、必ずしも唯一先天性のものであるとは言い切れず、心掛けや気持ちの持ちようによって開発され、高められる可能性があるものなのです。フランスの哲学者で思想家でもあるアラン（Alain）もその代表的な著作である『幸福論』の中で「楽天主義は意志の所産である」と述べています（*Propos sur le bonheur*／邦題『幸福論』神谷幹夫訳、岩波文庫、他）。また、著名な脳科学者の茂木健一郎さんも、「楽天主義は創造的な仕事をするうえで必須の要件である」と言っておられます。私も全くそうだと思います。

学生さんや若い研究者の皆さんも、ぜひ、世の中に「良いことばっかり」ということはないのと同じように、「悪いことばっかり」ということもまた決してないんだという「ネアカ」の精神で、積極的、建設的に研究や仕事に取り組み、明るく、楽しく、意義のある研究生活、家庭生活、社会生活を送っていただきたいと思います。

第三章　大学紛争と学生部長就任

大学紛争の思い出

阿部　今回、主にうかがいたいことは、もう四十年以上も前のことになりますが大学紛争の時の思い出、そしてそれに関係する学生部長としてのご活動です。それから、総長ご就任と総長時代の思い出についてですが、総長時代につきましては、たくさんお話しいただくことがあろうかと思いますので、本日だけで終わりということではなく、もう一度、お話をお聞かせいただくことにいたします。

それでは、まず昭和四十三、四年ごろの大学紛争で特に印象に残っている事柄について、お話しいただきたいと思います。それから、工学部の教官、さらには学生生活委員会委員として、この紛争にどのように対処されたのかをうかがいたく存じます。

熊谷　日本のいわゆる大学紛争というのは、昭和四十三年（一九六八年）の初頭に、東大医学部で旧来のインターン制度に反対する学生運動が起こったのがそもそもの発端で、それに対する大学側の学生の処分に反発した学生たちが安田講堂をはじめ大学の主要な建物をバリケードで封鎖するなどして大規模なストライキに入るという過激な運動にエスカレートし、そのために東大では大河内一男総長以下全学部長が辞任したり、入学試験ができなくなって新入学生が零になるという年ができたりしましたが、そのような未曾有の大混乱が、大学の現体制打破を叫ぶ学生たちに新左翼と呼ばれる極左の活動家なども加わり、過激な運動となって全国の大学に拡がり、全国的な大学紛争の嵐に発展して、どの大学でも非常に大きな問題となったわけですね。大阪大学でもそうでした。

私はその頃、まだ助教授でしたが、どういういきさつで選ばれたのかは全くわからないのですが、突然、大阪大学工学部の職員組合の委員に指名されて、初めて職員組合の委員会に出たら、ちょうど浪高（旧制浪速高等学校）の私より四年ほど先輩で精密工学科の助教授だった山田朝治先生が委員長に就任されたところで、その日が委員長としての最初の委員会だったのですが、山田先生が委員長就任の挨拶に続いて、職員組合の旗はそれまでずっと赤旗だったのを日の丸の日章旗にしようと言い出して、大騒ぎになって、山田先生はその場で委員長をやめさせられてしまったんです。お酒が大好きな人で、朝からお酒を飲む大酒飲みの実に愉快な先生で、後に私の直前の工学部長になられましたが、私は後輩として大変可愛がっていただきました。

山田先生とはよくゴルフもご一緒にしましたが、先生はいつもゴルフバッグの中にウイスキーのビンを入れておられて、各ホールごとにウイスキーを飲んでおられました。阪大を停年退官された後は、何と神社の神主さんになられたんです。精密工学がご専門で工学部長までお務めになった先生が神主さんになられるというのでみんな驚いたのですが、理由は「神主は朝から酒が飲める」ということでした（笑）。神主さんになるには試験や厳しい実習などもあるんだそうですが、山田先生は神戸の生田神社で実習をしておられました。そうして、完成間近の関西国際空港の近くに新しくできた「航空神社」という神社の初代神主さんになられたのです。私も山田先生からお招きいただいてその航空神社に行ったことがありますが、境内には旧日本軍の実物の戦闘機が置かれていました。そして、山田先生は「関西国際空港が開港する時には俺が空から御神酒を撒くのだ」と言っておられましたが、最後はご自宅のお庭の植木の手入れをしておられて、木の上から落ちてそのまま亡くなってしまいました。何から何まで型破りの本当に面白い先生でした。

その山田先生が委員長に就任されて最初の委員会で、突然先生が委員長を辞めさせられて、全く思いもかけず、その日初めて委員会に出席した新米の私がいきなり職員組合の委員長を拝命することになったのです。

その頃、大学管理法案（略称大管法）というのが全国の大学で大きな問題になっていました。大学管理法案というのは、政府や保守系の政党などが、大学紛争に対処するために、「大学の自治」というような伝統的な今までの日本の大学の在り方を改めて、もっと管理体制を強化することをめざした法案だったのですが、それは、大学の伝統と自治を破壊する天下の悪法だということで、全国的に非常に激しい反対運動が巻き起こっていました。大阪大学の場合も、御堂筋で大きなデモ行進などをやったり、中之島の阪大講堂で大管法反対の大集会が開かれたりしていました。

その大集会の時に、それぞれの学部の職員組合の代表者が次々に登壇して、みんな「大管法断固反対」、「大学の自治と伝統を守れ」という演説ばかりをやっていたのですが、阪大の職員組合の中では一番大きい工学部の職員組合代表の私は「大管法には反対だが、今の大学には守るべき伝統や慣習よりも、改めるべき問題点や課題のほうがはるかに多い」という趣旨のことを述べました。実際、私はかねがね大学紛争に対する教授たちの対応を見ていると歯がゆくもあるし、考え方とか説得のやり方にきちんとした筋の通ったものがないような物足りなさを感じていまして、大学側はもっとしっかりすべきだという気持ちをずっと持っていたので率直に所信を述べたわけです。そして、それに対して結構拍手もあったのですが、議長団は困ってしまって、後で「みんなの足並みを乱すので、あなたの演説の一部は議事録から削除させてもらいたいと思うが何とか了承してもらえないか」と言ってきました。私は「結構ですよ」と了承しましたが、私も山田先生ほどではありませんが、少し変わったほうだったのかもしれません。

大学紛争では、我々が決して忘れることのできない痛恨の出来事がありました。それは、大阪大学の工学部の教官が二人も亡くなられたことでした。大学紛争のために教官が二人も亡くなったというのは阪大の工学部だけで、それも私が属していた電気系だけでした。

お一人は電子工学科の教授だった寺田正純先生で、大学の建物は全部ゲバ学生に封鎖されて、寺田先生の教授室なども占拠され、中はめちゃくちゃに荒らされて、いろいろひどい落書きなどもされていました。寺田先生というのは大変真面目な方で、そのうえ敬虔なクリスチャンでもありましたので、ご自分の部屋がめちゃくちゃに荒らされて、ひどい悪口雑言の落書きなどをされているのを見られて、それがよほどショックだったとみえて、ご自宅で割腹自殺をされたのです。これには私たちも本当に大きな衝撃を受けました。

「ゲバ学生」というのは暴力的な過激派の学生たちのことで、ゲバ棒と称する長い鉄パイプなどを携えていて、すぐにそれを振りまわして暴力をふるうので、当時、そういう過激な暴力的学生たちのことを「ゲバ学生」と呼んでいたのです。

もうお一人は電気工学科の助手だった山口（元太郎）さんで、封鎖されている建物の中の真っ暗な実験室に一人で入っていって、電気のスイッチなどを戻そうとして感電してその場で亡くなってしまったのです。これも大変なショックでした。その山口助手を追悼する電気系主催の追悼集会が行われることになったのですが、ゲバ学生たちが「大学改革をめざす我々の学生運動に対する敵対行為だ」として、その追悼の集いを粉砕するために襲ってくるかもしれないというのでみんな大変心配していて、一番最初に狙われそうな司会者を誰にするかということを相談されたらしいのですが、その結果、私はみんなに頼まれて、その追悼集会の司会をやることになりました。みんなとても怖がって、大変心配してくれていましたが、私は、もしも集会をしている時にゲバ学生たちが襲って来たら断固闘ってやろうと思っていましたので少しも怖いなどとは思いませんでした。そして、実際にも全くそういうことは起りませんでした。

学寮問題と学生生活委員会

熊谷　大学紛争については、いろいろなことがありましたが、最後まで残った一番の大問題だったのは学寮問題でした。これは、他の大学でもそうでしたけれども、過激な学生運動をする連中の拠点が、全部、学生寮だったのですね。大阪大学にも、当時、宮山寮、刀根山寮、鴻池寮、新稲寮という四つの学生寮がありましたが、これらの寮は、全部、過激派の学生たちに完全に占拠されていて、大学の職員などは全く中には入れない状態で、どんな連中が何人住んでいるのかも分からないし、学外の者もたくさん中に入っているということも確かでしたが、実際に寮の中がどうなっているのかというようなことは全く分からない状態でした。

そのような学生寮が学生運動の拠点になっていて、他の大学で学生運動をやっている阪大以外の連中や、学生ではない者なんかも泊まり込んでいるというような状況でした。そして、寮費はもちろん、電気代も、ガス代も、水道代も一切払わない。国有財産である国立大学の学寮であるにもかかわらず、管理責任のある大学の者が一歩も中へ入れなくて、いろいろな学外者が入っていることも確かだけど中がどうなっているのかも全く分からない、というような無法状態が続いていたわけです。

当時、大阪大学には学生生活委員会という学生問題を担当する委員会があって、本来は、学生の課外活動とか福祉や厚生の問題、その他、学生生活に関するいろいろな課題に対応することを目的とした委員会だったのですが、その頃は、大学紛争に対応する大学側の第一線の実働部隊のようになっていました。

特に、その中につくられた学寮小委員会というのが、戦闘状態になっている大学紛争のまっただ中で、一番重要な最前線の戦闘部隊のような役割を担っていたのですが、私はその学寮小委員会の委員をさせられていました。

寮には以前から大学が頼んでいたおばちゃんたちがいて、寮の面倒を見てもらっていたのですが、その人たちに中の様子を聞こうというので、一席設けて、といっても、うどん屋の二階でうどんを食べてもらいながらというだけのことなのですが、寮の中の様子を聞いたことがあるのです。

するとそのおばちゃんたちが言うのには、いろいろな者が中に住んでいて、部屋も何もかもめちゃくちゃだけど、学生たちは私たちにはみんな優しくて結構いい子たちだというんですね。高い所にある物を下ろそうとすると、「おばちゃん、手伝ったるわ」と言って、学生たちが物を下ろしてくれたりして、おばちゃんたちには親切で、おばちゃんたちは、ゲバ学生たちに対してはあまり悪い感じは持っていなかったようでした。

しかし、明らかに学生ではない、どこの誰かも分からないような歳のいった人も住んでいるということや、部屋の中には入れてくれないので中がどうなっているのかは分からないけれども風呂場なんかはもうゴミ捨て場のようにむちゃくちゃな状態になっている、という話などを聞きました。私たちは、どういう名前の者が、それぞれどの部屋にいるかということなどを確認したかったのですが、中にいる連中の名前などはもちろんほとんど分からないし、しょっちゅう部屋を入れ替わっているのでどの部屋に誰がいるかというようなことは全く分からないということでした。

そのような状態で、学寮問題への対応というのはどの大学でも一番の難問題となっていました。

釜洞総長の登場

熊谷　昭和四十年代の中ごろには紛争がますますひどくなって、当時の岡田實総長は烈しい紛争に耐えきれず、就任後二年半足らずの任期途中で総長を辞任され、その後は、まともな総長選挙もできず、総長事務取扱という人を選んで、総長の役割を代行してもらうという状態が続きました。しかし、それもみんな短期間でダウンして、次々に総長事務取扱も交代していきました。なぜそんなことになったのかといいますと、例えば大衆団交などに引っ張り出されて、何時間もつるし上げられたりしたからです。

また、正式の総長を決められなかった一つの理由は、総長候補者を選出するために全学の教授が一堂に集まって投票するという正規の学内手続きをふもうとすると、たちまちゲバ学生たちに襲われていっぺんに粉砕されてしまうので、総長選挙すらできない状況が続いていたからです。そのために、建物は封鎖されて、研究活動はもちろん、講義もできないというひどい状態のままで、長期間正規の総長もいないというような、大学としてのまともな体をなしていない異常な状態になっていたわけです。

そして、やっと昭和四十四年（一九六九年）になって、総長候補者を決める学内規程に沿ったかたちでの総長選挙と総長選考の手続きを経て、微生物病研究所の所長をしておられた釜洞醇太郎先生が正式な総長候補者に選出され、文部省もそれを承認して発令しました。昭和四十四年の夏休み中の八月二十六日付けでした。そのために、それ以後、いまだに阪大の総長の交代は八月二十六日になっているわけです。

年度初めでもない夏休み中の総長交代というのは中途半端で妙な感じもいたしますが、私の経験から言いますと、意外に夏の終わりの八月二十六日に総長就任というのは、やらされる者にとってはいい点があるんです。年度の変わり目に総長交代となると、それでなくとも年度末から年度初めにかけてはいろいろなことがあって何かと忙しい中で、四月一日から突然、総長に任命されますと、すぐ入学宣誓式とか、その他学年カレンダーの最初の月でいろいろな行事が一斉にありますし、方々への挨拶廻りの間に入学式の式辞を考えなければならないというだけでも大変です。ですから、案外、八月末に交代というのは、新年度が始まるまでに何カ月も余裕があって、実際に総長職をさせられる者にとっては、そういう意味ではいい面もあるんです。ただ、どうして八月二十六日というような年度途中の中途半端な時に総長交代なのかと不思議に思う人が多いのですが、さっき申し上げたようないきさつでそうなったのです。

こうして阪大の第九代総長に就任された釜洞醇太郎先生は大高（旧制大阪高等学校）のご卒業で、阪大医学部を出るとすぐに陸軍の軍医として戦地に行かれ、終戦で帰ってこられた時には職もなく、学位もなく、奥さんもなく、何もない状態で、阪大の微研（微生物病研究所）の助手か何かにしてもらったんだそうです。

しかし、大変な大豪傑で、釜洞先生が総長になられた時も、まだ紛争は続いていて、豊中キャンパスなども封鎖されていたのですが、そこへ、ジープに乗って、鉄かぶとをかぶって乗り込んでいったりして、ゲバ学生たちに捕まえられて、みんなで助け出すのに大ごとだったようなこともありました。とにかく、釜洞総長という人はそういう勇ましいタイプの方で、大衆団交の時にも「尊敬する人物は誰か」と言われて、「陸軍大将　山下奉文閣下」などと言うものですから、またそれで大騒ぎになって、後始末が大変でした。それで、その後、大阪大学では総長は直接、学生や職員組合などとの団交（大衆団交）には出さないということになって、それがずっと後まで慣例になったものですから、その後に総長になった者たちは、そのおかげで大変助かりました。

そういう勇ましい釜洞先生が総長に就任された時には、まだ私は助教授でしたが、その二年後に教授に昇任するとすぐに、学生生活委員会の委員に任命されました。しかし、まだ紛争は収まっておらず、大学の中は研究室にも入れないし、講義もできないというような状態が続いていましたので、学生生活委員会なども、その頃北千里の国立循環器病研究センターの横にあった大阪大学工業会館（大阪大学工学部の同窓会館）に集まって、いろいろ対策を練ったりしながら過ごしていました。

そして、釜洞総長の次に理学部の若槻（哲雄）先生が総長になられて、一期で終わって医学部の山村（雄二）先生に交代され、山村総長になって間もなく私は学生部長に任命されたんです。

学生部長に就任

阿部　資料によりますと、先生は学生部長には昭和五十五年（一九八〇年）六月にご就任になり、五十七年五月まで、ちょうど二年間お務めになっています。

熊谷　そうでした。しかし、私が学生部長に指名された時にはまだ学寮はすべて不法占拠された状態のままで、寮問題は片付いていませんでした。大学はまだ完全には正常化されていなくて、特に学寮が全部不法占拠された状態のままで過激派学生たちの拠点となっていましたので、これが最後まで残った一番の問題だったわけです。

大学紛争当時の学生部長というのは過激派の学生たちに対処する大学側の第一線の司令官みたいなものでしたから、なかなかもたなくて、実はそれまでずっと任期一年で一年ごとに学生部長は交代していました。実際、私はその頃京都に住んでいましたが、大阪府警から京都府警に連絡がいって、私の自宅周辺を京都の警察署が警備してくれていました。まだ、そんな異常な状態だったのです。

しかし、私が一年間やった後、山村総長から工学部長を通じて、何とかもう一年ぜひ続けてやって欲しいというお話があって、私は教授会で、「これ以上、こんなことばかりやらされていたのでは、将来、学士院賞も文化勲章ももらえなくなる」というようなことを言った記憶があります。けれども、総長がそうおっしゃっているんだし、大学のためだからやるべきだとみんなに言われて、私ももう一年学生部長を続けることにしました。その間に学寮問題を何とか解決しようというのが使命だったわけですね。

学寮問題への対応

熊谷　それで、山村総長も大変勇ましい人でしたから、さっさと何とか片付けてしまおうということで、法学部の教授の先生方を総長室に呼んで、我々大学側がやろうとしていることについていろいろ相談したんです。不法占拠している連中を追い出すためにこういうことをするのはどうだろうというようなことを聞いて意見を求めたわけです。例えば、説得などは全く受けつけないから、住めないようにするために電気を切ってしまうというのはどうだろうと言うと、「やくざに不法占拠されている建物でも、現に人が住んでいる家の電気を一方的に切るというようなことはできません。法的な争いになったら負けます」と言われるのですね。

ガスや水道を止めてしまおうかと言っても、現に人が住んでいるのに一方的にそんなことはできないと言うし、それならいっそ力ずくで放り出すという実力行使はどうだと聞くと、それも過去、何カ月も何年間も住んでいることを事実上認めてきたのだから、むこうには居住権みたいなものがあって、突然、力ずくで放り出すというようなことをすれば、裁判になったら大学側は負けます、と言われるのです。私たちがやろうと思っていることを相談すると、どれもこれもみんなできないことばかりなのですね。

それで山村総長は「君らに聞いていたらできないことばっかりだ」と怒って、私も以前からよく存じ上げていた阪大の卒業生の鎌倉（利行）弁護士さんに相談したんです。

そうしたら、鎌倉先生は「僕らに事前に相談なんかしてくれるな」と言われるのですね。「事前に相談されると、法律的に厳密なことをいえばできないようなことばかりだから、黙って勝手にやりたいことをやってくれ。理屈は後で私たちがつけてやる」と言われたんです。鎌倉先生は、そう言っては悪いですが、普段からやくざのような感じの弁護士さんでしたが、私たちは、「これぞほんとの正義の味方だ」という気がしましたね（笑）。

しかし、それにしても強制的に排除するためには最後は警察に頼まなければなりませんし、後で裁判になった場合のことを考えると出来る限りの事前の手続きは踏んでおく必要があると思いましたので、私は大阪の法務局にも何度も足を運んで相談しました。私は法律には全くの素人でしたから、はじめは簡単に考えていて、明らかな国有財産の不法占拠なんだから裁判所から退去命令を出して立ち退かせてくれと言ったのですが、現に住んで生活している者を強制的に排除するためには、ややこしい手続きがいろいろ必要であるということが分かってきました。最後は立ち退きを求める裁判所の命令書みたいな明け渡し仮処分の通達というのを、占拠している本人たちに一人ずつ確実に渡さなければならないということで、それを「送達」というらしいのですが、そういう、明け渡しを求めるためのいろいろな法律上の手続きがあるということなどもはじめて知りました。

そして、そのためには、立ち退きを請求する相手の姓名はもちろんのこと、住んでいる建物の住所・番地やその何号室、ということまできちんと出してもらわないとできないと言うのですね。現に不法占拠しているのは事実なんだからやってくれと言っても、「相手の名前も分からないし、どこにいるのかも分からない者に、立ち退き請求の法的手続きなんて仕様がない」と言われるんです。たしかに、「誰か分からない者」に対して、「どこにいるのか分からない所」から立ち退け、というような退去命令書は書けないと言われると、それはそうですよね。

しかし、私たちは素人ですから、「そうはいっても現に国有財産を不法占拠しているのは事実なんだから、何号室というようなことまで言わなくても、例えば『宮山寮内』から立ち退けというようなことだけでいいのではないか」などと勝手なことを申しました。

法務局も、同じような寮問題は他の大学でもあったので、いろいろ検討されたらしいのですが、結局、私たちの素人考えを受け入れて、「大阪大学宮山寮から立ち退け」というような形で明け渡し仮処分の命令書を出してくださいました。

一方、同時に、私は府警本部にも行って、府警本部長にご協力をお願いしました。警察官や機動隊員が大学のキャンパスや施設内に入るというだけで、それに大反対する教員すら大勢いた時代で、他の大学ではなかなかできなかったのですが、大阪大学では幸いなことにそういう人は非常に少なくて、むしろ大阪大学では必要な時には機動隊がキャンパス内に入るというようなことは当然だ、という意見の人のほうが多かったのでとても助かりました。

それで、大阪府警の機動隊が応援してくれることになって、二百人余りの機動隊員がトラック何台にも乗ってきて、私たちと一緒に寮に乗り込み、寮の封鎖解除の責任者は学生部長でしたので、私が各部屋ごとに退去命令書を読み上げては何十人もの不法入居者を一人一人引きずり出すという強制排除の戦争のような騒ぎをやりました。

菅　先生、それは昭和五十七年の四月五日だと思います。これがその翌日の新聞です。

熊谷　そうです。これです。大見出しで「不法入居者ごぼう抜き」というようなことが書いてありますね。この新聞、私は久しぶりに見ました。ここに山村総長と学生部長の私の名前も書いてあるけど（笑）。

後で聞いたのですが、法務省の中でも、この阪大の寮の明け渡しの解決法は話題になって、法務省の人たちが集まって、阪大のケースを中心に研究会を開いたという話も聞きました。法律的にはあまり前例のないことで、他の大学の寮問題の解決にも関係があるので研究会を開いたということのようでした。

しかしこれは、大阪大学の体質が当時の他の多くの大学などと比べるとずいぶん違って、機動隊を入れてでも学寮を早く正常化すべきだというような雰囲気が大勢でしたからできたのだと思います。また、力ずくで強制排除されたむこう側にも専門の弁護士がついていたようなのですが、結局、その後、大学側のやりかたを違法として我々を相手どって訴訟を起こすというようなこともなく、問題の最終的な決着を後に長く残すというようなことにもならずにすみました。

文部省（現文部科学省）からは、寮問題解決のモデルケースとして高い評価をいただき、同じような寮問題を抱えて困っていた他の多くの大学からも、その具体的なやり方を教えて欲しいといって、大勢の方が我々のところに聞きに来られました。

これは私が総長になった時の『阪大新聞』ですね。「寮問題解決の立役者」なんて書いてありますね（笑）。

実際、不法入居者を力ずくでごぼう抜きにして、久し振りに我々大学の者が寮内に入ることができるようになったのですが、寮の中は風呂場なんて本当にごみの山ですし、それは予想をはるかに越えるひどいものでした。しかし、大阪大学の場合はこれがクライマックスで、最後

新総長に熊谷教授

寮問題解決の立役者

若さある実行力に期待

任期満了となった山村雄一前総長に代って、八月二十六日、熊谷信昭教授（工学部通信工学科）が第十二代総長に就任した。総長選挙では、金森順次郎教授（理学部物理学科）との決選投票となり、熊谷総長が過半数の二百五十票を獲得して選ばれた。

■七月十日に総長選挙が行われ、山村前総長の後任に工学部長の熊谷信昭教授（五七）が選ばれた。

熊谷教授は、昭和五十五年から二年間学生部長を務め、山村前総長と息の合った連形で、寮問題解決のための最後の詰めをやり遂げた。その時の優れた判断力と果断が第十二代の総長に選ばれた一つの要因であろう。

熊谷総長は七人兄弟の一番上で、父親の故熊谷三郎氏は元阪大の工学部長で昭和四十二年から四年間愛媛大学長を務めた。親子二代の国立大学長というのは前例がないことである。七人兄弟の一番下の弟貞俊さんも現在阪大工学部電子工学科の助手をしている。まさに学者一家である。

熊谷総長は昭和三十三年から二年間カリホルニア大学の上級研究員として留学しており、アメリカの大学のシステムの秀れた点を体得している。これから大学もますます国際化していく中で、適任の総長であると言えるだろう。

当面の課題は医学部の移転問題。既に決定はしているが、将来を展望して、いかに最大限に機能が発揮できるように移すか、手腕の見せどころである。

熊谷総長の専攻は電磁波工学で、今年度の電子通信学会業績賞を受賞しており、研究の分野でも活躍している。

歴代総長二番目の若い総長として、その柔軟な発想と実行力が期待される。

大阪大学総長に就任した時の新聞記事。
昭和 60 年 9 月 20 日付大阪大学新聞。

まで残っていた難題の寮問題も解決し、それを機に阪大の学園紛争は完全に収束していきました。

だけど、その間に、最初に申し上げたように、大学は長期間にわたって教育・研究が中断され、工学部の電気系では教授と助手がそれぞれ、一人は割腹自殺、一人は感電死というような痛ましいことで亡くなるという大きな犠牲も払ったのです。

釜洞総長の思い出

菅　先生、話が戻るのですが、釜洞総長のことですが、確か附置研究所の先生が総長になられたのは釜洞先生が最初ではないかと思います。

熊谷　おっしゃるとおりです。

菅　それは、やはり紛争という特殊な状況だったからと理解してよろしいのでしょうか。

熊谷　そう考えてよいと思います。阪大ではそれまでに附置研究所から総長が出たという例はなく、他の大学の場合でも、特に旧七帝大では、ほとんどなかったと思います。

先ほどお話ししたように、紛争当時は総長選挙をするために全教授が一ケ所に集まるというようなことすらなかなかできなかったし、無理やり総長候補者を決めようとしてもみんな次々に辞退して、総長になり手がいなかったんです。総長なんかになって何時間も大衆団交の矢面に立たされたりするのはご免だというわけで、みんな総長になるのを嫌がったのです。

それで、総長選考規程の中に「総長候補者に選ばれた者は正当な理由がない限り辞退することができない」という主旨の一項目が入れられたんです。この規程は、数年前に大阪大学が法人化されて総長選考の方式が変わるまでずっと残っていたと思います。

こうして、長い間、総長が不在という状態が続いた後、やっと釜洞醇太郎先生が総長になられたわけですが、紛争の最中には、単に優れた学者であるとか立派な教育者であるというようなことだけでは総長が務まらない時代でしたから、釜洞先生がしっかりした信念を持った勇ましい人だったので、教官たちのそういう意味での人望や期待があったのです。他の大学でも紛争時には普通ではあまり起こり得ないようなこともありましたね。東京大学でも、四十代半ばの加藤一郎先生が総長になられたりしました。

菅　加藤先生は四十六歳だったと思います。

熊谷　東大では安田講堂事件やいろいろな騒ぎがあって、入学試験すら全くできなかった年もあったりして、まっとうな大学の状態ではなかったですからね。普通だったら四十六歳の東大総長が突然生まれるというようなことはほとんど考えられないことだったと思います。

そういうわけで、釜洞先生はおっしゃるように、附置研究所から出た初めての総長だったわけですが、釜洞総長も本当に面白い豪傑でした。やはりお酒が大好きで、北新地に美人姉妹が二人だけでやっていた「ボア」という小さなバーがありまして、司馬遼太郎さんなんかもよく奥様とご一緒に来ておられたお店ですが、そこで毎晩飲んでおられました。私たち学生生活委員は、朝から晩まで寮問題とか学生対応で走り回って、夜になると大阪市内へ繰り出して、釜洞総長ごひいきの小料理屋で晩飯を食べた後そのバーへ行くと、釜洞総長がお酒を飲みながら私たちが行くのを待っておられるわけですよ。そこで総長にその日の報告や今後の相談などをしながら飲んで、気分を新たにして、また次の日頑張る、というような感じの毎日でした。

梅田のお初天神の横に「おちか」という小さな飲み屋があって、その「おちか」のおかみも釜洞総長のお気に入りだったのですが、「おちか」の店があまりにも古くてお粗末なものだったので、ちょっと改装するということになって、総長名で、我々のところに「このたび、おちかが店を改装することに相成った。ついては諸君のご喜捨を願いたい。総長釜洞醇太郎」と書いた回状が回ってきました（笑）。それで、みんなでお金を出し合ったりしましたが、回状にはちゃんと自筆で「総長釜洞醇太郎」と書いてありました。今の時代ではとても考えられないことですね。

お酒が大好きだった釜洞総長は最後は糖尿病が進んで阪大病院に入院しておられたのですが、その時にも、後に国立循環器病研究センターの総長になられた医学部附属病院長の曲直部（寿夫）先生という、これもとても愉快な豪傑が、「ちょっと用事ができたので先生を研究室のほうへ連れて行く」と言って、守衛にリンゴを三つ渡して釜洞先生を連れ出して、さっき言った新地の「ボア」へ連れてきてね。病院の寝間着の上にガウンをはおったままですよ（笑）。足元を見たら、「阪大病院」と書いた病院のスリッパを履いたままで、みんな大笑いしました。ママが心配して、お茶でウイスキーのような色の飲み物を作って出したら、「アルコールが入っとらん」と言って怒りだすしね。曲直部先生も浪高（旧制浪速高等学校）の卒業生でしたが、あの頃は本当に桁外れの愉快な豪傑が大勢いました。もっとも、あの時代だから、そんな無茶なことが通用したんでしょうけどね。

学生部長としての課題

阿部　先ほどの寮のお話に戻りますが、新聞の日付を見ますと、昭和五十七年（一九八二年）四月五日となっております。先生が、学生部長を終えられたのは昭和五十七年五月ですので、強制排除は先生の任期の最後の頃でして、これが先生の学生部長としてのお仕事の一つの重要な課題であったと理解してよろしいでしょうか。

熊谷　そうですね。大学としても、寮の正常化というのは大学紛争で残された最後で最大の課題でしたから。

阿部　紛争の最後に、懸案を完全に終息させたということですね。

熊谷　そういうことになりますね。寮の封鎖解除を最後に、長い間吹き荒れた学園紛争の嵐も急速に終焉していきました。大阪大学はそうやって最大の課題であった難しい寮問題をきちんと始末してけじめをつけ、紛争を終息させたということで、文部省にも大変喜ばれました。

また、そういうこともあったせいか、大阪大学は文部省からその後も非常に好意的な扱いを受けるようになったんです。これはやはり、後々大阪大学の発展にとってとてもよかったわけで、我々も苦労のしがいがあったと思っています。

阿部　関連してもう一つうかがいますと、学生部長にご在任中、学寮問題の他に先生が取り組まれたことはおありですか。

熊谷　学生部にはそれ以外にも課外活動とか学生の事故とかいろいろな問題が常にいっぱいありますので、もちろんそれらにもすべて対応しなければなりませんでした。しかし、その中でも学寮問題の解決というのは当面の最大の課題でしたから、私が学生生活委員会の委員を務めていた頃も学生部長になってからもそれにほとんど全力を傾注していた感じでしたね。

そして、今と違いまして、学生部長というのは大学の中では非常に重い役職でした。当時は副学長というようなものはなく、評議会でも、正面の中央には総長が座って、その左右に事務局長と学生部長が座り、その三人が大学執行部の三役と言われていました。学生部長というのは、当時は、そういう非常に重要な役職とされていました。

大学紛争と大阪大学

阿部　私が大阪大学の経済学部の先生からうかがったお話によれば、経済学部では、この大学紛争は比較的軽かったといえるであろうとのことでした。よその大学の経済学部に比べると、大阪大学の学生はおとなしかったという話をよく聞きます。それに対して理系の学生さんたちはずいぶん元気にやっていたようですが、先生からご覧になって、当時の大学紛争が阪大で起こった背景あるいは原因をどのようにお考えになりますか。

熊谷　これは、やはり全国的な大学紛争と同じ流れ、同じ背景で起こっていったと思います。つまり、各大学の急進的な学生たちが結成した全共闘（全学共闘会議）と呼ばれる組織や新左翼と呼ばれた極左の活動家グループなどによる体制打破をめざす闘争と、大学改革や学園民主化を求める動きなどが背景であり、その流れに沿ったものであったと思います。そして、大阪大学の場合も最初の発火点は医学部でした。

菅　インターンの問題ですね。

阿部　東大などでも同じですね。

菅　全国的にそうですね。

熊谷　そうでした。医学部のある多くの大学で起こった問題で、大阪大学の場合も紛争の直接の発端となったのは、医学部のインターン制度の問題だったと思います。医学部というのは封建的というか、特に臨床系などは権威主義的な雰囲気が比較的強く残っていたところでしたからね。理工系の学部などについても産業界との協力・連携、いわゆる産学連携などは大企業や資本家たちに奉仕するものでけしからんとか、全国的な大学紛争の基本的な考え方や流れと同じだったと思います。

大阪大学では、他の大学に比べて、過激派の学生たちが特におとなしかったということはなかったと思いますが、ただ、一般の学生の紛争への関心は比較的薄く、特に文系などはまだ歴史が浅かったし、学生の数も少なかったので、他の大学と比べれば比較的静かだったといえるかも分かりません。

阿部　阪大の文系では、先生が今おっしゃったように、歴史がわりあい浅かったことも関係しているのかもしれませんね。東大や京大に比べて、できたのが新しかったことが、かなり効いていたということでしょうか。

熊谷　そうではないかと思いますね。ですから、文系の経済学部にしろ、法学部にしろ、文学部などもそうですが、比較的新しい考え方の教授の方々が多かったように思いますし、昔ながらの伝統的な古い帝国大学の時代からの法学部や経済学部、文学部などの権威主義的な雰囲気とは少し違っていたのかも分かりません。

京都大学などは文学部の学生が非常に激しくやっていたような印象ですね。私が阪大の学生部長の頃、京都大学では後に文化庁長官などもお務めになった有名な河合隼雄先生（故人）が学生部長で、大変苦労しておられました。ある日、河合隼雄先生が阪大に私を訪ねて来られて、二人で千里阪急ホテルで焼き肉を食べながら、「阪大と京大も連携して一緒にやろう」というような話をしたのを覚えています。

ただ、大学紛争で、結果としていい影響を残したと思われることもありまして、例えばその一つは、部局間の壁が非常に低くなったということです。紛争への対応で全部局のいろいろな教員が仲良くもなり、顔見知りも増えて、昔ながらの部局ごとの独立性というような壁が非常に低くなったような気がします。本来、そうあるべきなのですが、全学的な交流というのが、紛争のおかげで教員側にもできたというのが副次的なメリットの一つとして言えるのではないかと思います。

阿部 これで、総長以前のお話を大体終えたとさせていただいてよろしいでしょうか。

熊谷 そうですね。総長になるまでの私が直接経験した主なこととしては、大体お話し申し上げたのではないかと思います。他にも総長就任までに私が関係した思い出多い仕事としては、例えば緑化や植樹などキャンパスの環境整備に努力した長期計画委員会のことなどがありますが、それらについては、また後で、機会があればお話ししたいと思います。

第四章　大阪大学総長として――その一――

大阪大学総長に就任

阿部　それでは、総長時代のお話に移らせていただきます。先生は、昭和六十年（一九八五年）八月から平成三年（一九九一年）八月まで二期六年間総長を務めておられます。この時代の思い出につきましてお話を承りたいと思います。先生は昭和六十年間四月に工学部長に就任されて間もなく総長に選出されております。大変慌ただしいのですが、この就任のいきさつについてお話しいただき、その後、総長としてどのような方針の下で大学運営を進められたかという点にお進みいただければ幸いです。

熊谷　総長就任のいきさつと申しますか、実際の経緯を振り返ってみますと、学生部長として大変忙しい日々を送って、やっと一段落して、お務めを終わってほっとしていたら、それから間もなく工学部の学部長選挙があって工学部長に任命されました。

阿部　昭和六十年の四月ですね。

熊谷　そうですね。そして、四月から工学部長に就任して、そのわずか二カ月後ぐらいに今度は総長選挙があって、突然、総長候補に選出されたんです。阪大史上最も短命な学部長といわれましたが、先ほど申し上げたように、総長候補者に選出された者は辞退することはできないという規程で辞退もできず（笑）。どうしてそういうことになったのかよく分かりませんけれども、私としては本当に思いもかけないことでした。

ただ、その時総長だった山村（雄一）先生は私が先生の後任の総長に選出されたことをとても喜んでくださいました。阪大講堂で行われた総長選挙の開票後、別室で選挙管理委員会の委員長である総長から選出された候補者に対して受諾の確認を行う慣例になっていたのですが、その時、山村先生は慈父のようなまなざしで私を見つめて喜んでくださったことを憶えています。

山村先生は浪高（旧制浪速高等学校）の尋常科、高等科の私の先輩ですが、年齢は私より一回り近い十一歳年上でしたから、浪高時代には顔を合わせたこともなく、阪大でも先生は医学部でしたから、先生が総長になられる頃までは全く面識もありませんでした。しかし、大学の何かの会合の時に、やはり浪高の先輩で医学部の教授をしておられた坂本幸哉先生（学生部長、医学部長などを歴任、故人）が私を山村先生にご紹介くださったのがきっかけで、それ以来まるで弟分のように親しくご交誼を賜るようになりました。

十一歳違いというのは、普通なら少し年の離れた兄弟のような年齢差なのですが、山村先生は私なんかよりもはるかにご経験も豊富で、頭も素晴らしく良く、しかもお酒も大好きという実に豪快な大人物で、私はとってもかわいがっていただきましたので、私にとっては兄貴分というよりも敬愛する父親のような感じの存在でした（熊谷信昭「知性ある野人山村雄一先生」螺良英郎編代表『山村雄一先生とその人脈』「山村雄一先生とその人脈」編集委員会、一九八七年）。

山村先生は司馬遼太郎さんとも大変親しくしておられて、お二人はしょっちゅう大阪南の宗右衛門町の有名な料亭大和屋で食事をしておられましたが、私は毎回その席によばれてご相伴にあずかるようになり、お二人の楽しく、かつ貴重なお話をいつも聞かせていただいていました。山村先生と司馬遼太郎さんの対談をまとめた本も出ています（山村雄一・司馬遼太郎『人間について　対談』平凡社、一九八三年）。

私が山村先生の後任の総長に就任した時、司馬さんが大和屋さんで山村先生と私を招いて慰労と激励の一席をもうけてくださり、文化勲章受章者で芥川賞作家の田辺聖子さんも加わってとても楽しい一夕を過ごさせていただいたことがありました。その席で、司馬さんが即興で、大きな色紙に「山村、熊谷両先生交替私的祝宴」と書いて、山村先生が私の後から着物の裾をからげて私に傘をさしかけて私を守りながら歩んでいく絵をお書きになり、その横に、田辺聖

司馬遼太郎さんによる総長交替の慰労と激励の私的祝宴。司馬さんが即興で書かれた色紙と田辺聖子さんの即興の句。山村・熊谷の新旧両総長と司馬遼太郎さんに田辺聖子さんが加わった4人だけの思い出深い一夕。大阪南の宗右衛門町の老舗料亭大和屋のお座敷にて。昭和60年11月21日。

子さんがやはり即興で実に美しい見事な筆致で「ふたもとめ　いずれ劣らぬもみじかな」と書いてくださいました。この色紙は今も大切に持っています。

司馬さんや山村先生とは毎年秋に能勢の山奥で松たけ狩りをして、渓流の川原で、採りたての松たけですき焼きをしながら楽しい一日を過ごした懐かしい思い出も忘れられません。この松たけ狩りひとつの総合大学が，よき総長にめぐまれるというのは，ほとんど偶倖に類します。この点、大阪大学は相次いでその偶然の運にめぐまれた上に，おふたりとも私どもの友人知己であったことに，えもいえぬ晴れやかさを感ずるのです。人の世におけるデラックスとは，こういうことのほかに，あるでしょうか。山村雄一先生と熊谷信昭先生を囲んで，晴れの座をもちたいと思います。

司馬遼太郎
啓白

日時　九月十日（火）午後六時

場所　南地　大和屋

4人だけの「私的祝宴」とは別に、司馬遼太郎さんが呼びかけ人となって大勢の親しい方々がお集まりくださった総長交代の宴の親愛の情溢れる司馬さんのご案内状。昭和60年9月。

には毎年必ず大和屋の女将さん（阪口純久さん）がお店のお手伝いさんたちを大勢引き連れて来てくださって、川原でのすき焼きのお世話など一切の面倒をみてくださっていました。

司馬遼太郎さんは大阪大学に深いご関心と親近感をもってくださっていて、阪大の創立五十周年記念式典の折にも司馬さんは記念講演をしてくださいました。また、山村先生が亡くなられた時には、総長だった私が葬儀委員長を務めて大阪大学主催の告別式を阪大講堂で執り行いましたが、その時にも司馬さんには友人代表として弔辞を述べていただきました。阪大が司馬さんのご出身の大阪外国語大学（現大阪大学外国語学部）と統合したことで、司馬さんも天上で「これでいよいよあなた方とも本当の同窓生仲間になりましたな」と言って喜んでくださっているのではないかというような気がいたします。

話を元に戻しますと、普通は総長になる人は評議員を経験してから総長になるのですが、私はそれまで評議員の経験がなかったのです。ただ、当時の学生部長は、先ほど申し上げたように総長、事務局長とともに執行部の三役として評議会に出ていましたし、部局長会議にも出ていましたのでその様子は大体承知していましたけれども、評議員という役職だけをやったことはなく、工学部長にもなったばかりでしたので、突然、総長に選出されて私自身も驚きました。まだ五十六歳になったばかりでしたので、初めて国立大学協会の総会に出席した時には最年少の学長でした。

また、当時は国立大学の学長には大学の管理・運営に専念すべき職務専念義務があって、学長は教育や研究にたずさわってはならないという定めになっていましたので、学長になると自動的に教授はクビになっていたのですが、私の研究室にはまだ学部や大学院の学生諸君が大勢いましたので、文部省は二年間だけ特例的に教授を併任することを認めてくれました。

そういう次第で、突然の総長就任にびっくりしたのですが、私は大阪大学の課題、あるいは大阪大学がめざすべき姿というのはどういうものであるべきかというようなことについては助教授時代から自分なりに思うところがありました。その一つは、大学である以上は、とにかく優れた研究を行うということが何よりも大事な基本であるということです。すなわち、学生に対して最先端の優れた教育を行うためにも、また、大学ならではなし得ない社会への貢献を行うためにも、まずは世界最高レベルの優れた研究が行われていることが、最も重要なすべての基本であり、前提であると考えていました。この考えは今も変わっていません。

もう一つは、大学は重要な教育機関でもあるので、大学というのは、学生たちが大学に対して憧れの気持や畏敬の念を抱くような環境、雰囲気を備えていなければならないということでした。優れた研究を背景とする立派な講義と同時に、新しく大学に入学してきた若者たちが、さすがに大学というのは、これまでの小学校や中学校、高等学校とは全然違うな、やっぱり最高学府といわれるはずだ、というような感動を覚えるような立派な建物、キャンパス、雰囲気を持ったものでなければならない、とかねてから思っていました。

この二つが大学にとって基本的に重要なことだというのは、若い頃カリフォルニア大学のバークレーに行って初めてアメリカの大学を見て以来、ずっと私が思っていたことでした。私が最初にアメリカに行った昭和三十三年頃は一ドル三六〇円の時代で、日本はまだ貧乏でお粗末な国でしたが、アメリカに行って、カリフォルニア大学やスタンフォード大学のキャンパスなどを見たり、その後マサチューセッツ工科大学（MIT）に行ったり、ハーバード大学に行ったりして、アメリカの大学のキャンパスを見るたびに、大学の雰囲気や美しさ、立派な建物やそれを取り巻くお庭や環境の素晴らしさに本当に感心しました。

そしてもう一つ、アメリカの大学で強い印象を受けたのは、前にもちょっとお話ししましたが、教員たちの研究に対する真摯な競争心でした。熾烈な競争を戦う研究者としての大学の教授、助教授たちの姿勢に感心しました。また、学生に対する教育への熱意にも同じように感心しました。同時に、一流大学から学士号や修士、博士の学位をもらって卒業するために必死になって勉強している学生たちの様子にも感銘を受けました。当時の日本の大学はいろいろな面でまだまだアメリカの大学に遠く及んでいないなという強い印象を若い時に受けたのです。

アメリカの教授たちは一流大学の教授の地位を保持するために、また助教授や准教授たちは教授になることを目指して、世界的な研究評価を得るために実に熱心に研究に励んでいましたし、また、学生たちの厳しい評価にしっかりと耐えられるような講義をするためにみんな真剣に努力していました。学生の評価が悪いとアメリカでは大学教員としての評価も上がらなくて、地位に影響しますし、給料にまで影響していましたから、学生の教育についてもみんな一生懸命にやっていました。

そういうわけで、私はかねてから、大阪大学が世界の一流大学となるためには、何よりもまず世界最高の研究・教育を推進することと、立派な施設・設備と美しい建物・キャンパスを整備することが最も重要な基本的要件であると考えていたのです。

キャンパス整備

熊谷　美しい、立派なキャンパスを作るというのは、日本の国立大学の場合、教員一人一人の努力というよりも、大学としての取り組み方、さらにいえば国の政策によるものですから、特に第二次世界大戦中や戦後の日本の大学は、当時の財政事情などもあって、そういう面でこれまであまりにも無関心で、その結果、キャンパスや建物は欧米の一流大学と比べるとまことにお粗末で、これはよく考え直さなければならないなと思っていました。

中でも、大阪大学は学部が方々に分散しており、キャンパスとしての雰囲気というようなものがほとんど無かったので、本当に残念なことだと思っていました。私が総長になった昭和六十年（一九八五年）頃には日本もかなり豊かになってきて、有名な私立の小学校とか中学校、高等学校などではきれいな建物の学校が増えてきていましたから、そういう学校を卒業した学生たちが大学を見て、自分たちがいままでいた中学校や高等学校なんかよりも貧弱でお粗末だと思うようでは非常にまずいと思っていました。

価値判断の基準がすべてお金になって、収入や、身なりや、家の立派さというようなもので中身まで評価するような好ましくない風潮がだんだん強まってきているような気がしていましたので、見ただけでお粗末な建物やキャンパスでは、若者たちが大学に対する憧れの念や畏敬の念を持つような気持ちになれないというのでは、まず大学教育の第一歩から問題だと思っていたのです。海外から日本の大学へ来る留学生なんかに対しても全く同じことがいえると思っていました。

ずっと、そう思っていましたので、総長になった時の総長インタビューで「内容はもちろんだが外観も立派な大学にしたい」と言ったのは、「建物やキャンパスなどの外観も欧米の一流大学と比べてひけをとらないような立派な世界的な一流大学にしたい」ということ、つまり環境整備をぜひやりたいという思いを述べたものでした。

財界からの支援

熊谷　一方、私が総長に就任した時、それまでいろいろな関係でお付き合いのあった財界や企業のトップの方々が、私が総長になったというのを聞かれて、「何かと大変だろうが、あんたにお金の苦労だけはさせない」と言ってくださって、こっちから特にお願いをしたわけでもないのに、いくつかの関西を代表するような主だった企業から、毎年、数百万円のお金を奨学寄附金という形で出してくださったんです。これは私が総長を退任するまで、在任中ずっと続けてくださいました。

寄附の趣旨は、「大阪大学の教育・研究の推進を支援するため」ということになっていて、具体的な使途については全く条件がつけられておらず、総長の裁量でどんなことに使ってもらっても結構ですという、まことに有難いお話でした。

この奨学寄附金は、例えば私が国立大学協会の入試改善特別委員会の委員長を務めた時にも、委員の人たちと毎週のように東京に集まって夜遅くまで大学入試の改善についていろいろな相談をして苦労した時などにその旅費等として使わせていただき、本当に助かりました。

そして、私が総長を退任した時にもまだ残っていたこの奨学寄附金の残金約七〇〇万円ほどは、その後大阪大学中之島センターが建設された際に大阪大学未来基金として全額大阪大学に寄附させていただきました。

そしてさらに、その寄附金で、大阪大学附属図書館が所蔵している、文久二年（一八六二年）に作られた国宝の「国寶大坂全図」の中の現在の中之島センターとその周辺付近を原図通りに拡大して陶板に焼き付けたものを作り、大阪大学中之島センターに寄贈しました。この陶板は横幅四・四二メートル、高さ二・四メートルの大きなもので、中之島センターの九階の特別会議室の壁面にはめ込まれています。この陶板は飲料のポカリスエットなどでも有名な大塚製薬のグループ会社の一つで、徳島県の鳴門市にある、独自に開発した特殊技術によって世界中の名画などを陶器の板に焼き付ける技術を持っている会社に作ってもらったもので、山村雄一先生を通じて存じ上げていた大塚製薬の大塚明彦社長（後会長）に特別にお願いして出来上がったものなのです。とても珍しい国宝の古地図の巨大な陶板焼きで、大阪大学発祥の地である中之島周辺やその近傍の昔の様子が分かる大変興味深い貴重なものですので、機会があればぜひ大勢の方々にもご覧になっていただきたいと思います。

吹田キャンパスの正門整備

熊谷　私が総長在任中に関西財界の皆さん方からいろいろな有難いご支援をいただいたことはこの他にもたくさんありますが、その中で後世の人たちにもぜひお伝えしておきたいと思うことの一つは、吹田キャンパスの正門の建設とその周辺の整備についてのことです。私が総長になってすぐ、当時の関西電力の会長で、関西経済連合会（関経連）の会長などもお務めになられた関西財界の重鎮芦原義重さんが「総長になられてご苦労さん。お祝いに何かできることがあればしようと思うんだけど、どんなお祝いがいいですかね」とおっしゃってくださったんです。

それで私は、「大阪大学は本部を吹田のキャンパスに移したんですが、吹田キャンパスには未だまともな正門すらないんです。万博記念公園の外周道路に面して出入り口はあるんですが、そのまわりは雑草が生え放題で、周辺はまるでごみ捨て場みたいな有様で、大阪大学には情けないことに未だまともな正門すらありません。ですから、本部のある吹田キャンパスに正門を寄贈していただけると大変有難いのですが」と申しましたら、即、二つ返事で「分かった。そうしましょう」と言ってくださいました。

正門と本部建物までの周辺整備を含めて約三億円かかったと聞いていますが、設計と施工は竹中工務店にやってもらうことになって、竹中工務店の専務取締役の大辻真喜夫さんが何度も大阪大学へいらっしゃって、総長室で私と一緒に熱心に相談しました。いろいろな図面や、正門から本部の建物までの広い中庭を囲んでその両側に大きく円弧状に屋根のある回廊を作る案などいろいろなプランを示されて、正門の門柱や扉、その両側の金属製のフェンスの形や色などまで見本や写真を持ってこられて、私も一緒になって真剣に検討しました。とても楽しい仕事でした。

大阪大学は歴史的にも、創設時からずっと財界のいろいろなご支援を受けてきましたけれども、あの吹田キャンパスの正門もそういうおかげで出来たのです。

そういういきさつがあったものですから、芦原さんに新しくできた正門の「大阪大学」という門標の揮毫をお願いしたんですが「そんな僭越なことはとんでもない」とおっしゃって、固く辞退されましたので、誰か適当な方はいないかと思って、いろいろ考えたのですが、どうもこの人にというのが思い浮かばなくて、他の人たちとも相談しているうちにまごまごしていると私が書かされそうな気配にもなりかけました。字には全く自信のない私は、もしもそんなことになったら大変だと思って必死になって考えているうちに、初代総長の長岡半太郎先生が、「大阪帝国大学理学部」という標札をご自分で書かれたと聞いていたことを思い出して、「あの標札がどこかに残っていないもんかな」と言ったんです。

その頃、理学部はもう豊中キャンパスに移っていて、中之島にあった理学部の建物も全部取り壊されてしまっていましたので、理学部の標札がどうなってしまったのかというようなことは誰も知りませんでした。それで、「もしもどこかに残っていれば本当に良いのになあ」なんて無理を承知で言っていたら、事務系の人たちの現職とOBの会で「千石会」というのがあって、その千石会の集りの時に、誰かが、元の理学部の標札が残っていたら良かったのになと総長が言っているという話をしたらしいのです。千石会というのは吹田キャンパスのある千里の千と豊中キャンパスのある石橋の石をとってつけた事務系の人たちの会の名称なんだそうですが、その千石会の集まりでその話を聞いた出席者の中に、「あれは確か中之島から豊中へ移る時に標札をはぎ取って、新聞紙に包んで豊中キャンパスに持っていった記憶がある」と言う人がいたんだそうです。その話を私が聞いて、「もしそれが本当なら実に有難い。何とかして、どこかにないか探し出してもらえないだろうか」と言ったら、皆で探してくれて、本当に倉庫の中から出てきたんです。

確かに新聞紙でくるんで、長岡半太郎先生直筆の「大阪帝国大学理学部」と書かれた標札が出てきたのです。本当にラッキーでした。そこから「帝国」と「理学部」を除いて、しかも、縦書きだったので、縦書きの標札の中から大、阪、大、学、という四文字だけを抜き出して、横に並べたのが今の吹田キャンパスの正門の門標なんです。

不思議なもので、縦書きで「大阪大学」と書いた場合の筆の運びとか、全体の字の感じと、横書の場合とでは違うようで、縦書きの字の一字ずつを取り出して横に並べても、書道の専門家などが見たら「少しおかしい」と思われるかもしれないらしいのですが、しかし、とにかく初代総長長岡半太郎先生の直筆の字だということだけは間違いなく、何よりもそれが我々にとっては値打ちなので、それを銅板にして吹田キャンパスの正門の門柱にとり付けたのです。

ですから、あの正門とその周辺の整備は関西電力のおかげと竹中工務店のご協力でできたものので、門標も長岡半太郎初代総長の直筆の字で、それがあそこに掲げられるようになったことについては、事務系の人たちの大きなおかげがあったのだということを後々の皆さん方にぜひお伝えしておきたいと思うわけです。

整備される前の写真を撮っておいて比較すれば良かったと思うんですが、あの周りはそれまでごみは捨ててあるわ、雑草は生え放題になっているわで、本当にひどい状態だったのですが、そこを、下は全部石畳にしてもらって立派な正門が出来上がり、あの頃植えた木もずいぶん大きくなって、本部周辺も、キャンパス全体も見違えるようにきれいになってきて本当に嬉しく思っています。

豊中キャンパスと待兼山庭園の整備

熊谷　豊中キャンパスのほうも、我々の頃に植えた樹々がだんだん大きくなってきて、大学のキャンパスらしい雰囲気ができてきました。

ロ号館の前の広い通りをきれいに整備したのは、当時の長期計画委員会という、長期的な計画のもとにキャンパスをきれいに整備するために審議・立案する委員会で相談して、あそこを豊中キャンパスのメインストリートにしようというので、両側と真ん中にケヤキの木をたくさん植えて並木通りとして出来上がったものなのです。

あの通りは、今では「いちょう祭」（毎年五月に開催される大学祭）の時などにも学生さんたちの屋台などが立ち並んで賑やかな大学祭の中心的なゾーンになっていますが、あの道に沿って法文系の建物の前にあった広場に浪高（旧制浪速高等学校）の同窓会が浪高の創立五十周年を記念して浪高庭園を作った時（一九七五年）には、その頃はまだ大学紛争が収まっていなかったので、そういう運動をしていた過激派の学生連中が、「我々の集会場所を使えないようにして学生運動を阻害しようとするものだ」などといって、抗議に押しかけて来たりしましたが、キャンパスをきれいにしようという私たちの方針には、阪大の教職員のほとんどの方が賛同してくれていましたので、計画通り実現することができました。

石橋のほうから現阪大坂を上がってきますと、今の阪大会館（元旧制浪速高等学校本館）の手前に浪高生の銅像が置かれている待兼山庭園がありますが、あれは浪高（旧制浪速高等学校）の卒業生の岩根一正さんという方から必要な経費やたくさんの立派な黒松をご寄贈いただき、デザインなどは長期計画委員会の委員だった大久保（昌一）先生がしてくださって出来た庭園なんです。あそこは元はテニスコートでした。テニスコートだった頃のことを覚えていらっしゃいますか。

阿部　かすかに覚えております。

熊谷　さらに、テニスコートになる前は広場になっていました。太平洋戦争中の浪高の頃、20歳を過ぎた文系の生徒に召集令状が来て、その人たちが学徒出陣で軍隊に行くことになった時に、その広場で壮行会が行われた時の記憶が忘れられません。昭和十八年（一九四三年）十一月十八日のことでした。安達（貞太）校長先生が「元気で頑張ってきてくれ」というあいさつをされた時に、涙を流しておられたことを今でも覚えています。まだ高等学校の生徒だった若者が学業半ばで召集令状が来て、生きて帰れるかどうかも分からない戦地に行かされるという

旧制浪速高等学校の創立85周年を記念して待兼山庭園に建立された浪高生の銅像の竣工・除幕式。制作者の夢童由里子さん（後列中央の私の右隣）をはじめ鷲田清一大阪大学総長（前列左から5人目）や、浪高同窓会の川島康生会長（2列目左から4人目）、池口金太郎同前会長（後列夢童由里子さんの右奥）、その右隣の真銅孝三同副会長、さらにその右隣の、長年にわたって浪高同窓会のお世話をしてくださってきた武田晃世同事務局長、同じく同窓会活動に長くご尽力をたまわり銅像の制作でも大変お世話になった鶴岡誠同副会長（2列目左から2人目）など浪高同窓会の皆さん方。平成22年5月27日。

のは、校長として生徒が本当に不憫で、悲しかったんでしょうね。声をつまらせ、涙を流して壮行のあいさつをされたことを今でも忘れることができません。

戦後は芋畑になって、芋を植えたりしていましたが、そのうちにテニスコートになって、私たちはあそこでテニスをやっていました。

しかし、石橋のほうから坂道（現阪大坂）を上がって来て一番最初に目に入るのがテニスコートで、しかも朝からテニスをしている連中がいたりして、学校に来てまず最初に目に入るのが朝っぱらからテニスをしている風景なんていうのは好ましくないという意見などもあって、テニスコートを他の場所に移して庭園にしたんです。

あそこにある浪高生の銅像は、平成二十二年（二〇一〇年）に、旧制浪速高等学校の創立八十五周年を記念して浪高同窓会が作成し、大阪大学に寄贈したものなのですが、銅像の製作についてはずっと浪高同窓会のお世話をしてくださっている、私と浪高の尋常科、高等科を通じての同級生で阪大の工学部を卒業された鶴岡誠さんに大変ご尽力いただきました。あの像の台座に書かれている碑銘「友よ我らぞ光よと」という言葉は、浪高生が一番好んで愛唱していた「浪速の友に」という歌の歌詞の中からとったものですが、この歌の作詞者は夏目漱石の日記などにも出てくる、浪高で英語を教えていた辻村鑑という人で、生徒たちにも大変人気の高かった人だそうです。また、銅像の前の銘板に刻まれている碑文は私と鶴岡さんとで相談しながら作ったものなのでが、そこには次頁のように書かれています。

あの銅像を旧浪高本館（現大阪大学会館）をすぐ目の前に望む待兼山庭園の最高の場所に置かせていただくことができたことについては、私が鷲田清一総長やご担当の西田正吾理事・副学長（いずれも当時）に直接お願いしてご了承いただけたもので、浪高の同窓生たちも、みんな登下校の際に毎日必ず通ったなつかしい場所に浪高生の像を置かせていただけたことを大変

友よ我らぞ光よと

ここ待兼山には かつて日本の発展に大きく貢献した
多くの俊秀が集い その青春の日々を送った
浪速高等学校がありました
一九二六年に創設されたこの旧制高等学校は
学制改革によって大阪大学に統合され
教養部の母体となって
その栄光の歴史が継承されました

日本の未来を支える気概と誇りを胸に
心身を鍛え 勉学にいそしんだ生徒達
マントをひるがえし 朴歯の下駄を高鳴らせて
闊歩する姿は市民からも敬愛されていました

台座の銘は浪高生の愛唱歌より引用され
「光アジアの東より 友よ 我らぞ光よと」
と結ばれています
大きな夢を抱いて 待兼山から巣立ち
世界に雄飛する若者たちに期待し
応援する歌声でもあります

浪高生の銅像の銘板に刻まれている碑文

喜んで、とても感謝しています。

ただ、あの浪高生の像の足元にある金色のまちかね童子は私は周囲の庭園の緑の景観などには合わないような気がするのですが、評判はどうですか。

菅　あの前におさい銭が供えられていたことがありました（笑）。

熊谷　ちなみに、あの浪高生の像とまちかね童子を作成してくださった造形作家の夢童由里子さんは、旧制浪高の第一回の卒業生で浪高でも教鞭をとられた著名な国文学者で京都大学名誉教授の故野間光辰先生のお嬢さんで、愛知万博の会場跡（現、愛・地球博記念公園）に設置されている永久モニュメント「日本の塔・月」の作者などとしても知られている方なのです（平成二十七年三月にご逝去）。

長期計画委員会の活動

熊谷　キャンパスの整備や緑化・植樹などについては大勢の人たちの大変な努力の積み重ねがあったわけですが、その中心的な役割を果たしたのが長期計画委員会でした。長期計画委員会というのは、学部・学科や研究施設などの建物を新・増築する時などに、その場所をどこにするかというようなことを審議・決定したり、キャンパスの整備や将来のための植樹や緑化の計画などを長期的な視野に立って検討・推進したりする大変重要な委員会で、大久保昌一先生（元阪大法学部長）や小泉進先生（元阪大経済学部長）など各部局から選出された委員たちから構成されていて、一番若手で最後まで面倒をみてくださっていたのは健康体育部長などを務められた工学部出身の黒田（英三）教授でしたが、私もこの委員会の委員を長年務めていました。

長期計画委員会というのは私にとっては本当に楽しい委員会で、みんな建物・施設やキャンパスをきれいにしようという人たちの集まりでしたから、いつも芝生の話とか植木の話などをしながら、いろいろな夢を語り合い、大学に提言したり、具体的な立案・建策をしてきました。毎年、みんなで泊りがけで信州のほうに行ったり、東北地方や四国などいろいろな所に旅行に行きましたが、幹事役はいつも黒田教授が務めてくださっていました。

阿部　私どもは、熊谷先生からお話をうかがう前に、大久保（昌一）先生（阪大名誉教授、平成二十六年八月ご逝去）や経済学部の小泉（進）先生（阪大名誉教授）から、その委員会のお話をうかがっております（中尾敏充・菅真城・阿部武司「大久保昌一名誉教授に聞く―大阪大学の思い出―」『大阪大学経済学』第五十九巻第三号、二〇〇九年、菅真城・阿部武司「小泉進名誉教授に聞く―大阪大学の思い出―」『大阪大学経済学』第六十巻第三号、二〇一〇年）。

熊谷　小泉先生とか大久保先生、なつかしいですね。小泉先生は長期計画委員会の委員長を長くお務めくださって、いろいろご苦労をおかけしましたが、キャンパスの美化、緑化にも非常にご熱心で、大変ご尽力いただきました。また、大久保先生はもともとは阪大工学部の構築工学科（土木工学や建築工学などに関する教育・研究を行う学科）のご卒業で、工学部の助教授から畑違いの法学部の教授になって、法学部長にまでなられたんですからそれだけでも面白い話ですよね。法学部の教授として法学部長まで務められながらご出身は工学部卒の工学士で、学位は工学博士なんです。本当に愉快な、楽しい方でした。よく一緒に飲みにも行きましたが、まことに豪快な飲みっぷりで、酔っぱらった先生をお宅までお送りして、奥さんに「先生をお送りしてきました」と言うと、奥さんも豪傑で、顔も見せないで、奥の方から大きな声で「ご苦労さん。その辺に置いといて」と言われて（笑）。

そういう大久保先生や小泉先生をはじめ長期計画委員会の委員の先生方はみんなキャンパスをきれいにするために一生懸命にやってくださいました。阪大を心から愛する多くの方たちの熱心なご努力があったからこそ今の大阪大学の姿があるのだということをぜひ後世の方々にもお伝えしたいと思います。

例えば、昭和六十三年頃だったと思いますが、大阪市内の府庁のすぐ隣りに新しく合同庁舎が建設されることになって、その建設予定地に立っていた樹齢二百年~三百年という大イチョウが伐採されることになったのですが、切り倒してしまうには余りにもったいないということで、イチョウを学章のデザインに用いていた大阪大学がぜひ引き取りたいということを近畿地方建設局に申し出て、阪大の吹田キャンパスに移植することになったのです。何しろ樹高十五メートル、幹回り五メートル、重さ三十トンという大木だったので、移すのも大変で、特別仕様の超大型トレーラーと二台の大型クレーン車に大勢の作業員が参加して、何とか吹田キャンパスの、正門から入った正面奥のロータリーの脇に移植したようなこともありました。そんなことまでみんなで一生懸命にやった仲間がいるんですよ。

阿部　私が阪大に赴任したのが昭和六十三年（一九八八年）で、三十年近く前になりますが、あの頃と比べますと豊中キャンパスもずいぶんきれいになりましたしね。

熊谷　そうですね。木も大きくなりましたしね。

阿部　あの頃は、率直に申し上げて、イ号館（現大阪大学会館）の奥のほうに古い建物、ロ号館とかがいろいろ残っておりまして、まだ、あまりきれいではありませんでしたけれども。

熊谷　たしかに一昔前にくらべるとずいぶんきれいになりました。

最近、毎年、新緑の五月一日の開学記念日を中心に行われている大阪大学ホームカミングデーといちょう祭に行くたびに、豊中キャンパスの樹々が大きく育って立派になり、叫ヶ池の周辺やお庭も年々整備されて見違えるようにきれいなキャンパスになっていくのを拝見して、いつも本当に嬉しく思っています。

ただ、いまだに私が残念に思うのは、植木や庭などは整備されてだんだんきれいになっていきますが、建物そのものが欧米の大学などにくらべると未だにお粗末で貧弱だということです。吹田キャンパスでも、私が総長時代に新しい建物を造るというので、これからは外壁のれんがタイルや色などを全部統一して、今後、建てるものは全部、外観をそろえるようにしようと決めたんだけど、そんな申合せはすぐに忘れられて、施設部長が替わるたびに新しい施設部長がめいめい自分の好みで造ってしまうんですよ。建物の向きまでばらばらで揃っていない。キャンパス全体を統一されたコンセプトできちんときれいにつくり上げるというような考え方がなく、そういう専門的なデザイナーもいないので、大阪大学はこれだけ広い面積を持っていて、木も大きくなってきているのに、建物の形や色やそれぞれの向きなどがてんでんばらばらというのは本当に残念に思います。

私が創設準備の段階から関係していた高知工科大学などは建物から庭までキャンパス全体を日建設計が全部一括して設計しているので、外国の大学のキャンパスと比べても見劣りしないような立派なものになっています。これまでの日本の大学、特に国立大学の場合はそういうキャンパス全体のデザイン感覚というようなものがなかったものが多い。大阪大学はこれからも植木を大事にして、庭もますますきれいにしていくと同時に、建物を新・増築したり改修・補修する時には建物の形や外壁の材質や色などもきちんと統一してそろえるようにぜひしてもらいしたいと思います。

大阪府選出の国会議員だった塩川正十郎さんが文部大臣の時に国立大学協会の総会にあいさつに来られて、「大学というのは一国の学術・文化を象徴するものであって、その建物やキャンパスなどは世界最高のものでなければならない」と言われたので、私は、なかなかいいことを言われる文部大臣だなと大変嬉しく思ったことがあります。もっとも、実際に予算がきちんとつかないと話になりませんけどね。

阿部　文法経の研究棟を補修する時、経済学研究科長を務めていた私は、周りとの調和などを考えますと、基礎工学部や理学部と同じレベルの補修にしていただけたら良いなと思って、施設部の方にそれらと同じに揃えられないでしょうか、と申し上げたところ、「ちょっと予算がないんで」と言われて、それで終わりだったのですが（笑）。

熊谷　それが情けないよね。多少年数がかかっても、キャンパス全体でそろった立派な建物にしていかなければならないんだけどそれがなかなか出来ないんだな。

中之島から医学部と附属病院を吹田に移す時には、附属病院長だった川島（康生）先生（阪大名誉教授、後に国立循環器病研究センター総長）をはじめ事務局の人たちと一緒に、「世界に恥ずかしくない最高の大学病院にしたいので、ぜひよろしく」と文部省や厚生省に熱心に掛け合って、当時の国立大学の附属病院としてはみんながびっくりするような破格の立派な附属病院が出来たんです。

病院が出来上がった時に塩川文部大臣が視察に見えて、広々としたロビーなどをご覧になって、「総長、これは立派ですな。まるでホテルみたいだ」と言って大変喜んでくださったのを覚えています。

我々工学部が大阪市内の都島から吹田キャンパスに移転第一陣として移っていった時の工学部の建物なんか、コンクリートむき出しのお粗末なもので、たまたまバークレーから訪ねて来られたカリフォルニア大学の親しい教授が、遠慮がちに「今度建てられる時にはもう少し立派なものにされたほうがいいですね」と言われたことがいまも忘れられません。きれいにそろったれんがタイルなどで作っていれば、もう少し立派なキャンパスになっていたのにと残念に思いますが、大学の生命はずっと永く続くものですから、これからも時間をかけて立派なものに作り替えられていくことを期待したいと思います。

大阪大学会館の竣工に寄せて

熊谷　大阪大学が創立八十周年を迎えた平成二十三年（二〇一一年）の五月二日に、待兼山の豊中キャンパスで新装なった大阪大学会館の開館を祝う大阪大学会館（阪大会館）竣工記念式典が執り行われ、私も大阪大学同窓会連合会の会長として祝辞を申し述べましたが、この阪大会館の建物には長い歴史とそれにまつわるいろいろな経緯や思い出がありますので、この機会に思い出すままにまとめてお話し申し上げておきたいと思います。

大阪大学会館は阪大の創立八十周年記念事業の大きな柱の一つとして、当時の鷲田清一総長（第十六代総長）をはじめ大勢の方々のご努力のおかげで、長い間みんなが待ち望んでいた大阪大学のシンボル的な中核施設として出来上がったものですが、あの建物はもともとは旧制浪速高等学校の本館で、講義室の他職員室や校長室などがあり、講堂では入学式や卒業式をはじめ主要な行事が行われていました。

旧制の浪速高等学校は尋常科（旧制の中学校に相当、修業年限四年）と高等科（旧制高等学校に相当、修業年限三年）からなる大阪府立の七年制高等学校として大正十五年（一九二六年）に創設されたもので、当初は（旧制）豊中中学校（現大阪府立豊中高等学校）に間借りして授業が始められましたが、その後、石橋の仮校舎を経て、昭和三年（一九二八年）の秋（十月）に待兼山に本校舎が出来上がり、その時にこの本館も完成して、翌昭和四年十一月二日にその講堂で正式の浪高開校式が行われたのです。そして、その浪高本館が後に阪大教養部のイ号館となり、さらに平成二十三年に現在の阪大会館となったわけです。

前にもお話ししたように、昭和二十年の八月十五日（現終戦記念日）には浪高の全校生徒と全教職員がこの本館の屋上に集められ、生まれてはじめて終戦の詔勅を読まれる天皇陛下のお声（いわゆる玉音放送）をラジオを通して聴いた印象深い思い出などもあって、私のような旧制浪速高等学校を卒業した者にとっては特になつかしい建物だったのです。

話はさかのぼりますが、戦後間もない昭和二十四年の学制の大変革によって大阪帝国大学から続いてきた旧制の大阪大学は新制の（国立）大阪大学となりました。そして、新制大学には一般教養部（後、大阪大学では昭和三十二年に教養部と改称）を設置することが定められていましたので、前にも申し上げたように、大阪大学は旧制の浪速高等学校（浪高）と旧制の大阪高等学校（大高）の二つの旧制高校を統合して大阪大学の教養部としたのです。

これも前にお話ししましたが、二つの旧制高校を母体として教養部とすることができたのは旧制一高（旧制第一高等学校）と旧制東京高校（旧制東京高等学校）の二つの旧制高校を統合して教養学部とした東京大学と、旧制浪高と旧制大高の二つの旧制高校を統合して一般教養部（後、教養部と改称）とした大阪大学の二大学だけでした。

しかし、東大に統合された一高と東京高校はいずれも官立（国立）だったので大きな問題はなかったのですが、阪大の場合は大高は官立（国立）でしたけれども浪高は大阪府立（公立）だったので、話は簡単ではありませんでした。しかも、当時、大阪府は大阪府立の浪速大学（仮称、現在の大阪府立大学）の創設に向けてその構想を進めていた最中で、府立の浪高は、当然、新しく作ろうとしていた府立浪速大学の最も主要な構成母体と考えられていましたので、大阪府は浪高の阪大への移管にはもちろん反対でした。

しかし、浪高では先生方をはじめ生徒たちもみんな大阪大学と一緒になることを強く望んでおり、「浪高・阪大合併対策委員会」というのを作って各方面に働きかけたり、阪大との合併を求める生徒大会を開いて気勢をあげたりしていましたが、その生徒大会を開いたりしていたのもこの浪高本館（現阪大会館）の講堂でした。

当時、大阪府知事は赤間文三氏で、阪大の総長は今村荒男先生（第五代総長）でしたが、浪高を主要な母体として府立の浪速大学の創設をめざしていた赤間文三大阪府知事と、浪高を国（阪大）に移管して大高とともに阪大教養部をつくろうとしていた今村荒男阪大総長とは当然対立関係にありました。そのような状況の中で、この二人の間を陰でとりもったのは浪高十六回理科のご卒業で阪大工学部の応用化学科を出られた上野製薬の上野隆三社長（故人）のご尊父で上野製薬の創業者の故上野政次郎氏でした。

上野隆三さんは浪高の尋常科、高等科、阪大工学部を通じての私の四年先輩で、大変親しくさせていただいていたのですが、その上野隆三さんから私が直接うかがった話によりますと、上野さんのお宅と今村総長のお宅とは同じ兵庫県西宮市の夙川のすぐご近所同士で、日頃から大変親しくしておられ、また、同時に、赤間大阪府知事と上野（政次郎）さんとは赤間さんが大阪通産局長時代からのお付き合いで、知事選挙の際には上野さんは赤間さんに選挙事務所を提供するなど全面的な支援をしておられたというような間柄だったのだそうです。それで、上野（政次郎）さんが今村総長から頼まれて今村総長と赤間府知事との間に入り、二人を引き合わせて話し合いの場をもうけ、結局首尾よく話がついたというような知られざる裏話があったというお話をうかがいました。

一方、その頃、浪高の校長をしておられたのは浪高最後の校長となられた森河敏夫という方でしたが、森河校長はその前職が大阪府の学務課長で、戦時中には視学官や府の生徒主事などをしていたこともあるというような理由で、浪高の生徒たちは森河校長の就任を拒否する反対運動を起こしました。この就任反対運動は必ずしも森河敏夫という人物個人の人柄とか資質が気に入らないというわけではなくて、大阪府の学務課長という一地方事務官を勅任官である誇り高き（旧制）高等学校の校長として迎えることに生徒たちは強い抵抗感をもっていたのですね。実際、例えば一高（旧制第一高等学校）の歴代校長には安部能成氏や天野貞祐氏（いずれも後、文部大臣）、木下広次氏（後、京都帝国大学初代総長）、矢内原忠雄氏（後、東大総長）、新渡戸稲造氏、嘉納治五郎氏（講道館館長）等々のような錚々たる学者や教育者、知識人らが名をつらねており、浪高の生徒たちもそのような校長を強く望んでいたわけです。

そういうわけで、連日のように生徒大会が開かれ、森河校長は発令後もいつ就任式が出来るか見込みが立たず、そのため、いつでもすぐ就任式が出来るように毎日モーニングを着て登校し、一人校長室で頑張るというような異常な状態が続き、新聞各紙も連日この紛争を記事にして報道していました。私も当時浪高の生徒だったので、みんなと一緒に森河校長就任反対の生徒大会などにも出ていましたが、その生徒大会が行われていたのもこの浪高本館（現阪大会館）の講堂でした。

しかし、この騒ぎもいろいろな方々の奔走や説得でやがて収まり、本来の予定からは随分遅れてやっと校長就任式が行われましたが、今から振り返ってみますと、森河校長には本当に失礼なことをしたものだと申し訳なく思います。

実際、大阪府の反対を押し切って府立の浪高を国に移管し、国立の阪大の教養部とするためには、行政経験も豊かで、大阪府の府庁内や府議会の事情などにも詳しい森河敏夫先生は、そのような難しい事情のあった浪高の最後の幕引きをしていただく校長としては極めて適切な方であったといえるのではないかと思うからです。大阪大学に統合されることが出来た浪高にとっても、また浪高と大高の二つの旧制高校を併合して教養部とすることが出来た大阪大学にとっても、森河校長は大きな恩人の一人だったのです。また、この他にも、浪高の阪大移管については浪高五回文科卒で当時大阪府議会議員をしておられた故奥田亮氏などにもご尽力いただいたと聞いています。

このようにして、大勢の方々のご努力のおかげで浪高は大高とともに阪大の教養部となることができたのですが、このことは特に我々浪高の卒業生にとっては大きな幸せでした。

なぜかと申しますと、大高と浪高は阪大の教養部となった後、それぞれ南校と北校とよばれて、大阪市の南部にあった旧大高の校舎（南校）と大阪府北部の待兼山にあった旧浪高の校舎（北校）を使って教養部の講義が行われ、学生たちもこの南校と北校の二つに分かれて教養課程の教育を受けていたのですが、前にも申し上げましたように、その後、私の父親（熊谷三郎、阪大名誉教授、阪大工学部長、愛媛大学長などを歴任、故人）が教養部長を併任していた時に南校（旧大高）を廃止して旧浪高があった待兼山の北校に一体化することが正式に決まり、昭和二十八年には「南校移転実施委員会」などが設けられて具体的な作業が始まったのです（昭和三十五年に南校閉鎖）。そのために、私の父親は旧大高の卒業生や南校（旧大高）の先生方からは大変恨まれたと聞いていますが、実際、大高の卒業生の皆さんにとっては深い思い出のある母校の校舎を含めてすべてが姿を消すことになり、跡地は公団住宅となってしまい、大高のご関係の皆さんはその公団住宅の一角に同窓会の手によって建てられた大高の記念碑を眺めてわずかに往時を偲ぶより他はないという、まことにお気の毒なことになってしまったわけです。

それに比べますと、浪高の場合は、建物やその周辺の景観もそのまま阪大教養部として存続することになり、その後、老朽化が進んでいた尋常科の建物などは平成五年に解体撤去されて今は阪大のいろいろな新しい建物が立ち並んでいますが、浪高の象徴ともいえる高等科の本館は阪大のイ号館（現阪大会館）となってそのまま残り、叫ヶ池の周辺の景観などもいまだに往年の面影をとどめており、我々浪高の卒業生たちは今でもなつかしい往時をしのぶことが出来るという有難い幸運に恵まれたのです。

実際、かつて毎日通った石橋門から豊中キャンパスの方へ向かう坂道（現阪大坂）を登って待兼山庭園まで来ますと浪高生の像が我々を迎えてくれ、すぐ眼の前には昔の姿そのままの浪高本館（現阪大会館）を仰ぎ見ることが出来るわけで、このことはかつてここで学んだ旧浪高や北校の卒業生たちにとっては本当に幸せなことなのです。

先ほど、阪大会館（旧浪高本館）は往時の姿をそのままにとどめていると申しましたが、実は、この浪高本館（旧阪大イ号館）は阪大会館に改装されるよりも二十年ほど前の、私の後任の金森順次郎総長（第十三代総長）時代の平成六年に大がかりな復元改修工事が行われているのです。この復元改修工事にあたっては阪大工学部建築学科の東孝光教授や吉田勝行教授（いずれも現名誉教授）を中心に慎重な調査・検討が行われ、外壁の壁面の色などもこの本館が建築さ

私の好きな場所・好きなもの

新設の原子力安全システム研究所長に就任した
前大阪大学総長・熊谷 信昭の「旧制浪速高等学校校舎」

関西電力の百％出資で新設した原子力安全システム研究所。「金は出すが口は出さないというので引受けました。技術と同レベルで人文社会科学の分野も研究するのが特徴。私は電子・通信工学が専門で原発は素人。だから見える部分もある。心理学的な面から安全性を求めていけば好結果が出てくると思う」。研究所長と同時に国連機関である『地球環境センター』理事長に。「安全と環境は切っても切れない関係。自分の使命として研究していきたい」。昭和初期に建った旧制浪速高等学校校舎を背に「戦時中通ってた　なつかしい場所。頑丈な造りで空襲のときはシェルター代りでした。現在は大阪大学教養学部が使ってます」。六十三歳。

大阪・豊中の大阪大学教養学部キャンパスで。カメラ・出水 伯明

旧制浪速高等学校本館（現大阪大学会館）を望む現待兼山庭園にて。
週刊新潮 平成4年5月14日号に掲載されたグラビアから転載。

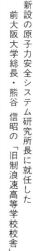

れた当時の色を出来るだけ忠実に再現するために、昔の色を知っている浪高の古い卒業生十数人に聞き取り調査を行うなど慎重な検討を加えてその色を決められたのです。金森総長（平成二十四年にご逝去）は旧制大高のご卒業でしたが、その金森総長をはじめ当時のご関係の皆様方のご尽力によって旧浪高の本館が本来の姿そのままに残されることになったわけで、深く感謝したいと思います。また、そのおかげで、この建物は現在、国の登録有形文化財建造物に登録されています。

その由緒ある貴重な建物が阪大創立八十周年を機に当時の鷲田清一総長をはじめ大勢の方々のご努力のおかげで今の阪大会館となったわけですが、鷲田総長は私に「阪大会館に改装するにあたって、もしご希望やご意見などがあればうかがいたい」とおっしゃってくださったので、私は「窓の形や外壁の色など建物の外観はぜひこれまでの姿をそのまま残すようにしていただきたい。また、内部の講堂などは、やはりこれまでの形を基本としながら、明るく、かつ出来るだけ格調の高いものにしていただければ有難い。例えば東京の学士会館の大ホールなどを参考にしていただいたらどうでしょうか」と申し上げた記憶があります。そして、出来上がった阪大会館は私が望んでいた通りのものに仕上がっていて、本当に嬉しく思っています。

余談になりますが、旧制浪高には「日輪高く」という、とてもよい応援歌があったので、私は学生部長や総長をしていた時に、阪大の応援団の学生諸君にこの浪高の応援歌「日輪高く」

を教えて歌わせていたのですが、どういうわけか、今の阪大の学生たちは「日輪高く」を含めて旧浪高の歌は誰もあまり歌おうとしませんで、旧大高の寮歌「嗚呼　黎明は近づけり」というのを今では阪大の学生歌のようにして歌っています。結局、「浪高は建物を残し、大高は歌を残した」ということになりましょうか。これも巧まざる天の配剤というものなのかもしれませんね。

そういえば、前にもお話ししたかと思いますが、大阪大学の総長にも大高からは旧大高卒の釜洞醇太郎（第九代）総長と金森順次郎（第十三代）総長のお二人、浪高からは旧浪高卒の山村雄一（第十一代）総長と私（第十二代総長）の二人と、どちらからも二人ずつとなっていて、全くたまたまの偶然ではありますけれども、結果としてうまくバランスがとれているのも面白いですね。

第五章　大阪大学総長として―その二―

創立六十周年記念事業

阿部　前回、最後のあたりで総長時代の思い出についてお話しいただきました。総長ご就任の経緯や、吹田キャンパスの正門の整備などが主なお話でしたが、本日は、はじめに大阪大学創立六十周年記念事業についてうかがうのがよろしいのではないかと思います。

平成三年（一九九一年）は創立六十周年にあたり、この時にいろいろな事業を先生が推進してくださったわけですが、一つ重要なのは、現在も続いております大阪大学出版会の基礎ができたことでしょう。これについては、アサヒビール社のご厚意が非常に大きかったと聞いているのですが、そのあたりのこと、それから学章のデザイン、もう一つ、私は部局長を務めていた関係で記憶しておりますが、公式式典の際などに総長と部局長が着用しているローブの制定、これも先生が総長の時に進めていただいたことと存じます。さらに、大阪大学後援会や、資料館の設立をめざした資料の収集・整理、こういったさまざまな事業をお進めくださいました。これらにつきまして、ご自由にお話しいただくことから始めていただきたいと思います。

熊谷　昭和五十六年（一九八一年）の大阪大学創立五十周年の時は総長が山村（雄一）先生でしたが、私は学生部長をしておりましたので、記念式典には私も部局長の一人として参列させていただきました。そして、前にもお話し申し上げましたように、山村総長とも大変お親しく、私も山村先生とご一緒によくお招きいただいてお食事をご馳走になりながらいろいろなお話をうかがっていた司馬遼太郎さんが記念講演をしてくださいました。

その四年後に、思いもかけず私が山村総長の後を継ぐことになり、総長二期目の平成三年に創立六十周年を迎えることになったので、私は出来るだけ意義のある記念事業をしたいと思っていました。

大阪大学総長に再任当時。平成元年８月頃。

五十周年の時には、山村総長のお考えで、例えば記念会館を建てるというようないわゆる「ハコモノ」を造る記念事業ではなくて、今の言葉でいうとハードではなくソフトの事業をやりたいということで、南太平洋の学術調査などをなさって、形に残るものは五十周年記念事業としてはなかったんです。

私はその頃から山村総長に、「大阪大学には皆が集まれる会館のようなものがありません。東大ですと、しょっちゅう皆が学士会館を自分たちの同窓会館のように使っていますし、京都大学にも立派な楽友会館がありますけれども、大阪大学にはそういう同窓会館的なものがないので、そういうものも必要ではないでしょうか」と申し上げていたんです。

山村先生は「そういう意見も大切だ」とおっしゃってくださって、五十周年の記念事業とは別に、「阪大会館」（仮称）の建設について検討する委員会を総長のもとにおつくりになって、私がその初代の委員長を命じられたんです。それが、今の大阪大学中之島センターが出来るそもそもの原点となったのです。

大阪大学出版会の創設

熊谷　そういう五十周年の時の思い出と経験があった後、六十周年を迎えることになったのですが、私が総長に就任した時には、関西電力の芦原義重さんから大変有難いお申し出をいただいて吹田キャンパスの正門とその周辺整備が出来たことは前にお話ししましたが、それとは別にもう一つ、平成元年（一九八九年）に私が総長に再任された時に、今でも続いている通称アサヒビールの会（阪大教職員懇親会）などで大変お世話になっていたアサヒビールの樋口廣太郎社長の所に総長再任のごあいさつにうかがった時に、樋口社長が「先生、何かお手伝いすることはありませんか。何がいいかご希望をおっしゃってください」と言われたんです。そして、「どういうご支援をさせていただいたらいいかお考えください。お返事をお待ちしています」と言ってくださったんです。

それで、私は何人かの方とも相談したんですが、その中に、大阪大学には、例えば東京大学などにもあるような大学出版会がないので、出版会が出来るといいなという話がありました。私はすぐ、「それがいい」と思いました。学術的な著書の出版をしたり、阪大の教官の研究成果をまとめた、一般の書物のようにたくさん売れるというわけにはいかないかもしれないけれども非常に学術的な価値の高いもの、そういう普通の商業ベースにはのり難いような専門的、学術的な図書を世に出すためには大学の出版会で出版するよりしようがないので、大阪大学出版会ができれば本当にいいなと思ったんです。そして、それを阪大の創立六十周年記念事業の柱の一つとして実現できればまことに素晴らしいことだと思いました。

それで、一体いくらぐらい資金があったら出版会が発足できるんだろうかと思って、当時阪大の図書委員会の委員長をしておられた法学部の江口（順一）教授（現名誉教授）にうかがったら、江口先生が「最低一億円ぐらい。二億円もあれば、本当にうまく出版会がスタートできるんですけどね」と言われたんです。

そこで、私は早速アサヒビールの樋口社長の所へ行って、「大阪大学には出版会というものがないので、大阪大学出版会を何とかつくりたいと思っているのですが、それを支援していただければ大変有難い」ということを申し上げたんです。そうしたら、樋口社長が「大阪大学出版会の設立という大変意義のある事業をお手伝いできれば、アサヒビールとしても本当に光栄なことなので、ぜひ支援させていただきましょう」と言ってくださいまして、「いくらぐらいあればよろしいのでしょうか」と言われたんです。

それで私は、「二億円もあれば」と言おうと思ったのですが、できることならと思って、とっさに「三億円ぐらいあれば立派な出版会ができて、長く続けていけると思うんですけど」と申しましたら、樋口さんが「えっ、たった三億円でいいんですか」と言われまして、私はしまった、もうちょっとたくさん言えばよかったと思ったけど、「それならもっと」とも言えないので（笑）。

樋口さんは、「そんな学術的意義のある事業を三億円ぐらいの資金で支援させていただけるのなら、喜んでやらせていただきましょう」と、その場で即決されました。私は企業のトップの決断の速さとリーダーシップというのはすごいものだなと思って感心したのですが、後でアサヒビールの取締役の方から聞いた話では、取締役会で樋口社長がそういう報告をされた時、もちろん誰からも何の異論もなかったそうですが、冗談交じりに「社長、えらい気前よろしいな」とひやかされていたということでした（笑）。

そういう次第で、長い間みんなの夢であった大阪大学出版会を実際に実現するための基礎ができ、六十周年記念事業の柱の一つとして非常にスムーズにスタートすることができたのです。また、その後、阪大出版会が財務的に苦しくなってきた時も、最初にいただいていた多額の基金のおかげで何とか安定的に出版事業を続けることができたというお話もうかがいました。ですから私は、樋口社長に対しても、またアサヒビールさんに対しても、大阪大学は非常に大きな恩義があると思っているんです。アサヒビールさんのお世話で、今でもずっと続いている全学教職員懇親会（通称アサヒビールの会）の時にも、私はそのことをよく皆さんに申し上げています。

この大阪大学出版会の発足にあたっては、先程お名前の出た法学部の江口順一教授にその設立準備委員会の委員長をお務めいただき、生みの親として大変お世話になりました。また、寄附金受け入れの事務手続きなどについては、本部事務局の津田加男留さん（当時庶務課広報渉外掛長、後事務長）にいろいろとお世話になったほか、初代の出版会会長にご就任いただいた脇田修文学部長（現大阪大学名誉教授、前大阪市立大阪歴史博物館館長）をはじめ大勢の方々に大変ご尽力いただいたことを申し添えておきたいと思います。特に、大西愛さんには出版会が発足したすぐ翌年度から現在まで二十年以上にわたって出版会のためにご尽力いただいてきたことをこの機会に改めて深く感謝申しあげたいと思います。

大阪大学出版会は、今でもいろいろな本を出していますよね。

阿部　私どもの経済学研究科もお世話になっております。出版会の関係者のお話によれば、最初の十年間は専門書を出しても売れないのでなかなか大変でしたが、教科書を先生方が書いてくださるようになって、今はだいぶ楽になったとのことです。それでも、こういう基金を設けていただいていたので、最初の立ち上がりの頃のご苦労が報われたということでしょうね。

熊谷　そういうことだと思います。この三億円の基金なしにスタートしていたら、途中でもたなくなっていたかもしれません。

実は、私が総長を退任した後、今でも出版会のことをいろいろお世話くださっている先程申しあげた大西（愛）さんから、総長時代の思い出を追想録として阪大の出版会から出したいのでぜひ書いていただけませんかというお話をいただきましてね。親しくしていた東大の森（亘）元総長をはじめ大勢の方々が総長時代の思い出を本に書いていらっしゃいますので、私も出来たらいろいろお世話になった方々の思い出や、総長時代の記録などを残したいとは思っていたのですが、その後も次々にいろいろな仕事が続いて、結局今までそんな時間的余裕もなかったのですが、今回、このインタビューでいろいろと総長時代のことを記録にとどめてくださるというお話をいただいて、本当に有難いことだと心から感謝しているんです。

阿部　大阪大学出版会からは、亡くなられた総長の先生方の事績を、梅溪（昇）先生ほか阪大に在職された先生方が、広報誌（『阪大Ｎｏｗ』）にお書きになった連載記事をまとめた一冊の書物が出されていますね。非常にきれいな装丁の興味深い内容の本でして、初代総長の長岡（半太郎）先生から始まって歴代総長の事績が見事に記されています。山村（雄一）先生までいっていたでしょうか。

菅　山村先生までいっていたと思います。『大阪大学歴代総長餘芳』（二〇〇四年）という本です。お亡くなりになっている先生までだったと思います。

熊谷　では山村総長までですね。だいたい大阪大学の総長はこれまでわりに早く亡くなっていました。京都大学では、入学宣誓式（入学式）と学位記授与式（卒業式）に歴代総長を来賓としてお招きしているという話を聞きまして、それはいいことだから、大阪大学でも歴代総長を来賓としてお招きして壇上に座っていただこうと思ったのですが、いざやろうとしたら、ご存命の前・元総長が一人もおられなかったんです。みんな亡くなってしまっておられたので、結局あきらめました。そこへいくと、当時、京都大学は四、五代前ぐらいまでの総長がみなさんお元気でおられたので、あらためて大阪大学の総長はどなたも早く亡くなられたんだなということに気がついたんです。今でも京大の岡本道雄元総長なんか九十七歳で、大変お元気ですからね（平成二十四年に九十八歳でご逝去）。

それはともかくとして、アサヒビールさんからいただいた貴重な資金を基に、六十周年記念事業の柱の一つとして大阪大学出版会の創設ができたわけです。

ボローニャ大学創立九百周年記念式典に出席

熊谷　一方、ちょうど私が総長になって三年目の昭和六十三年（一九八八年）に、イタリアのボローニャ大学の創立九百周年を記念するまことに印象深い出来事がありました。ボローニャ大学というのは世界最古の大学と言われている由緒ある大学ですが、そのボローニャ大学の創立九百周年記念式典に私もお招きをいただいて出席したんです。ボローニャ大学から招待された世界中の主だった大学の学長・総長のうち、日本の大学からは、国立大学では東大の森（亘）総長と京都大学の西島（安則）総長と阪大総長の私の三人で、あとお一人は慶應義塾大学の塾長、もうお一人は創価大学の学長で、この五人の総長・学長が日本から招かれて行きました。

それにしても、阪大ではまだやっと六十周年の記念事業を考えている時に、向こうは九百周年。九百年前といえば日本はまだ平安時代のまっただ中、源頼朝が鎌倉幕府をひらくよりもさらに百年以上も前のことです。

そのボローニャ大学の九百周年記念式典というのは本当に印象的で、大学に対する見方とか、さらに言えば文化に対する考え方にまで影響を受けるぐらい、私にとってまことに貴重な経験でした。

記念行事は一週間にわたって催されましたが、そのハイライトは、最終日に行われた、世界各国から招かれた各大学の総長・学長全員による、新しく起草された大学憲章への署名式を含む記念式典でした。ボローニャの街というのは、ご存じかもしれませんが、街全体が大学みたいなもので、点在する古い大学の建物全体でボローニャの街が出来ているというような感じの街なんですね。その、街全体が大学のキャンパスともいえるボローニャの街の中心部にある、長い歴史と伝統を象徴するような古い見事な建物に囲まれた広場が式典の会場で、この記念式典にはイタリアの首相なども参列していました。

実は、率直なことを申しますと、私はイタリアという国は万事にルーズで、いい加減な国、しまりのない国、だらしのない国のように思えて、それまで長い間、尊敬するどころか、どちらかというとあまり高くは評価していませんでした。実際、日本だったら、首相も出席するような大きな公式の記念式典ともなれば、司会者がいて、時計を見ながら分刻みで、予定されたスケジュール通りにきっちりと進行させるために必死になるというのが普通なのですが、このボローニャ大学の九百周年記念式典では、世界中から千名にものぼる大勢の学長や来賓たちを招待し、首相も出席しているという歴史的な式典であるにもかかわらず、司会者などはおらず、従って「開式」の宣言などというようなものもありませんでした。

参列者たちが着席して、皆のんびり雑談などをしていると、やがてその広場を囲む、古い歴史を刻んできた建物の一つにとりつけられている数個の鐘が鳴り始めました。それが式典の始まりの合図のようでしたが、その実に美しい、何とも言えない音楽的な音色の鐘の音は、これまで何百年にもわたって大学の授業の開始を告げてきたものでした。

ふと気がつくと、司会者からの紹介などもないまま、長い髭を生やし、黒いガウンをまとった一人の人物が壇上に現れ、朗々と詩の朗読を始めましたが、その詩は、約七百年前にボローニャ大学で学んだ詩人ダンテの有名な叙事詩「神曲」、いわゆる「ダンテの神曲」の一部でした。ダンテはかつてボローニャ大学に学んだ学生の一人だったのです。

式典では大学祝典の交響曲や合唱曲なども演奏されましたが、それらはすべて百年前の八百周年記念式典の時に、式典の音楽委員長を務めた、歌劇椿姫やアイーダなどの作曲で名高いイタリアの作曲家ベルディ（Giuseppe Fortunino Francesco Verdi）がボローニャ大学の八百周年を記念して作曲したものでした。

このあたりから、私のイタリアに対する印象は少しずつ変ってきました。そういう気持で改めて見直してみますと、式典に臨んだボローニャ大学の学長や学部長などのまとうガウンをはじめ、町を歩いている学生たちのジャケット、ネクタイ、スカーフからノートなどの文具類にいたるまで、あらゆるものに描かれ、用いられているボローニャ大学の見事なエンブレム（紋章）は、やはり百年前の八百周年を機に、当時ボローニャを中心に活躍していたイタリアの画家セザンヌ（Augusto Sezanne）によって図案化されたものでした。

すべてボローニャ大学にゆかりの、イタリア人自身の手になる自前のものばかりで、借りものの、真似ものは一切なく、しかも、その何れもが世界的文化遺産とよんでもいいような見事なものばかりで、私はその歴史と伝統の重み、文化や芸術の厚さ、深さのようなものに大きな感銘を受けました。そして、「立派」というのはこういうことをいうのではないかということを思い知らされたような気がいたしました。

かつて、ある先輩から、「立派」というのは、読んで字の如く〝派を立てる〟ということなんだと教えられたことがありました。もちろん派閥を作ったり、徒党を組んだりすることではないことは言うまでもありません。自ら考え、自ら工夫し、自らの創意と努力によって、人の物真似ではない自ら納得できるものを創り出すことを自らの「派を立てる」、すなわち「立派」というのだということでした。例えば書画についていえば、自分にしか書けない、自分自身の字や画を書く、ということであって、どんなに上手に著名な人の字や有名な画家の画をそのまま うまく真似ても、それは「上手」とは言えても、決して「立派」な書や画と言うわけにはいかないということなのです。そういう意味で、私はボローニャ大学の九百周年記念式典に出席して、先輩から教えられた「立派」というのはこういうもののことを言うのではないかと感じたわけです。

また、このような、伝統とゆとりのある風潮に「大人の文化」というか、「成熟した文化」というようなものを感じ、司会者が、直立不動で、時計をにらみながら、少しの狂いもないようにスケジュール通りに取り進めようと必死になっているような日本などの生真面目なやり方が、むしろ幼稚で野暮ったく、未熟なものに思えるようにさえなってきました。

大阪大学も、日本も、五百年後、千年後の後世にまで伝え、かつ世界に誇り得るような、自らの手になる「立派」な学問・技術や文化・芸術の創出をめざしたいものだと思います。

さてところで、世界中の大学から集ってきた学長たちがこの式典会場に入ってくるのをみていると、みんなそれぞれの大学の伝統的な正式の帽子（角帽）やガウン（礼装ローブ、アカデミックドレス）をまとっていました。

日本から来ていた東大、京大、阪大以外の慶應義塾大学と創価大学の学長もそれぞれの大学の正式のガウンをきちんと着用していました。結局、世界中から集まった大勢の学長の中で、普通の黒い背広を着ているだけの寒々しい黒カラスみたいなのは我々日本の国立三大学の学長三人だけで、何とも貧相な感じでした。それで、その時に、本当に我々は貧弱でみっともないなという話になって、日本に帰ったら正式の大学行事の時に着用するガウンを作ろうではないかと話し合ったんです。

それで、阪大では、それから間もなく迎えた六十周年を機に、正式の式典の際に着用する礼装ローブを作り、大学の紋章（学章）やユニバーシティカラーなども正式に定めることにしたのです。

学章・ユニバーシティカラー・礼装ローブの制定

熊谷　そういうことがあって、六十周年記念事業の一つとしてガウン（礼装ローブ）と学章（エンブレム）とユニバーシティカラーを定めることになり、そのための委員会（「学章等制定実行委員会」）をつくって、薬学部長などを務められた近藤雅臣教授（現名誉教授）に委員長をお願いしました。

そして、まず大学の学章については日本を代表するグラフィックデザイナーの田中一光先生（故人）にお願いしようということになりました。私は有名な田中一光先生のお名前は存じ上げていましたが、個人的には全くおつき合いはなかったので、美術史の第一人者である阪大文学部教授の木村重信先生（後、国立国際美術館館長などを歴任、阪大名誉教授）にご紹介をいただいて田中一光先生にお願いすることになったのです。東京の青山通りにあった田中一光先生のオフィスに私もお願いに行きました。

この人にまともにデザイン料をお払いすることになったら、いくらかかるかわからないいくら

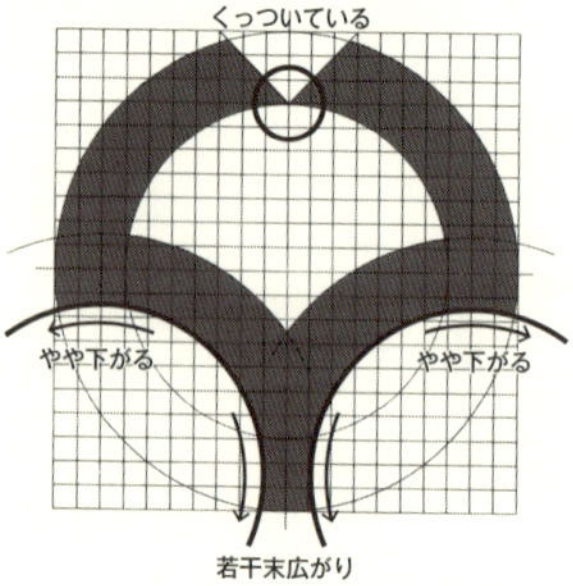

田中一光氏のデザインによるイチョウをモチーフとした大阪大学の学章。色はスカイブルーと規定。

い大変なので、「大学はお金がないのですが、創立六十周年記念事業として阪大に末永く残る学章を作っていただけないでしょうか」とお願いしたら、ご快諾くださって、先生にすればただ同然のデザイン料というか、文字通り僅かな「薄謝」でデザインをしてくださったんです。それが、今の阪大の学章です。

正直に申しますと、実は最初にこのマークを見た時、私はあまり気に入りませんでしてね。イチョウの葉をシンボル化したものらしいのですけど、何か一本足で立っているみたいで、安定感がないような気がして、せめて真ん中の縦の線の裾の部分をもうちょっと広げて安定感を出してもらうわけにはいかないものだろうかというようなことを言った記憶があるんです。だけど、デザインというのは、素人が見てその値打ちが分からなくても、本当に優れた専門家の作った作品というのは、年月がたっていくほどにそのよさが分ってくるものなのだと聞いていましたし、それに著名な田中一光先生にお願いしておいて、これはもひとつ気に入らないから何か別のものに作り直してもらえませんか、なんてとても言えませんしね。とにかくデザイナーの名声としては超一流なんですから。しかし、今ではこのマークは阪大の象徴として定着し、至るところでみんなに使われるようになって安心しています。

この学章を制作してくださった田中一光先生は、そのデザインの意図について次のように述べておられます。

「これまで、慣例的に使用されてきた大阪大学の象徴は、向かいあった二枚の銀杏の葉によって視覚化されていたが、日本を代表する新しい時代の学府としては、もっと新鮮で、力強い、国際的にも通用するシンプルなデザインが要求される。

学旗、学章、印刷物からエンブレム、それに現代の様々のメディアや、行事にも適用する新しい感覚と造型がこのシンボルマークを制作する上での課題となった。

このシンボルマークは、六十年の伝統を持つ銀杏をモチーフに、OSAKA の O をどこかにしのばせながら、三つの円弧による最小限の造型の中にこれらの課題を盛込むことを意図した。しかも、歴史ある大学としての知性と格調を失うことなく、大学、学生、市民へと連なる親近感を表現した。」（田中一光「新しいシンボルマークについて」『大阪大学学報』No. 448, 1991, 5, No. 448–156）。

つい先日、平野（俊夫）総長からうかがった話ですが、平野総長が国立大学協会などでご一緒の東京芸術大学の宮田亮平学長にお会いになった時、宮田学長が平野総長の顔も見ないで、平野総長が背広の襟につけておられた阪大のイチョウのマークのバッジをじっと見つめて、

「それが阪大の学章ですか」と言って非常に感心されたということをうかがいました。東京芸大学長の宮田先生は金属工芸家としても大変著名な芸術家で、その宮田芸大学長が「素晴らしい」といって感心されたという話を聞いて、やっぱり私のような素人ではなく、ちゃんと見る人が見れば本当の値打ちが分かるものなんだなと改めてとても嬉しく思いました。

後に文化功労者顕彰もお受けになった日本を代表するグラフィックデザイナーの田中一光先生は残念なことに平成十四年にお亡くなりになりましたが、力を込めて素晴らしい大阪大学の学章をおつくりくださったことを深く感謝しています。

ユニバーシティカラーは私の提案で黄色とブルーを基調としたものに定めました。私は若い頃カリフォルニア大学のバークレーにいたんですが、カリフォルニア大学のユニバーシティカラーがブルー&ゴールドなんです。ブルーはカリフォルニアの青い空と太平洋の青い海を象徴しているようで、このブルーとゴールドの組み合わせがとてもきれいで、私は大変気に入っていました。大阪大学は太平洋をへだててすぐ対岸にあるカリフォルニア大学と向き合っており、私はカリフォルニアが大好きだったので、ブルー&ゴールドというのはいいなとかねがね思っていたので、結局、青と黄色を基調としたものにしたのです。

菅　ブルーと黄色と黒ではないですか。

熊谷　今はそうですね。後に七十周年の際に三つの色に定められたのですが、大阪大学を表すこの三色はいずれの色も全部専門的に精密に定められ、登録されていまして、イチョウの学章も、角度とか、円弧の形や比率とかが、全部きちんと定められているのです。あまり多くの方はご存知ないかもしれませんが、大阪大学には「学章及びスクールカラー規程」という規定があって、そこですべて厳密に規定されているのです。例えば、スクールカラーの青色は、正確には「学章及びスクールカラー規程」の第三条で「マンセル表色系 7.5PB3/12 のスカイブルー」といった具合に専門的に厳密に定められているのです。黄色と黒についても同様に、黄色は「DIC#86, C0/M20/Y100/K0, R253/G208/B0 のアクティブイエロー」、黒は「C0/M0/Y0/K100, R0/G0/B0 のコンテンププレートブラック」と定められています。また、シンボルマークのイチョウを構成する三つの円弧はいずれも真円の円弧であることが絶対の条件となっているのです。

なお、この阪大のシンボルマークのイチョウの由来やシンボルマークの正確なデザイン、ユニバーシティカラー（スクールカラー）の正しい色指定などについては、阪大広報・社学連携オフィスの松本紀文さんと同クリエイティブユニットの伊藤雄一准教授が詳細に説明しておられる貴重な記事を、最近、『阪大ＮＯＷ』（No. 138-二〇一三年十月号）に見つけて、大変なつかしく、かつ嬉しく思いました。阪大の皆さん方もぜひ参照していただきたいと思います。

それからガウン（礼装ローブ）と帽子は、近藤雅臣先生のご紹介で、京都の女性のデザイナー古高恭子さんにお願いしてデザインをしていただきました。それが、今のガウン（ローブ）と

大阪大学創立60周年記念式典にて。新しく制定された学章を背に新しく作られた礼装ローブを着用して挨拶。平成3年5月1日。

帽子なのですが、これをデザインするために、近藤先生は長い歴史と伝統をもつ欧米の著名な大学、例えばケンブリッジ大学やオックスフォード大学、あるいはハーバード大学などをはじめ、慶應義塾大学や早稲田大学など国内外の有名な大学のデザインも調べられたそうです。

私が、大学にはやはり正式のガウンのようなものがあったほうがいいと思ったのは、直接の動機は先ほどお話ししたボローニャ大学の創立九百周年記念式典で世界中の大学の学長たちが全員それぞれ自分たちの大学の正式の伝統あるガウンを着ているのを見たのがきっかけなんですが、その他に、もう一つ遠因があるんです。それは、私が学生部長になって、大学の卒業式とか入学式で部局長として壇上へ上がるようになってまわりを見ましたら、入学式とか卒業式という大学の最も重要な式典だというのに、モーニングを着ているのは総長一人だけで、あとはみんなてんでんばらばらの平服なんです。中には、ひどいのになるとズック靴を履いてきている部局長なんかもいましてね。

それで、私が総長になった時に、大学の正式の式典とか行事の時には、外国のドレスコードのように服装も指定しなければいけないと思って、入学宣誓式とか学位記授与式には、壇上に上がる部局長は全員モーニングを着てくるようにと部局長会議で言ったんです。そしたら、「それは困る」と言う人がいたので、わけをきいたら、「モーニングなんか持っていない」と言うのです。それもたった一人が言うのならともかく、二、三人がそう言うんですね。部局長にもなるような歳の人でモーニングを持っていないから困るという人が、一人ぐらいならともかく、二人も三人もいるというので、私はびっくりしたんですが、とにかく全員モーニングでそろえるから持っていない人はどっかで借りてきてくれと言って、何とか入学式や卒業式などのような正式の式典の場合は壇上に上がる部局長は全員モーニングでそろえるようにしたんです。

そんなことがあって、その後、ガウン（ローブ）を作ったのですが、多分ガウンはもっと評判が悪いのではないかと思って心配していたら、意外なことにみんな喜んでね。なんで喜ぶのかと思ったら「これはいいわ、下は何を着とってもええから」と言ってね（大笑）。

たしかに、ガウンを着れば下に何を着ていてもいいわけだから、全員モーニングと言われるよりはよっぽど有難いとみんなに喜ばれてね（笑）。あんまり表には出せないお粗末な話だけど（笑）。

そうやって大学の学章が定まり、ユニバーシティカラーも制定され、礼装ローブも出来て、今のような形になってきたんですが、これらはみんな、六十周年記念事業の一環として実現したものなのです。

事務局職員の人たちの協力

熊谷　これらの事業を実際に進めるにあたっては事務局の人たちにも大変なご協力をいただきましたが、私が総長在任中にお世話になった大勢の事務局の方々はもうほとんどの方が停年退職されていて、今も現職で当時のことをよく覚えてくださっているのは、私が総長に就任した時に最初の秘書掛主任として総長室におられ、その後もずっと本部事務局の庶務課（現総務課）に勤務しておられた、先ほどもちょっとお名前の出た松本紀文さん（現広報・社学連携オフィス長補佐）ぐらいになってしまいました。その後、歴代の秘書掛主任としては松本さんの他、大澤眞一さん（後、基礎工学部事務長）や藤井勝博さん（後、本部事務機構情報推進部長）たちにも大変お世話になりました。

振り返ってみますと、六十周年記念事業の時に限らず、私が学生部長の時代から工学部長、総長などに在任中を通して、その職責を何とか務め終えることができたのは、歴代の事務局長をはじめ大勢の事務局の方々の力強いご協力のおかげでした。

例えば、私が大学紛争時の学生部長を務めていた時には、学生部次長だった松本豊さん（故人）や、学生部の厚生課長だった坂本詔志さん（後、大分大学事務局長）たちに大変助けていただきました。坂本詔志さんには私が総長の時にも本部事務局の庶務課長（現総務課長）としていろいろお世話になりました。また、大澤眞一さんは私が学生部長をしていた大学紛争時には学生部の寮務掛主任で、前にお話しした寮の封鎖解除の時には各部屋ごとに私が大声で退去命令書を読み上げているうちに喉が嗄れてきて、大澤さんはコップに水を入れてずっと私のそばについていてくれました。

歴代の秘書掛長にも大変お世話になりました。ボローニャ大学の創立九百周年記念式典に出席した時には平山健一掛長（後、名古屋大学研究協力課長、故人）と一緒に行きましたし、シンガポールに新しく出来た工科大学の開学式に招かれて出席し、その後タイのバンコクのチュラロンコン大学など東南アジア諸国の大学を歴訪した時には小林正彦掛長（後、大阪教育大学学生部長）が随行してくれました。当時のことを今でもなつかしく思い出します。

この他、お名前をあげることのできなかった大勢の事務局の職員の方々の誠意溢れるご協力に心から感謝したいと思います。

これらの事務系の人達とは、今でも毎年、私が総長を退任した八月二十五日に、大阪梅田に近いお初天神の料亭「八幸」に集まって旧交を暖めています。毎回、大澤さんが幹事役としてお世話くださっていますが、「親熊会《シンユウカイ》」と名付けられているこの会は二十年以上も続いており、すでに退職して関東など遠方に移り住んでいる人達も大勢集まってきて、みんなで昔話などに花を咲かせながらまことに楽しい一夕を過ごしています。

大阪大学後援会

熊谷　もう一つ、申し上げておきたいのは大阪大学後援会のことです。記録によりますと、正式の大阪大学後援会というのは、本学の創立二十周年にあたって戦後の昭和二十六年（一九五一年）に設立され、初代の会長には当時関西財界の重鎮であった大阪商工会議所会頭の杉道助さんが就任されて、戦災にあった大阪大学の復興とその後の発展・拡充に大変なご支援をいただいてきたということなのですが、その後四十年を経過して、少し存在感が薄くなってきているように感じられましたので、これも六十周年を期して新たに体制を立て直して活性化をはかろうということになりました。
それで、大阪大学が発展していくためには、これまで同様、関西の経済界の皆さんをはじめ各界のいろいろな方のご支援をいただかなければならないので、会長はぜひ関西財界を代表する方にお願いしようということになって、関経連（関西経済連合会）の会長を大阪大学後援会の会長にお願いするということにしたんです。

ところが、関経連の会長というのは関西財界の公的な代表で、いろいろなところから、いろいろなことを頼まれていて、例えば一つの大学の後援会長を引き受けたら、あっちからも、こっちからも、いろいろな大学から頼まれて断れなくなるのでお引き受けするのは難しいということで、事務局の間の下打ち合わせでは無理だということになりました。

しかし、私は当時関経連の会長をしておられた宇野収さん（元東洋紡績社長、故人）と大変親しかったので、宇野さんに直接お会いして、「大阪大学の後援会長を何とかお引き受けいただきたい。そして、今後も大阪大学の後援会長は、歴代、関経連の会長にお願いするという慣例にしていただきたい」とお願いしたんです。そうしたら、宇野さんは「分かりました。私でよければやらせていただきましょう」と、あっさり引き受けてくださって、本当に嬉しく思いました。

それで、それ以後、歴代、大阪大学後援会の会長はその時の関経連の会長がお務めくださることになったのです。大学が法人化され、いろいろな見直しなどがあって、今は阪大の卒業生で住友銀行の頭取などを歴任された財界の大物の西川（善文）さんに会長をお願いしていますが、それまでは大阪大学後援会の会長は、歴代、関経連の会長が役職指定みたいなかたちでやってくださることになっていたのは、私にとっては六十周年記念事業の一つとして思い出深いことの一つなのです。今の大阪大学はかつての大阪大学とは比較にならないくらい大きな大学となっており、その後援会も益々重要なものになってきていますが、西川さんにはご多忙の中を会長をお務めいただいていて大変有難く思っています。

学術博物館設立を目指して

熊谷　さらに、私は大阪大学にもう一つ欲しいと思っていたものがありました。それは、創設以来の大阪大学に関連するいろいろな貴重な資料を収集・保存して後世に伝えるための資料館というか、大学博物館のようなものをつくることでした。それで、今すぐに博物館のようなものはつくれないにしても、そのための資料を散逸しないように、ずっと集めて保存しておく必要があると考えて、やはり六十周年を期して、将来の阪大資料館ないしは阪大学術博物館をつくるために、重要な資料をできるだけ集めて、整理・保存するという事業も始めたんです。

実は、これもボローニャ大学の創立九百周年記念式典に行ったことが、一つの大きな動機になっているのです。ボローニャ大学には立派な学術博物館のような建物があって、そこには何百年も前の、例えば人類史上初の人体の解剖図など桁外れに古い昔の学術的な資料などがたくさん陳列してあって、ゆっくり見ていたら何日もかかるぐらい面白いのですが、そういうのを見ていて、大阪大学も今後も長く続いてもらわなければならないし、その場合のために、何百年も後になっても残るような学術的資料を、今からちゃんと集めて保管しておかなければならないと思ったわけです。だから、これもボローニャ大学の創立九百周年記念式典に行ったことが非常に大きな動機になって、阪大の六十周年記念事業の一つとして、将来、学術博物館をつくるための資料の収集・保存事業を始めることにしたのです。

ボローニャ大学に行く時に、大阪大学からのお祝いの記念品を持って行ったのですが、例えば東大の森総長などはきれいな色刷りの日本の錦絵のセットを持ってきておられました。私は京都の有名な宮脇賣扇庵という老舗の扇子屋さんに頼んで、鶴を描いた縦横一m以上の非常に大きな扇子を特別に作ってもらって、それをガラス張りの立派な額に入れて記念品を作りました。大きくて持っては行けないので、別送で送ったんですが、これらはボローニャ大学の博物館に保存されているはずです。

みなさんもイタリアに行かれたら、ぜひボローニャ大学に立ち寄られたらいいと思いますね。そして、ボローニャ大学の博物館などをご覧になることをおすすめしたいと思います。

以上申し上げたように、ボローニャ大学の創立九百周年記念式典に参列させていただいたことは、いろいろな意味で、私個人にとっても非常に印象深い貴重な経験だったのですが、同時

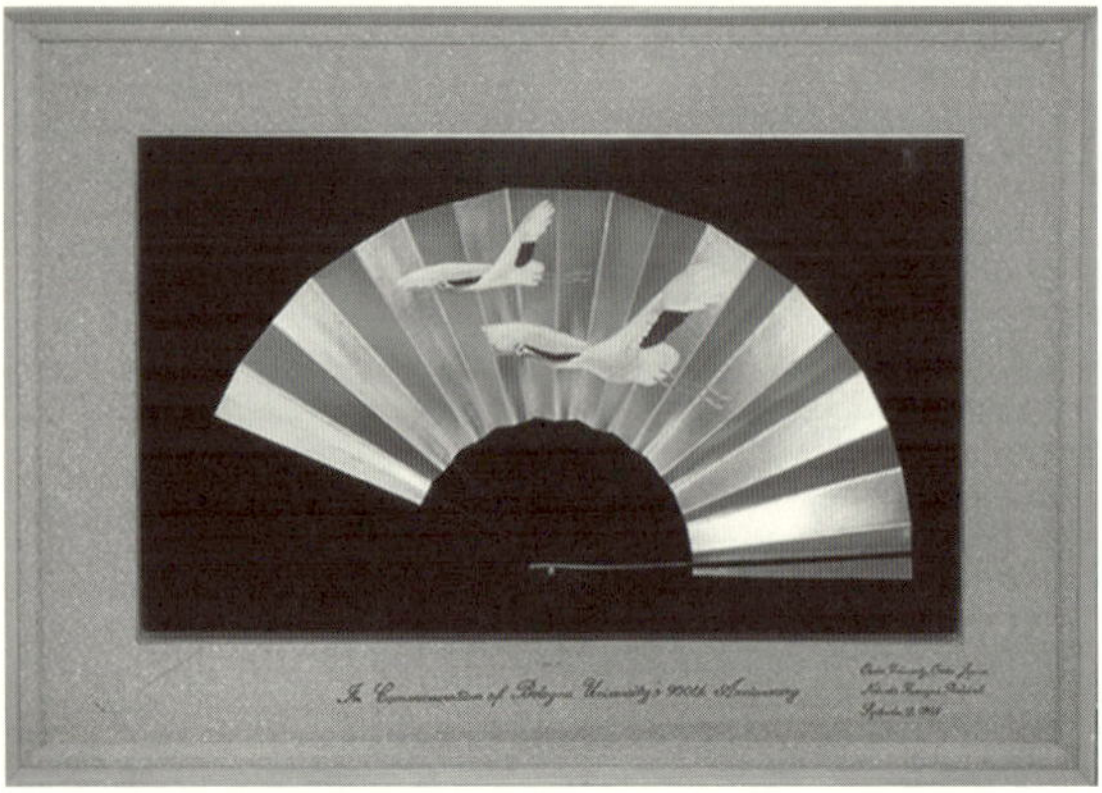

ボローニャ大学創立900周年記念に阪大から贈った扇。今も同大学に保存されている。

に、大阪大学の六十周年記念事業にも、私がこの式典に出席させていただいたために、いろいろ思いついたり考えついたりしたことがたくさんあって、大きな影響があったと思います。

実はもう一つ、ボローニャ大学の創立九百周年記念式典よりも少し前に、有名なドイツのハイデルベルク大学の創立六百周年記念式典にも正式にご招待をいただいていたのです。しかし、この時は総長に就任してからまだ間もない頃で、総長の仕事を最優先に考えて取り組んでいましたので、外国の大学の創立記念式典に出席するために何日間も大学を留守にして海外に行くというような気持の余裕もなかったものですから、折角のお招きをお断りして行かなかったのです。

その後、ヨーロッパへ出張した折にハイデルベルクを訪れましたが、古い歴史を刻んできた実に味のある美しい大学町で、私はそれからもドイツへ出張するたびに何回か訪れました。この由緒あるハイデルベルク大学の創立六百周年記念式典にも出席していれば、ボローニャ大学の創立九百周年記念式典の時と同じように、大阪大学のために参考になるようなことがいろいろ得られたのではなかったかと思い、今でも思い出すたびにかえすがえすも残念で、とても後悔しています。

話が少しそれてしまいましたが、そのようなことで、将来、阪大に学術博物館をつくる時のための資料の収集・保存作業を六十周年記念事業の一環として始めたわけです。

阿部　集められた資料の多くが、現在の阪大の総合学術博物館に収められているということでしょうか。

熊谷　そうです。そこに結果として結実しているわけです。豊中キャンパスの阪大坂の登り口近くにある今の阪大の総合学術博物館は、以前は大阪大学附属の医療技術短期大学部の建物で、私も阪大の総長の時にはその学長を併任していましたが、この医療短大が廃止されて、その建物を使って博物館ができました。私は歴史的な古い建物を壊さないでそのまま使うことを強く望んでいたのですが、それが今の阪大の総合学術博物館なのです。あの中に収められている貴重な資料をずっと集めていたので本当に良かったと思っています。

先程申し上げたように、この資料収集と整理・保存の事業は六十周年記念事業の重要な柱の一つとして始めたものですが、そのために「資料蒐集実行委員会」という委員会を設けて、各部局から委員を出していただき、委員長には蛋白質研究所の所長や学生生活委員会の委員長などを歴任された中川八郎教授（現名誉教授）にお願いしてご就任いただきました。

その頃は、ちょうど阪大病院の移転やいろいろな建物の建替え工事などが次々に進められていた時期で、貴重な資料類が散逸したり失われたりしつつあった時だったので、中川先生をはじめ委員の方々には大変なご苦労をおかけしました。しかし、中川先生は、将来、阪大の学術的な歩みを示す歴史的な資料を収めた学術資料館ないしは学術博物館をつくることは、次代の教育・研究のためにも、また、広く一般市民や学外の皆様にも閲覧、調査の機会が提供されるためにも、どうしても必要なことであるということをよく認識され、そのためにはまず貴重な資料の散逸を防ぎ、収集・保存しておくことが必要不可欠であるということをよくご理解くださって、全力を傾注してくださいました。

当時、国立大学の学術的な博物館としては、東京大学と京都大学の文学部ぐらいにしかなく、先行事例として参考にできるようなものはほとんどなかったので、実行委員会では「何を基準に重要な資料と認定するか」とか、「どのような考え方で分類・保存するか」というような基本的な問題の検討から始めなければなりませんでした。そのために、実行委員会では、「第一回調査方法検討小委員会」（委員長長山泰孝文学部教授、現名誉教授）、「第二回調査方法検討小委員会」（委員長多田羅浩三医学部教授、現名誉教授）などを設けて基本的な課題の検討から始められ、多くの委員の方々や事務局の皆様方に大変なご努力をいただき、そのおかげで貴重な資料が廃棄されたり、喪失、散逸したりしてしまうことを防ぐことができたのです。これらのご検討の結果は資料集（大阪大学記念資料蒐集実行委員会編『大阪大学記念資料目録集』大阪大学創立六十周年記念事業委員会、一九九二年）としてまとめられていますが、今ではその存在すら知る人は少なくなっています。

現在の大阪大学学術総合博物館ができるまでには、このように、中川八郎先生をはじめ多くの方々の貴重なご努力とご苦労があったことを後世の人たちも決して忘れてはならないと思います。

叫ヶ池の取得をめぐって

阿部 次に、大阪大学は叫ヶ池《さけび》（正式には中山池）を昭和六十三年度（一九八八年度）予算で取得していますが、このことについてお話しいただけますか。

熊谷 豊中キャンパスの景観に重要な役割を果している叫ヶ池の取得については実は大変な苦労があったのですが、これについては私を含むごく少数の関係者以外はご存じない話だと思います。

叫ヶ池は、阪大教養部の母体となった旧制浪高（浪速高等学校）の生徒たちにも長年にわたって親しまれ、寮歌や部歌などにもしばしば出てまいりますが、浪高時代、この池は天然のプールとしても使われ、水泳部の人たちはここで競泳や水球の対校試合などを行い、我々もよく泳いだものです。あの池の名称は浪高生には叫ヶ池という愛称で親しまれていましたが、正式には中山池と申します。

私たちは皆、あの池は浪高時代はもちろん浪高所有の池であると思っていましたし、大阪大学に移管されてからは大阪大学所有の池であると思い込んでいました。もちろん、私自身もそう思い込んでおりましたが、実はそうではなかったのです。あの池は、実は浪高も阪大も法的には何の関係もない第三者の池で、昭和五十年以降は池田市の所有となっていた池だったのです。

それが、私の阪大総長時代に、突然池田市が、市の事情で、あの中山池、愛称叫ヶ池を売りに出すという思いもかけなかった話が飛び込んできました。あの池は阪大のものだとばかり思い込んでいた私たちには文字通り「寝耳に水」の話で、みんな本当に仰天しました。時あたかもバブル景気の真最中で、もし、あの池が民間不動産業者の手に渡るようなことにでもなれば、あそこにマンションが建って、洗濯物がぶら下がるようなことになっても我々は何の文句も言えなくなるという、まことに由々しき事態が生ずる可能性が、全く突然、降って湧いたように出てきたのです。もしもそんなことになったら取り返しがつきません。まさに一大事でした。

そのような最悪の事態を回避するためには中山池を大阪大学が買い取るより他はありません。しかし、大阪大学が買い取るといっても、大阪大学は文部省（当時）所管の国立大学（当時）ですから、独自の財源があるわけではありません。要するに、国に買ってもらうより他はないわけです。

ところが、世はバブル景気の真最中であったにもかかわらず、当時の我が国の文教予算はまさに最悪の状態で、象徴的な表現をすれば、国立大学では雨漏りすら満足に直せないというような惨憺たる状況にあったのです。実際、例えば東大ですら、有馬（朗人）総長（当時）が「壁が落ちたり雨漏りがしても直せない。窓枠が崩れ落ちそうになっていても修理もできない」と言って嘆いておられるような状態だったのです（有馬朗人『大学貧乏物語』東京大学出版会、一九九六年）。

そのような極めて厳しい財政状況のもとで、文部省に「池を買ってくれ」というようなことを要求するのは、文部省や大蔵省と直接予算折衝の任にあたっている阪大事務局の事務局長や経理部長、主計課長などの立場からすれば非常識も甚だしい話で、とてもできる相談ではないということでした。

実際、中山池の購入について池田市と下交渉を始めてみますと、その価格は、池とはいえ、バブル景気による周辺の地価高騰のあおりを受けてはね上がり、坪当たり数十万円というような状況で、中山池全部を購入するためには二十億円近い予算を要するということがわかってきました。

菅　二十億円ですか。

熊谷　そうです。当時、一つの国立大学の年間の文教施設費が大学全体で五千万円にも満たないというような大学はざらにあったような状況でしたから、池を買うためだけに二十億円近い予算要求をするというようなことはたしかに非常識も甚だしい話ではありました。

しかし、私は事務局長や経理部長を督励し、私自身も度々文部省に足を運んで懇願し、ついに昭和六十三年度の予算で中山池を購入してもらえることになったのです。購入価格は坪単価が四十一万円で、結局、総額十八億一四六九万円で中山池を国有財産とすることができました。バブルに浮かれていた当時の不動産業者ならこの程度の値段ならいくらでも買えたでしょうが、当時の文部省としては普通では考えられない大変な支出だったのです。

ですから、ことは決して簡単に運んだわけではありません。大阪大学としては、単に「景色が悪くなると困るから」というような本音の理由で予算要求をするわけにはいきませんし、文部省としてもそんな悠長な理由で十八億円超もの国費を投じて池を買えるような財政状況ではないことは我々も重々承知していました。

ご存知のように、政府の予算というのは毎年の概算要求で全省庁から出てくる膨大な要求を大蔵省が各項目について査定するわけですが、その際、それぞれの要求項目についてはもちろんすべてその必要性が述べられているわけで、必要性と同時に、その重要性や緊急性についていかに理解を求めるかが勝負となるわけです。

それで、私どもは、学生数の多い阪大の豊中キャンパスには運動場が一つしかなく、体育施設の整備・充実をはかることが必要であるという必要性と、その一つしかない運動場で野球をはじめ、ラグビーやサッカー、アメフト、その他各種の陸上競技等々、すべての運動を学生たちが並行して行っているために、極めて危険で、いつ大事故が起こらないとも限らない、というような緊急性を訴え、従って一日も早く中山池を購入し、そこを埋め立てて体育施設を整備する必要がある、ということを要求理由として申しました。実際、学生数の割には運動場が非常に手狭で、大変危険であるという状況は事実で、けっして嘘ではありませんでしたが、しかし「だから池を買ってくれ」というには当時の文部省の財政事情はあまりにも厳しかったのも事実でした。

こうして、最初は本部事務局の人たちも、とても無理だといっていたこの要求が、全く幸運にも、年度末のぎりぎりの土壇場で認められ、予算がついて、中山池を国で買ってもらえることになったのです。本当に信じられないくらいの僥倖でした。

しかし、中山池が不動産屋に買収され、マンションが建って洗濯物がぶら下がるようなことになるかもしれないという危機はとりあえず回避することができましたが、長年にわたってみんなが慣れ親しんできた折角の池を埋め立てて運動場にしてしまうというのはあまりにも気の進まない不本意な話で、何とかして池のまま残したいというのが私たちの本音であったことは言うまでもありませんでした。

そんな時に、大阪大学が中山池を埋め立てて運動場にする計画があるらしいということを朝日新聞がかぎつけて、「〝白鳥のすむ池〟として長年学生達に親しまれてきた中山池が、近く埋め立てられて運動場になることになった」という記事を平成元年（一九八九年）一月十七日付の朝日新聞夕刊に中山池の写真入りでかなり大きく報道したのです。

記事の中味は、「戦前の浪高時代から学生達に叫ヶ池という愛称で親しまれ、学生達は毎日この池を見ながら通学し、憩いの場ともなっていたのに、それが埋め立てられるとはまことに残念だ。自然がまた一つ消えることになり、市民の間からも惜しむ声が出ている。池にすんでいる白鳥はどうなるのであろうか」というような内容で、記事の見出しは「白鳥は悲しからずや」となっていました。

この新聞記事が出たために、学内外から一斉に埋め立て反対の手紙や抗議文や陳情書、中入書等々が総長の私の所に殺到しました。学内の個人や有志、近隣の住民や環境保護団体などか

白鳥は悲しからずや

予算難 阪大が池埋め立て

大阪大学の豊中キャンパスへの通学路にあり、学生から「白鳥のすむ池」として親しまれていた池田市石橋三丁目、「中山池」と東隣の「上山池」が埋め立てられ運動場になることが十七日、わかった。上山池は以前から阪大の用地だったが、中山池は、このほど阪大が十八億千四百六十九万円で所有者の池田市から買収した。大学では当初、池のまま残すことも検討したが、国の予算がつかず、結局、埋め立てることに。市民の間から、自然がまた一つ消えることを惜しむ声も出ている。

埋め立てられ運動場になる中山池と上山池（向こう側）＝池田市石橋3丁目で

中山池の面積は、一万四千四百五十九平方メートル。三方が豊中市にある大阪大学に囲まれ、西側だけが池田市で、住宅が並んでいる。池田市は昭和五十年、大阪府営水道を引く時の貯水池候補の一つとして地元の石橋財産区から六億二千万円で購入した。しかし、貯水池は別の場所に見つかり、南西の一角にコンクリート製円形貯水池（高さ十二メートル、直径十六メートル）を建設しただけで、水道施設としては、池は必要なくなった。

池田市は、池を埋め立て、住宅か公園などの公共用地にすることも検討したが、国道から池までに広い道路がなく、資材搬入が困難なことや、公園をつくっても周囲のほとんどが豊中市なので、池田市民にとってメリットが少ない――などから断念。数年前から購入の意向を示していた阪大と交渉に入った。価格は、池とはいえ、周辺の地価高騰のあおりではね上がり、坪四十一万円でまとまった。

上山池（面積四千平方メートル）には、えづけされた五羽のコブハクチョウが二十年も前からすみつき、ほかにもヒドリガモ、コガモ、キンクロハジロなどが羽を休めに飛来してくる。戦前から、学生はこの池を見ながら通学。散歩道にある憩いの場だった。中山池は、大学と住宅街との緩衝地の役割を果たし、学生が大声をあげても住民に迷惑がかからないことから「叫が池」などと呼ばれたこともあった。

このため、池のまま残すことも検討されたが、それでは十八億もの予算がおりず、中山池は運動場として活用することになり、資材の搬入のために「上山池」も埋めることになった。工事は新年度から始まり、コブハクチョウをどうするかはまだ決まっていない、という。

叫ヶ池（中山池）の取得をめぐる新聞記事。朝日新聞平成元年1月17日付夕刊。

らのものもあり、百数十名の反対署名を添付した「文学部中山池を守る会」からの要望書などもまいりました。浪高同窓会からも、当時の会長の金子太郎先生（旧制浪高第一回卒、神戸薬科大学名誉学長、故人）から浪高同窓会としては埋め立ては絶対反対という厳しい文書によるお申し入れがありました。

当時の事情としては、とにかくまずはこの池を何とかして阪大のものにしてしまうことが何よりも重要な切羽詰まった先決問題だったわけで、それがやっと何とか実現できそうになったとたんに、

「実は本当は池を埋めたくはないんだ」というような本音の回答をするわけにもいかず、この新聞記事に端を発した騒ぎには全く往生しました。後で聞きますと、この記事を書いた朝日新聞の記者は私の総長室の秘書の旦那さんだったということでした。

そんないろいろなことがありましたが、結局、大阪大学としては、長期計画委員会で「中山池の将来の取扱いについては、各方面の意見をよく聞き、景観の保全も含めて、今後とも十分慎重な検討を続ける」という決定をして、何とか無事に今日に至りました。

以上のような次第で、今では叫ヶ池は今後ともその緑と水の美しい姿を存続していくことができるであろうと思いますが、叫ヶ池が民間ディベロッパーの手に渡るというような最悪の事態を何とか回避することができたのは、当時の阪大の事務局長や経理部長らの並々ならぬ努力と、文部省、大蔵省などの大阪大学に対する暖かいご理解と大きなご英断のおかげであって、今でも心から感謝しています。そしてまた、浪高の卒業生の一人としての、また阪大総長としての私の、表には出ていない功績の一つでもあったといえるのではないかと自分では思っています。

大阪大学の移転構想

阿部　先生の総長時代の大きな出来事の一つが医学部および附属病院の移転ですね。中之島から吹田への移転は大変大きなお仕事だったと思いますが、これについてお話しいただければ幸いです。

熊谷　大阪大学のキャンパスの統合については、実は歴史的にはかなり前からいろいろな案や、動きや、あるいはチャンスがあったんです。例えば、今の大阪城公園や大阪ビジネスパーク（ＯＢＰ）などがある辺りは戦時中は兵器を作る大きな陸軍の造兵工廠があった場所だったのですが、戦時中の大空襲で爆撃されて完全に壊滅してしまっていたので、その広大な跡地に阪大の全部局がまとまって移転してはどうかという話が戦後すぐの頃にあったそうです。造兵工廠などのあった土地は国有地でしたから、国立の大阪大学が統合移転できる可能性は十分あったはずでした。

その頃の（旧制）大阪大学は理学部、医学部、工学部の三つの学部だけでしたが、大阪城に近い東野田にあった工学部は空襲で木造の建物は全部焼けて壊れてしまっていたので、戦後間もない頃（昭和二十四年）に入学した私などは学部の学生時代の最初の二年間は枚方市に近い御殿山の旧陸軍の火薬庫があった敷地の中の大きな防空壕に囲まれた仮教室で講義を受けていました。そのような状態だったので、この移転・統合案には工学部からは異論はなかったのですが、大学の本部があり、理学部や医学部やその附属病院などもある中之島地区は大阪大学発祥の地でもあり、当時は大阪大学の中心みたいな感じでしたから、中之島地区の部局は移転にはもちろん大反対でした。とにかく、大学のいわゆる学部自治で、一つの部局が教授会でノーと決めれば、それで大学は動けなくなりますので、結局、今の大阪城公園やＯＢＰなどのある大阪城の隣接地に大阪大学が一つのキャンパスとしてまとまるチャンスを逃がしてしまったわけです。

また、吹田キャンパスは昭和四十一年（一九六六年）に造成工事が始まり、昭和四十三年に微生物病研究所と同附属病院が最初に移転しましたが、この吹田キャンパスを、今はマンションなどが建っている吹田キャンパスの箕面側（北側）まで広げて、そこに大阪大学をすべて結集したらどうかというかなり具体的な話もあったのですが、それも結局まとまりませんでした。

こうして、とりあえず旧浪高のあった豊中キャンパスと、新しくできた吹田キャンパスと、従来からあった中之島キャンパスの三つのキャンパスでやってきていたのですが、その間に、いろいろな文系の学部なども豊中キャンパスにできていきました。そして、昭和三十六年（一九六一年）の九月十六日に大阪を襲った第二室戸台風によって、地盤沈下が進みつつあった中之島地区一帯には水があふれ、理学部の地下室なども水浸しになって貴重なたくさんの装置や設備がひどい被害を受けたために、理学部もやっと中之島を離れる決心がついて豊中キャンパスに移ることになりました。

一方、医学部と附属病院のほうも、特に臨床系の人たちはみんな最後まで大阪市内の中之島から離れることに強く抵抗していましたが、結局、医学部出身の剛腕山村総長のお力と、山村総長をサポートしていた医学部の人たちの協力の結果、ついに長い長い大阪医学校の時代からの伝統の地を離れて吹田キャンパスに移ることになったのです。

大阪市内から出て行った阪大の跡地の取り扱いについてはいろいろな問題があったのですが、例えば東野田の工学部の跡地の場合には、工学部長などをしていた私の父親が通信工学科の教授でしたので、当時の電電公社（日本電信電話公社、現ＮＴＴ）と話をして、電電公社に買ってもらうことにしたんです。これも私の父親の熊谷三郎（名誉教授、故人）が残した表には出ていない仕事の一つです。

医学部・附属病院の移転

熊谷　移転にかかわる最も大きな問題の一つは、移転するための移転費用と、移転先に新しく建物・施設等をつくるための費用をどう調達するかということでした。この費用は膨大な金額になりますので、結局それは、全部、阪大が移転した跡の中之島地区の土地を売って、そのお金をあてるということになったのです。

国有地を処分するときには売却先に優先順位があって、今もそうかどうかは知りませんが、少なくとも当時は一番優先順位の高いのは地方自治体で、中之島の場合ですと、大阪府あるいは大阪市が買いたいと言えばそれが最優先となり、次が関西電力とか大阪ガスなどのような公益事業者で、そこもいらないといえば、一般の不動産業者などが買えるようになるという定めになっていました。

山村総長の時に中之島地区の医学部や同附属病院などを全部吹田地区に移転するということが学内的に決定されたのですが、文部省からは、その代わりに、移転した跡地は全部、処分財源として売却するようにと言われたのです。大阪大学としては、中之島に将来何らかの施設をつくるための土地を残しておきたかったのですが、それは認められず、「移転跡地には阪大の施設は何も作りません。全部処分財源にします。」という約束をさせられたんです。

さらに、そういうことで話が進んでいたら、「跡地はすべて処分財源にしますという阪大の口約束だけでは駄目だ。誰が買うか買う相手を具体的に確定してこないと駄目だ」と言われたんです。

それで、順序からいうと大阪府と大阪市ということになるのですが、川（堂島川）の南側の医学部などの跡地は大阪市が買い取りたいということをわりに早くから表明していて、大阪市としてはそれで十分で、川の北側の附属病院の跡地は大阪市はいらないということでした。それで、附属病院の跡地を誰が買うかということを決めなければならないことになったのですが、順序としてまず大阪府に買いますかと話をしたら、「あそこはもともと府の土地で、今でも登記上は大阪府の所有になっている。そんなものを大金出して今さら大阪府が買う理由はない。いらなくなったのならただで返してもらって当然だ。」と言われたのです。我々は、何十年も国立の大阪大学が使ってきていた土地ですから当然国有財産（国の土地）だとばかり思っていましたので、「登記上は今も大阪府のものだ」と言われて本当にびっくりしました。

実際、調べてみますと、中之島のあの土地に阪大が附属病院をつくるにあたって、大阪府から阪大（当時の大阪帝国大学）に、つまり、国に地権を譲渡するというようなことを定めた正式の証書のようなものは何もなくて、あの場所を大阪帝国大学に提供するというようなことを府議会で了承した時の議事録が唯一の資料として残っているだけだったのです。そして、理由はよく分かりませんが、事務的な手抜かりだったのか、あるいはその頃はみんなおおらかだったのか、土地の登記の変更の手続きなどもされていなかったようなのです。だから、いらなくなったのならただで返してもらうのが当然だと府の方は言ったわけですね。

そんなことで、もし大阪府が本当に買ってくれないのであれば次の順位は関西電力か大阪ガスということになるわけですが、会社の規模から言えば関西電力のほうが断然大きいし、関電本社もすぐ近くの中之島にありましたから、まずは関西電力の意向を確かめることになりました。それで、山村総長が私に「あんたは電気系だから関西電力にも知った人がいるだろう。一度、関西電力に行って買ってくれないかどうか聞いてきてくれ」と言われたんです。

それで、私は関西電力の本社に行って、前から存じあげていた実力会長の芦原（義重）さんにお目にかかり、「阪大病院の移転跡地を関西電力さんで買っていただけませんでしょうか」とうかがったら、その場で「いただきましょう」と即答されました。そして、大阪府とはまだ話の決着がついていませんでしたから、「もし、大阪府が買うと言えば大阪府に売ることになりますし、府が例えば全部はいらないが半分は府が買うと言えば残り半分ということになりますがそれでもよろしいでしょうか」とうかがいますと、「結構です。その場合は半分いただきましょう。もし大阪府が全く買わないというのであれば関西電力だけで全部買わせていただきましょう」と言ってくださったんです。これもその場で即決でした。

すぐに帰ってそのことを山村総長に報告すると、山村先生はえらく喜ばれて、「じゃあ、正式に大学としてお願いに行こう」ということになって、私もお供をして山村総長とご一緒に関西電力の本社に行き、阪大医学部附属病院の移転跡地を関西電力に買っていただくということを正式に決めました。

そうしたら、大蔵省が、「口約束だけではなく、確かに関西電力が買うという一札を書いてもらって持ってこい」と言うんです。それで、「大阪府、大阪市が一部しか購入しない場合には残りを関西電力が購入する。府も市も全く買わない場合には関西電力が全部買い取る」という主旨の一札を関西電力さんに書いてもらって、それを文部省経由で大蔵省へ出したのです。こうして、やっと医学部と附属病院の吹田キャンパスへの移転事業に正式にゴーサインが出たわけです。

その頃は、吹田キャンパスに新しい医学部と附属病院の建物・施設などをつくる建築費や、移転に要する費用などを全部合わせて跡地の売却代とほぼとんとんだったのです。ところが、いよいよ工事が始まった頃から、バブル景気で土地代が急激に急騰しだして、当初、計画していた頃の十倍以上の値段にはね上ってしまったのです。

そのために、関西電力から「ああいう約束をしたけれど、今のこの値段ではとても買えないから、あの約束は破棄させてもらいたい」と文書で言ってきました。山村総長の後を受けて私が総長になっていた時です。しかし、いまさらそんなことを言われても、工事はすでに始まっていて、途中で止めるわけにもいかないし、どうしようもないので、仕方がないからこれは放っておけということにしましたが、あの文書はひょっとすると今でも本部の事務局のどこかの引出しの奥に残っているかもしれませんよ（笑）。まあ、結果としては文部省（現文部科学省）や大蔵省（現財務省）、地元大阪府や大阪市などが話し合って、結局、「慎重・公正な審査をしたうえで適切な希望者に分割譲渡する」ということで収まったからいいようなものの、そういうこともあって、一時はどうなることかと非常に心配したこともありました。

しかし、前にもお話ししたように、当時の附属病院長の川島（康生）先生などのご努力もあり、また文部省も非常に好意的で、世界的レベルの日本最高の附属病院をつくろうということで、当時の国立大学の附属病院としては破格の立派な病院が吹田キャンパスに出来上ったわけです。

本当に文部省もずいぶん応援してくれて、阪大病院の新築・移転が完了するまでの二、三年の間、文部省の文教施設費の大半が、毎年、大阪大学にもって行かれて、他の大学には全然まわって来ないと国立大学の事務局長会議の時などに阪大の事務局長がみんなから愚痴られたと言っていました。それぐらい文部省や大蔵省も全面的に応援してくれて、今の阪大病院ができたのです。

前にもちょっとお話ししたように、どの大学も大変手こずった大学紛争時に、学寮問題などの紛争処理で大阪大学がとった毅然とした対応が文部省や大蔵省などに非常に高く評価されていたようで、そのせいばかりかどうかはわかりませんけれども、その後、少なくとも私が総長在任中に私が直接体験した限りでは、文部省や大蔵省は大阪大学に対して極めて好意的であったような気がします。

実際、例えば私が総長に就任して最初の昭和六十一年度の政府予算では、我々が要求したすべての事項が事実上一〇〇パーセント認められ、そのおかげで、いま申しましたように、本学の長年の懸案であった中之島キャンパスの医学部・同附属病院、附属図書館中之島分館などの吹田キャンパスへの移転・新築などが実際に始められることになったのですが、それまで国立大学の医学部・附属病院の全面移転というのは全国的にも未だかつて前例がなく、阪大にとってはもちろんのこと、文部省にとっても歴史はじまって以来の大事業だったわけで、大きな決断と暖かいご支援をいただいたことを今でもとても有難く思っています。

さらに、この年の予算では、その他にも工学部の電子制御機械工学科や文学部の日本学科など、いずれも我が国の国立大学としては初めてのユニークな学科の新設や、新しい研究センターとして極限物質研究センターの創設をはじめ医学部動物実験施設の設置などもすべて認められ、当時のゼロシーリング、マイナスシーリングの続く厳しい財政状況の中で望外の幸せというよりほかありませんでした。これも事務局長をはじめ大勢のご関係の皆様方の非常なご努力のおかげであったことはもちろんですが、さらに基本的に、その背景として大きな力となったのは、大阪大学の日頃の学術研究活動や教育活動に加えて、大阪大学のしっかりした管理・運営の在り方が文部省や大蔵省などに高く評価されていたたまものであったのではないかという気がいたします。

大阪大学中之島センターの建設をめざして

熊谷　先ほど申し上げたように、大阪大学は中之島の医学部や同附属病院などの吹田キャンパスへの移転にあたって、移転跡地には阪大の施設は一切つくらず、すべて売却して新築・移転のための費用にあてますという約束を文部省や大蔵省と交わしていました。それで、それはあきらめていたんですが、一方、これも前にちょっとお話ししたように、私は山村総長に、大阪大学には東京の学士会館や一橋大学の如水会館、京都大学の楽友会館などのようなものがないので、大阪大学にもそういう同窓会館的なものがぜひ欲しいものだと申し上げていました。山村先生もその意見を聞き入れてくださって、阪大の創立五十周年記念事業が終わった翌年の昭和五十七年（一九八二年）六月に「阪大会館建設構想委員会」というのをつくって、将来のために検討することにされたんです。

そして、山村総長から私がその初代の委員長に指名されたので、私はいろいろな大学の会館を調べて回りました。大阪市立大学も大阪駅前第二ビルの中に会館を持っているというので、早速事務局の人たちと一緒に調べに行ったりしました。また、北海道大学のクラーク会館を調べるために札幌まで行き、その結果を部局長会議などでも報告しました。

建設構想委員会では、建設場所も財源もまだ何も決まっていませんでしたけれども、どのようなものにするかということで度々委員会を開き、皆で、阪大の同窓会館だから他の大学の同窓会館などにもけっしてひけをとらないような立派なものにしようと壮大な構想を話し合いました。立派な食堂や大きな宴会場などはもちろんのこと、卒業生が大阪に帰ってきたときなどに宿泊できるホテル施設も必要だろうとか、快適なラウンジやバーなどもつくろうというような話をして、とても楽しい委員会でした。そして、昭和五十八年一月には「阪大会館の基本構想について」という報告書をとりまとめましたが、そのうちに、山村総長が退任されて私は総長に就任したので、この阪大会館建設構想委員会の後継として新たに「阪大会館建設実行委員会」（後に中之島センター（仮称）建設委員会に改組）を設置して、近藤雅臣教授（現名誉教授）に委員長をお願いしました。

しかし、何といっても一番の問題は場所とお金をどうするかということでした。どんなに壮大な構想ができてもお金と場所がなければ話になりません。建設場所については、我々としては何とか大阪市内に阪大会館をつくりたい、それも、できれば大阪大学発祥の地である中之島の近辺につくりたいとかねてから願っていました。

その頃私は、大阪府と大阪市の総合計画審議会の会長をしていましたので、その関係もあって、大阪府や大阪市の知事・市長や役所の人たちとは大変親しくしていました。特に大阪市長を四期十六年間もお務めになり、名市長とうたわれた大島靖さん（故人）とは以前から大変懇意にさせていただいていて、私の次女の結婚式の時にも大島さんご夫妻にご媒酌人の労をおとりいただいたような仲でしたので、私は大島市長に改めて話をしてみたのです。

　そうしたら、川（堂島川）の南側の阪大医学部や本部のあった跡地を国から買い取ることになっていた大阪市は、「中之島地区は国際的な文化・学術・芸術のセンターにしたいと考えているので、大阪大学の同窓会館のような施設だったらつくってもらって結構です。」と言って、大阪市は会館を建てるのに必要な面積を阪大（国）に返してくれることになったのです。なかば諦めていた我々にとって本当に有難いことでした。そのおかげで、建物はまさに大阪大学発祥の地である中之島の阪大跡地に建てられることになったのです。

　こうして、阪大の同窓会館の建設場所としては幸いなことに、願ってもない理想的な場所を確保することができたのですが、次のもう一つの大問題は建設資金を調達することでした。それで大阪大学後援会（理事長　秋山喜久元関経連会長）の中に「中之島センター設立募金委員会」をつくることになり、私が募金委員長を拝命して、募金活動を始めました。これには経済界の皆様をはじめ、その後の歴代総長や各部局の教授方、大勢の卒業生の皆様方にも大変なご協力をいただきました。特に、三和銀行副頭取（当時）の山本信孝さん（阪大経済学部卒）やサントリー副社長（当時）の津田和明さん（阪大法学部卒）には副委員長として大変お世話になりました。

　しかし、募金活動で集まったお金だけでは、せいぜい三階建てか四階建てぐらいの会館しかできないことがわかりました。

　すると、その頃、文部省から思いもかけない話があって、「関東と関西に国公私立の大学が共同で使えるようなセンターをつくりたい。関東は東京工業大学の中に置くことにした。ついては、関西は大阪大学の中につくってはどうかと思うのだが、阪大は中之島に会館をつくるという話を聞いているので、それと一体でつくってはどうだろう」という打診が文部省から突然舞い込んで来たんです。

　それで、我々としては「それは大賛成です。ぜひそうしましょう」ということになって、阪大の中之島センターと、文部省が新しくつくる国公私立大学の共同研究や情報交流の拠点となるセンター（「キャンパス・イノベーションセンター」）とを合築することになり、建物はいっぺんに倍ぐらいの大きさになることになりました。

　さらに加えて、サントリーの佐治敬三さんのご遺族から、講演会や音楽会などもできる、ワンフロアを全部使ったホールを寄付したいという有難いお話がありました。それが今の佐治敬三メモリアルホールです。このホールを加えて合計十階建ての、最初の計画の倍以上のものが出来ることになったのです。そして、会館の名称も「大阪大学中之島センター」とすることも正式に決まりました。完成したのは私から三代後の宮原秀夫総長の時でしたが、最初の設計図を見るといろいろと気に入らない個所や不備な点がたくさんあって、例えば、真っ正面の正面玄関前は自転車置き場になっていて、車寄せもなく、その隣が大きいゴミ捨て場になっていたりして、出来上るまでには宮原総長と私とで何回も手直しをさせてもらいました。

こうして、昭和五十七年六月に設置された阪大会館建設構想委員会による基本構想の検討から始まって、実に二十二年の歳月を経て、やっと平成十六年（二〇〇四年）の四月に「知の燈台・中之島センター」として正式にオープンする運びとなったのです。その竣工記念式典で挨拶をした私は万感胸に迫る思いでした。

以上に申し上げたように、この大阪大学中之島センターが実現するまでには、歴代総長をはじめ大勢の教職員の皆様、卒業生や同窓会の方々、財界の皆様、そして文部省や大阪府、大阪市など各方面の方々から、大変なご協力と暖かいご支援をたまわったわけで、そのことを今後とも忘れてはならないと思います。そして、今では懐徳堂と適塾の流れをくむ大阪大学の発祥の地である大阪市内に唯一残る阪大の貴重な拠点として有効に活用されていくことを願っています。

医学部附属病院跡地の活用

熊谷　中之島の阪大医学部附属病院の跡地については、前にもお話ししたように、関西電力さんとのお話などいろいろなことがありましたが、大阪府と大阪市の総合計画審議会の会長をしていた私が新しく設置された「大阪大学医学部附属病院跡地利用構想検討委員会」の委員長も務めることになりました。大阪市の総合計画審議会では、先程も申しあげましたように、この中之島地区を国際色豊かな文化的ゾーンにするという基本方針を定めていましたが、実際に最初に話があったのが検察庁からで、当時天満にあった大阪高等検察庁などを中之島の阪大病院跡に移したいという話を持ってこられたのです。当時の土肥孝治検事総長がわざわざ私のところへお願いにみえたりしました。私は、はじめてこのお話をうかがった時には、いくらなんでも検察庁ではあまりにも国際的な文化ゾーンというイメージから遠すぎるのではないかという気がしたんですが、先方はそういう我々の基本方針についてはよく理解しておられて、「けっして周囲の景観を損なうような建物にはしない」、「国際的な国連関係の施設も入れたい」などとおっしゃいましたので結局私も賛成し、今の大阪高等検察庁などが入る中之島合同庁舎が出来上ったのです。

この合同庁舎は阪大病院の跡地に最初にできた建物でしたが、堂島川に面した南側には環境にマッチした池や庭園が作られており、建物も今でもあの周辺では一番美しい立派な建物で、本当によかったと思っています。つい先日も元検事総長の原田明夫さんにお会いしたのでそのお話をしたら、原田さんもよくその時のことを覚えておられて、あの時は移転を認めていただいて本当に有難かったとおっしゃったので、私も、いまだに検察庁の合同庁舎があの地域で一番立派な、きれいな建物で、我々も大変感謝していますと申し上げたところなんです。

　病院跡地の残り部分については、例えば阪大工学部の卒業生で、私と同じ通信工学科の、私より少し後輩なんですが、自分で事業をしている大川進一郎さんという、音楽の大好きな人が、私財をなげうってオペラハウスをつくりたいという話をもってこられたり、それをさらに三洋電機の井植（敏）社長（当時）が支援して世界最高級のオペラハウスにしようというような話もあったのですが、つくったあとの管理・運営などに大阪府や大阪市などの支援が期待できず、結局いずれも実現しませんでした。

　その後、病院跡地の西端に移転してきた朝日放送の渡辺（克信）社長（当時）は、やはり阪大工学部の通信工学科の卒業生で、私の講義を聴いてくれた教え子の宮原（秀夫）第十五代総長などと同級生なのですが、その渡辺社長が最初に見せてくれた図面を見ると、建物の川に面した部分は、窓もない広大な壁一面がべたっとコンクリートを塗っただけで、あまりにも景観性が悪いので、渡辺社長に何とかしてもらえないかと言ったら、あそこはちょうど内側が一番大きいスタジオになっていて、窓も何も作れない面なんだと言うんです。だけど、それでは困るので、花壇を作るとか何とか考えてくれと頼んだのですが、結局、市松模様の木目のようなものを張りつけてくれて、最初のべた一面のコンクリートの壁よりはかなりよくなりました。後で聞いたら、あの朝日放送の新社屋は有名な隈研吾さんの設計だったんだそうですけどね。

そういわれて改めて出来上ったものを見直してみますとなかなかしゃれた良い建物で、素人の私が失礼なことを言ったものだと申し訳ない気がします。

マンションを建てる話も出ましたので、私はマンションだけは絶対に駄目だ、あんな所に布団を干したり、洗濯物がぶら下がるようなマンションなんかをつくるのは絶対に反対だと言ったんですが、非常に高級な、例えば外国の総領事館の関係の人とか、外国商社の人なども住めるような立派なマンションにするからと言われましてね。それでも私は何とかやめさせようと思って、「あそこにあった阪大病院で、いままでに何百人、何千人もの患者が恨みをのんで死んでいったんだから、そんな病院の跡にマンションなんかつくったら、夜中に出るぞ」と言ったりしたんですけどね（笑）。

結局、マンションは建てられることになりましたが、その後、マンションの前には堂島リバーサイドフォーラムという多目的ホールなどもつくられて、あの地域には「ほたるまち」という名称もつけられ、その「まち開き」の行事なども行われて、私も建築家の安藤忠雄さんなんかと一緒に出席しましたが、「ほたるまち」という名称も定着せず、残念ながらまだ大勢の人が集まる賑いのある文化的なゾーンにはなっていないように思います。中之島にはすでに国立国際美術館や大阪市立科学館などもありますので、大阪大学中之島センターを中心に新しい美術館や舞台芸能ホールなどの文化施設が出来て、中之島地区が、最初にめざした通り、国際的な文化・芸術・学術の香り高い、そして人々が水辺の憩いを楽しめるような魅力ある地域になってほしいものだと思っています。

中之島の阪大講堂と松下会館について

熊谷　今ではご存じの方もだんだん少なくなってきていますが、中之島には大阪大学後援会の初代会長をしてくださっていた大阪商工会議所会頭の杉道助さんのご尽力で関西財界から新築・ご寄附いただいた大阪大学講堂と、松下電器産業株式会社（現パナソニック）の創業者の松下幸之助さんのご好意で新築・ご寄贈いただいた松下会館がありました。どちらも同じ昭和三十五年（一九六〇年）に出来上がり、松下会館には阪大の総長室や本部事務局が入り、大阪大学講堂では入学宣誓式や学位記授与式をはじめ大学の公開講座などいろいろな行事が行われていましたが、この二つはほぼ一体の形で隣接して同時につくられましたので、阪大講堂もまとめて通称「松下講堂」とよばれて親しまれてきました。平成二年（一九九〇年）に私の前任の総長であった山村雄一先生が亡くなった時にも、この講堂で私が葬儀委員長を務めて大学葬に準じた大学主催の告別式を執り行い、山村先生とお親しかった司馬遼太郎さんにお願いして弔辞を述べていただきました。

全学の教授が一堂に会して行われる総長選挙などもこの講堂で行われていました。そして、平成三年に私の任期満了に伴う次期総長候補者の選挙がこの講堂で行われ、金森順次郎教授（元理学部長、故人）が選出されましたが、それがこの講堂の最後の使い納めとなりました。

選挙が終わったあとの挨拶で、私は長い間お世話になってきたこの講堂も中之島キャンパスの吹田、豊中両地区への全面移転にともない今回が使い納めになるということを皆さんにお話しし、また、「全学の教授の皆様に私が総長として直接お礼を申し上げることができるのはこれが最後の機会ではないかと思うので、二期六年間の総長在任中に皆様方からたまわった暖かいご支援に心から感謝申し上げる」という旨のお礼の言葉を述べました。大きな拍手が鳴り止まなかったことに私は深く感動し、胸が一杯になったことを憶えています。

中之島地区から吹田、豊中両キャンパスへの移転がほぼ完了し、中之島にあった阪大講堂や松下会館も取り壊されることになりましたので、私は何とか本部のある吹田地区に新しい講堂がほしいと思い、松下幸之助さんのところにお願いにうかがったことがあります。その頃、ご高齢だった幸之助さんは守口にあった松下病院の最上階で暮らしておられましたが、私はそこへおうかがいして、「長い間お世話になってきた講堂と松下さんのお名前がなくなってしまうのはあまりにも残念なので、何とか新しい松下講堂を吹田キャンパスにつくっていただけないでしょうか」とお願いしました。

幸之助さんはだまって私の言うことを聴いてくださっていましたが、私が辞去する時にはわざわざ長い廊下を歩いてエレベーターのところまでお見送りくださって、最後に私がエレベーターに乗ろうとした時に私をだきかかえるように両肩に手をまわして顔を近づけ、私の耳もとで小さくささやかれたのです。私は「よっしゃ。わかりました。」と言ってくださるのかと思って思わず期待したのですが、幸之助さんはいつものように小さな声で、「今、会社つぶれかけてまんねん。」と言われたんです。それが幸之助さんのお断わりのお返事でした。その話をあとで松下電器の重役さん方にお話ししたら「えー、会長そんなこと言いましたか」と言って皆さん大笑いされました。

結局、私のお願いは叶いませんでしたが、大阪大学のみんなが長い間使わせていただいてきた中之島の阪大講堂や松下会館と、お世話になった杉道助さんや松下幸之助さんのお名前などが皆の記憶から忘れ去られていくのはとても残念な気がします。

講堂には長い間空調施設がなくて、夏にはとても暑くてみんな閉口していたのですが、ある時、私がそのことをとても親しくさせていただいていたダイキン工業社長（当時）の山田稔さんにお話ししたら、すぐに最高の空調設備を設置してくださって、その後は本当に助かりました。この空調設備は最後まで立派に働いていて壊すのはとてももったいないぐらいでしたが、今となってはこのことなどもご存じの方は私の他にはごく少数の関係者だけになってしまいましたので、山田稔さんやダイキン工業さんのご厚意などもぜひ記憶に止めておいていただきたいと思います。
大阪大学は創設当初から現在まで財界の方々の暖かいご支援をいただいて発展してまいりましたが、私が直接かかわったことだけでも、これまでお話ししてきましたように、そのおかげで吹田キャンパスの立派な正門も出来たし、大阪大学出版会をスタートさせることなども出来たのです。大阪大学に対する関西の財界、経済界のご厚意、ご支援は本当に厚いものがあったと今でも心から感謝しています。

大阪大学教職員懇親会の起源

阿部　その他にも大阪大学と関西の財界との関わりはございますでしょうか。

熊谷　それは他にもいっぱいあります。大阪大学が創設時から関西の財界、経済界の方々に大きなご支援をいただいてきたことはこれまでにも度々申し上げてきましたが、例えば毎年、初夏の頃または初秋に行われている大阪大学教職員懇親会（通称アサヒビールの会）も実はその一つなのです。

私が正田建次郎先生（第六代総長）から直接うかがった話では、この会は正田先生の前任の総長であった今村荒男先生（第五代総長）の時に始まったのだそうです。今村荒男先生は終戦翌年の昭和二十一年（一九四六年）から昭和二十九年まで八年間も阪大総長をお務めになった方なのですが、正田先生のお話によりますと、この今村荒男先生が総長の時に、日頃から親しくしておられたアサヒビール社長（当時）の山本為三郎さんに、「大阪大学には、残念ながらいまだに全学の教職員が一堂に会することができるような場所も機会もないんです」というようなことを話されたところ、山本社長が直ぐに、「では、そういう機会をつくりましょう」とおっしゃってくださって、アサヒビールの西宮工場（当時）の大きな倉庫の中で第一回目の懇親会を開いてくださったのがそもそものはじまりだったのだそうです。記録をたどりますと昭和二十五年の七月四日ということになっています。

その後、今日まで、昭和六十三年に昭和天皇のご不調で自粛した年以外は、毎年絶えることなく続けられ、今では学報にも掲載される大阪大学の大切な年中行事となっています。例えば大阪大学学報の第三号（昭和二十九年五月一日）の行事予定欄には「五月二十六日　教官懇親会三時　朝日麦酒吹田工場」という記事が書かれていますから、少なくともその頃には全学的な行事になっていたのですね。

私が参加するようになったのは私が阪大工学部の助教授となってカリフォルニア大学（バークレー）から帰ってきた翌年の昭和三十六年頃からだったと思いますが、その頃はアサヒビールの吹田工場の広々とした芝生の大きなお庭で初夏の頃に開かれていて実に快適でした。その後、工場建物の増設工事などがあって、一時、吹田市文化会館で行われていた時期がありましたが、吹田工場の建物が増えてそれまでの芝生のお庭も狭くなったので、今は吹田工場のゲストハウスの大ホールが会場となっています。それでも、やはり窓から見えるお庭の緑を眺めながら絞りたてのビールを存分に飲ませていただき、現役の皆さんやなつかしい昔の方々ともお会いしてみんなで歓談することのできるこの集いはまことに楽しいものです。全学の講師以上の全教員と事務局の課長補佐以上の全職員が名誉教授や事務局ＯＢの方々も含めて一堂に会する懇親会というのはいまだにこの会の他にはなく、大阪大学のような大きな規模の総合大学でこのような会合をもっているのは全国的にみても他にはちょっと例がないのではないかと思います。本当に有難いことです。

この通称「アサヒビールの会」には、毎回、大阪の有名な老舗料亭「つるや」の女将さん（出口和子さん）が女中さんや仲居さんたちを引き連れてお手伝いに来てくださっていて、出されるお料理も全部「つるや」さんからのものでした。女将さんは今はもう八十歳をこえておられますが、この会が始まったはじめの頃はまだ十代の初々しい独身の若女将で、阪大の若手の教員の中には「つるやの養子に行きたい」と言い出す者も出てきたという愉快な話もありました。山本為三郎さんはこの女将を若い時から大変可愛がっておられて、女将が結婚した時にはお仲人も務められたということでした。

アサヒビールは昭和二十四年に大日本麦酒から分離独立して朝日麦酒株式会社（現アサヒ

ビール株式会社）となり、その初代社長になられたのが山本為三郎さんだったのですが、一方、大阪大学が戦後の学制改革によって旧制の大阪大学（修業年限三年）から四年制の新制大学になったのも、たまたま同じく今村総長時代の昭和二十四年でした。そして、第一回の教職員懇親会（アサヒビールの会）が行われたのが翌年の昭和二十五年でしたから、新しく生まれたアサヒビール株式会社と新しく再発足した新制大阪大学が共に誕生したすぐ翌年からこの会が始まったことになるわけで、これも不思議なご縁ですね。以来、今日まで六十年以上にわたって連綿と続いてきているのです。

山本為三郎さんにはこの教職員懇親会で大変お世話になっただけではありません。山本さんには今村総長の時代から大阪大学後援会の会長にもなっていただいていましたし、阪大の吹田キャンパスへの移転については吹田キャンパスの用地取得に関して絶大なお力添えをいただいた大恩があるのです。実際、山本為三郎さんは関西財界の大立者として戦後の産業・経済の発展に主導的な役割を果たされただけではなく、学界や文化・芸術の分野にまで深い理解を示され、その支援に力を尽くされた方だったのです。

昭和四十一年に山本さんが亡くなられた時、当時の阪大総長だった赤堀四郎先生（第七代総長）は、追悼の辞で「一人の産業人の死を、学界人がこれほど深く悲しんだことは、いまだかつてなかったことであろう」と述べ、「山本さんが大阪大学にとって大恩人であることは、いまさらいう必要もないことであるが、特に、吹田千里山に大学の新用地を求めるについては、当初から親身のご尽力をいただいた。そのおかげで今年から移転統合の計画が実現される運びとなった。また、毎年六月ごろ、阪大の教職員の講師以上のものが、アサヒビールの吹田工場か西宮工場へ御招待をいただいて、ビールを飲めるだけ飲ませてもらいながら、全学の楽しい懇親会を開いたことは、阪大に勤めた人間にとっては忘れ得ぬ想い出である」と感謝の言葉を捧げておられます（山本為三郎翁傳編纂委員会編『山本為三郎翁傳』朝日麦酒株式会社、一九七〇年）。

また、初代の基礎工学部長をお務めになった正田建次郎先生（第六代総長）も『山本為三郎翁傳』のなかで、「大阪大学に基礎工学部を作るときにも、例によって山本さんにいろいろ御助力いただきました」とお礼の言葉を述べ、「毎年春には講師以上の教職員全員を吹田か西宮の工場に招待されるのが恒例になっていました。それを招待といわず会費二百円の懇親会ということにしているところにも山本さんの深い心情がうかがえます。山本さんとはそういう面をもった方でした。有難いことです。」と感謝の気持ちを述べておられます。

前にもお話ししたように、アサヒビールさんには大阪大学出版会をつくる時にも当時の樋口廣太郎社長から三億円という多額の基金を頂戴して全面的な御援助をたまわっていましたので、私も教職員懇親会（アサヒビールの会）で挨拶する時には、よく皆さんにそのこともお話しして、「阪大の者はアサヒビールを少なくとも三億円分は飲まねばならぬ」と言っています。

以上のように、阪大出版会の設立で樋口廣太郎社長に大変お世話になっただけではなく、初代社長の山本為三郎さんにも、今に続く教職員懇親会をはじめ阪大の吹田への移転などでいろいろなご支援をいただいてきたことを後世の方々にもお伝えしておきたいと思います。

第六章　大阪大学外での活動

国立大学協会の思い出

阿部　前回までに、熊谷先生の大阪大学総長時代の大阪大学に直接かかわる大事なお仕事についてお話しいただきましたが、今日はそれをまず補足していただいた上で、時期的にはその頃と重なりますが、大阪大学でのご活動をやや離れまして、一つは国大協（国立大学協会）、もう一つは「けいはんな学研都市」にかかわるお仕事についてお話しいただくことから始めさせていただきたいと思います。

熊谷　大阪大学に在籍していた間は総長時代を含めて、いろいろな学内の委員会の委員や委員長を拝命していましたが、阪大時代の学内の委員会の思い出の中で特に印象的なのは二つございまして、一つは前にもお話しした大学紛争中の学生生活委員会の委員と、その中の学寮小委員会の委員を務めていたことです。これは、たぶんそれが遠因になったのではないかと思いますが、後に学生部長を拝命することにつながりました。もう一つは、これも前にちょっとお話しした長期計画委員会というキャンパスの整備や植樹、緑化など、将来のためのキャンパスのあり方を長期的視野から検討する委員会で、この二つの委員会は私にとって特に思い出深い委員会でした。

長期計画委員会については大久保（昌一）先生（元阪大法学部長、故人）や小泉（進）先生（元阪大経済学部長、名誉教授）などからもお話をお聞きくださったそうで大変嬉しく思っているのですが、そういう学内の委員会の他にも、先生がおっしゃるとおり長年学外のいろいろな関係の仕事もやってきました。

阿部　国立大学協会（国大協）の副会長、それから入試改善特別委員会の委員長をお務めになっておられますが、この国大協についてはいかがでしょうか。

熊谷　国立大学協会というのは戦後の学制改革によって昭和二十四年（一九四九年）に七つの旧帝大（旧帝国大学）を含むすべての大学が新制大学になったのを受けて、翌昭和二十五年に当時の全国立大学七十校を構成員として設けられたものなのですが、この国立大学協会は各大学の学長が構成員なのではなく、大学が構成員なんです。ですから、例えば会長、副会長の選挙などの時にも、学長の個人名ではなくて大学名を書くんですね。そういう性格の協会で、会長は、若干例外はありましたが、慣例として東大の総長が会長を務め、副会長は二人で、そのうち一人は旧七帝大から一人、通常は京大総長で、もう一人は旧七帝大以外の国立大学長から一人の計二人の副会長でやってきていました。私が国大協に出席するようになった時（昭和六十年）の会長は東大総長の森亘先生で、旧七帝大からの副会長は京大総長の沢田敏男先生でしたが、その後まもなく沢田先生が京大総長を退任されて、後任の西島安則京大総長が副会長に就任されました。余談になりますが、前にもちょっと申しましたように、私はその頃、国大協では一番年少（五十六歳）の学長だったのですが、後に兵庫県立大学長を終わって公立大学協会（公大協）を退任した時（平成二十二年）には、逆に公立大学長の中では最年長（八十一歳）の学長になっていました。

国大協に初めて参加した時には、私はまだそういう若輩だったのですが、ちょうどその頃、国大協の中に入試改善特別委員会というのができて、国立大学の入学試験制度を抜本的に見直す検討が始まっており、私はその入試改善特別委員会の委員を命じられました。委員長は副会長の西島京大総長が務めておられました。

戦後、新制大学が発足して以来ずっと続けられてきた国立大学の入試制度では、全国立大学を「一期校」と「二期校」とに分けて、一期校の入学試験と二期校の入学試験とをそれぞれ別々に分けてやっていたのですが、このいわゆる「一期校・二期校制」にはいろいろな問題がありました。

中でも大きな問題の一つは、旧帝大は全部一期校になっていたことで、その他にも二期校のグループには法学部が全くないというような大きな偏りがあって、社会的にも一期校は一流大学で、二期校は二流大学というような非常に好ましくない印象が一般にあったりしたことでした。

それで、昭和五十四年度の入試から「一期校・二期校制」を廃止して入試期日を一元化したのですが、そうすると今度は受験機会が一回限りになったことから、受験生は何とか確実に合格するために、「入りたい大学より入れる大学」を選んで受験する傾向が現れ、その結果、大学間の序列化が進んだり、受験生の多い有名大学の中には当時の「共通第一次学力試験」の成績がある程度以上の者しか受験させない、いわゆる「足切り」とよばれる方法をとる大学がでてきたりして、せっかく合格して入学しても、あまり気の進まない大学だったのでは勉学に意欲がわかないというようなことが問題視されるようになりました。これらの状況をふまえて、国立大学協会では昭和五十八年に「入試改善特別委員会」を設置して入学者選抜方式の抜本的な改善をはかることになったのです。

入試改善特別委員会では「共通第一次学力試験」の受験教科・科目を五教科・七科目から五教科・五科目に減らして国立大学への受験生の負担を軽減するとともに、受験生の受験機会を増やすために、各大学・学部毎に行う「第二次試験」の日程を「A日程」と「B日程」の二つに分け、各大学・学部はそれぞれの判断でそのいずれかの日程で入試を行い、受験生はその両方の日程の試験を受けることができ、入学手続きは両日程の試験の合否発表を見たうえで行うことができるようにしました。

ところが、今度は、成績の良い受験生がA日程とB日程の二つの大学を受験してその両方に合格し、合格者の大多数の者が一方の特定の大学に入学手続きを行うというような不合理なことが起こり、大学側ではすべての大学の入学手続きが終わるまで実際の入学者数をつかむことができず、いわゆる「割増し合格」をしたり、いったん不合格とした者を改めて「追加合格」としなければならないようなことになるなど、大学と受験生の双方にとって甚だ好ましくない事態が起ってきました。例えば、別日程の東大と京大の両方を受けて両方とも合格した者はそのほとんどが東京大学の方へ行ってしまって、京都大学では大問題になりました。

これらの問題点を解決するために、各大学が行う第二次試験をA日程とB日程の二つに「分離」して行う方式に加えて、新しくそれぞれの日程を「前期日程」と「後期日程」の二つに分け、各大学・学部はその入学定員を前期日程と後期日程のそれぞれに適当に「分割」して、まず前期日程の試験と合格発表、入学手続きまでを行い、それらが全部終ってから、後期日程の試験、合格発表、入学手続きを「分離」して行う「分離分割方式」を併せて行うことにしました。この「分離分割方式」では、前期日程試験に合格しても所定の期日までに入学手続きを完了しない者はその権利を失うこととし、また前期日程試験に合格して入学手続きを終った者は別の大学の後期日程試験を受けることはできず、かりに受験してもその合格者にはなれないことにしていました。

このような「分離分割方式」によれば、先程申し上げたような問題点をほとんどすべて解消することができる他、受験生は自分がぜひ入学して学びたいと思う大学・学部の前期日程試験と後期日程試験の両方に出願し、もし前期日程試験で合格できなかった場合でも、もう一度後期日程試験に再チャレンジする機会が与えられることになり、これこそ受験機会を複数化する本来の主旨に沿うものであると考えられたわけです。ですから、試験の内容についても、例えば前期日程試験では通常の学力試験を行い、後期日程試験では通常の学力試験以外の面接その他のいろいろな方法によって再チャレンジしてきた受験生を別の角度や異なった視点から再評価するような試験内容とすることが推奨されました。こうして、その後しばらくの間はA日程かB日程のいずれかで入試を行う大学と、「分離分割方式」をとる大学とが各大学の判断によって併存していましたが、次第に「分離分割方式」をとる大学が増えていき、結局この「分離分割方式」が全国立大学の入試方式として定着していくことになったのです。

しかし、この「分離分割方式」を導入しようとした当初はその主旨が十分理解されず、大阪大学でも特に教養部や理学部の先生方には語学や理科や数学などの入試科目を担当する教官が多く、毎年、入学試験問題を作るのに複数の教官が一年以上かけて、大変な苦労をして作り、その採点もしなければならないのに、それを毎年二回もやらされたのではたまったものではないといって大反対の声があがりました。

それで、私は理学部や教養部の先生方の集まりに呼ばれて説明に行ったことがあるんです。そして、国立大学協会の入試改善特別委員会で考えている分離分割方式というのは同じような従来型の学科試験を二度行うことではなくて、どうしてもこの大学のこの学部に行きたいという学生がいる場合などに、例えば前期の試験で従来通りの学科試験を受けて仮に不合格となっても、同じ大学・学部の後期の選抜試験をもう一度受けることが出来、かつその後期試験は前期の試験とは全く違う視点から、例えば面接をしたり論文を書いてもらったりして、その学生の素質や資質をみたり、なぜこの大学・学部で勉強したいと思うのかなど、志望する理由やその熱意、特技などを聞いたりして、従来の学科試験だけではなく、全く別の視点から入学希望者を見て、選抜することが出来るようにするという趣旨なんだということを説明したら、「そういうことならよく分かった」といって、いっぺんに了解してもらえました。

実は、総長になった時、私はいろいろな人から「理学部は、うるさいことをいう人が多いから注意しろよ」とか、「理学部の連中はみんな議論がしつこくて手こずるぞ」などと言われていたんですが、いまのことも含めて私の経験から言いますと、きちんと分かるように説明して、

「なるほど、そういうことか。分かった」と理解されたら、それで完全に終わるんですね。非常に単純明快というか、扱いにくいと思ったことは私の経験では一度もありませんでした。議論が一発で終わるので非常にはっきりしていて、私のように自分も単純な人間からすると、かえってつき合いやすいというか、対応しやすい人たちだと思いましたね。

実は、この国大協の入試制度改革のことでは今でも胸が痛む思い出があるんです。それは、先程お話しした、各大学の入学試験をA日程グループとB日程グループに分けて行い、受験生はそれぞれのグループの中から受けたいと思う大学を選んで受験し、両日程の合否の結果をみてから行きたい大学を決めることができるという方式にした時、京都大学では先生方が東京大学と同じ日程のグループに入って、受験生が両大学を二つとも受験することができないようにすることを強く主張されたのです。しかし、それではこれまでの一期校・二期校制の弊害の再来だということで、国大協の中では、私も含めて入試改善特別委員会の委員全員が東大と京大は受験生がどちらも受験できるように別日程のグループに入るべきであるということを強く要請しました。

当時、京大の総長は西島安則先生で、西島総長は同時に国大協の副会長と入試改善特別委員会の委員長も務めておられましたので、西島先生は自分の大学の京大と国大協との板ばさみになって、非常につらい思いをなさったのです。そして、結局、東大と京大はそれぞれ別の日程に分かれて入試を行うことになったのですが、その結果、先程申し上げたように、両方の大学に合格した受験生は、我々にも予想外でしたが、そのほとんどが東大の方に行ってしまい、京大は面子をつぶされ、西島総長は京大の先生方から強い非難を浴びられたのです。西島先生には本当にお気の毒でした。

入試をめぐってそのような混乱があった頃、ちょうど国大協では役員の任期が満了となって、二年に一度の会長・副会長などの改選が行われました。そして、会長には慣例通りそれまでの森亘東大総長が再選されたのですが、副会長の選挙では、思いもかけず、それまでの西島京大総長の再選ではなく、私が選ばれてしまったんです。本当に異例のことでした。それまでの慣例では、会長、副会長を務めている人が学長に在任中は、格別の理由がない限り、再選されることになっていましたので、これは私にとって全く予想外のことでした。そして、西島先生は同時に入試改善特別委員会の委員長も退任されて、代って私が委員長に指名されることになりました。そういう次第で、私はその後、阪大総長を退任するまで、四年間、国大協の副会長と入試改善特別委員会の委員長を務めることになったのです。

このような事態になったことには私も憮然としましたが、本当に西島先生にはお気の毒でした。新聞は第一面で「西島京大総長落第」というような失礼な見出しで、入学試験のことでも改めて西島総長が国大協の副会長を「落第」したというような記事を書き立てました。当時、国立大学の入試制度をめぐっては、日本の国立大学始まって以来の大改革ということで社会的にも大きな注目を集めており、マスコミも非常に大きな関心を持っていて、連日のように詳しく報道してくれていたのはよいのですが、その結果、新聞にそんな記事が載ったりして、西島先生には本当にお気の毒なことだったと、その後もずっと思っていました。先日、西島先生が亡くなられて、また改めて、そのことを思い出したりしていたんです。

大学における入学者の選抜というのは、単に入学定員の数までの合格者をきめるというだけのものではなく、それぞれの大学・学部の教育・研究の理念や特色などからみて最もふさわしい入学者を見出し、それらの人材を育てていくための出発点となるものであって、大学がその本来の使命を果たしていくうえで最も重要な基本的業務の一つなのですが、しかし、どのような制度でも、それを実際に運用・実施した場合には必ず何らかの問題点が発生します。そして、その問題点を改善するために制度の手直しを行うと、必ず今度はその「改善された」新しい制度に付随する別の新たな問題点が派生してきます。ですから、大学入試のあり方が小学校や中学・高校の教育にまで大きな影響を与えることなども考えますと、大学入試制度の問題は今後とも常に絶えまなく慎重な検討・見直しと工夫・改善の努力を続けていく必要があると思います。

以上のようなことも含めて、戦後の（新制）国立大学の入試制度の変遷については『国立大学協会五十年史』（国立大学協会五十周年記念行事準備委員会編、国立大学協会発行、二〇〇〇年）に私が国大協から依頼を受けて執筆した「入学者選抜制度の変遷について」という特別寄稿でかなり詳しく書いておきましたが、私が委員長を務めていた時の入試改善特別委員会の委員は、委員長の私の他、天野郁夫東大教授、松井榮一京都教育大学教授、細川藤次神戸大学教授、元木健大阪大学教授（いずれも当時、現名誉教授）の四人の先生方で、ほとんど毎週のように東京に集って夜遅くまで真剣に議論し、検討を重ねました。また、当時、大阪大学学生部の入試課専門職員だった藤原賢二さん（後、大阪外国語大学学生部長）には毎回随行してもらい、幹事役、書記役等として大変お世話になりました。

国立大学の入試制度というのは高等学校の先生方や受験生たちにとってはもちろんのこと、国立大学の入試制度に大きな影響を受ける私立大学をはじめ、受験生の親御さんたちを含む世間一般やマスコミなどの関心も非常に高く、先程も申しましたように新聞などでも連日のようにとり上げられて、「あまりにも複雑過ぎる」とか、「分かりにくい」というような強い批判などもあって、大変厳しい目が注がれていました。

一方、国立大学の方にも、一つの大学の中ですらいろいろな意見や考え方があるうえに、旧七帝大などのような大規模な総合大学から地方の単科大学までその規模や性格はさまざまで、それぞれに伝統や独自の理念・目的などがあり、しかも入試制度というのは各大学にとってその将来の発展に直結する極めて重要な問題ですから、各大学にそれぞれの事情や言い分があり、当時九十九大学あった国立大学の入試制度を国大協として一つにまとめるというのは実は並大抵のことではありませんでした。

そのような大変緊迫した厳しい状況の中で、私が二期四年間にわたって国大協の副会長と入試改善特別委員会の委員長という大役を何とか務め終えることができたのは、すべて、熱心にご尽力くださった四人の委員の先生方のおかげであって、本当に感謝の言葉もありません。また、森亘会長や、その次の有馬朗人会長をはじめ各大学の学長先生方も皆さん極めて良識的、協力的で、国大協として一つの案にまとめるためにそれぞれのお立場で大変ご努力くださって、そのおかげで学長間の対立で困ったというようなことも一度も経験することなく、気持ち良く務めを果たすことができたこともとても有難いことでした。

国立大学協会については他にもいろいろな思い出がありますけれども、私にとって特に印象深いのはやはり副会長・入試改善特別委員会委員長として大学入試制度の改革に取り組んだことですね。

阿部　その他にも国立大学協会に関連して何か特に印象に残っているようなことはございませんでしょうか。

熊谷　そうですね。そういえば、国大協（国立大学協会）の総会には毎回必ず時の文部大臣（現文部科学大臣）が出席されてご挨拶をなさる慣例になっていたのですが、私が国大協に参加するようになって五年四ヶ月ほどたった平成二年（一九九〇年）十二月に内閣改造があって、主要な閣僚は留任させるということで、大蔵大臣（現財務大臣）や外務大臣などは留任しましたが、文部大臣は近年の我が国では「主要な閣僚」には入れられていないようで、その時も当然のごとく交代させられました。

それで、私が総長に就任して国大協に参加するようになってから五年四ヶ月の間におつき合いをした文部大臣の数はついに九人となりました。五年四ヶ月で九人ということは一人平均約七ヶ月の在任期間ということになります。我が国の教育や学術研究に関する最高責任者である文部大臣の平均在任期間はわずか半年少々ということになるわけです。しかも、その九人の文部大臣のほとんどの方は初めて大臣になったという新人ばかりでした。

ご存知のように、恒例の新内閣の記念撮影では、内閣総理大臣が最前列の中央に立ち、「偉い閣僚」から順番にその左右、後列へと並びます。最近の文部大臣（現文部科学大臣）はいつも後ろの方で、顔だけが辛うじて見える程度の扱いとなっていることは皆様よくご承知の通りです。ちなみに、明治時代には内閣総理大臣の両側は法務大臣と文部大臣ということに定まっていたということです。実際、明治時代の歴代文部大臣の顔ぶれをみてみますと、文部卿とよばれていた明治初期の木戸孝允（桂小五郎）や西郷従道からはじまり、森有礼、大山巌、榎本武揚、井上毅、西園寺公望（三回）、尾崎行雄、犬養毅（二回）、児玉源太郎、桂太郎、牧野伸顕（二回）等々、元勲、長老、内閣総理大臣経験者などの超大物がずらりと並んで重きをなしています。

なお、ついでに申しますと、先ほどの九人の文部大臣はすべて私立大学その他の出身者ばかりで、私の総長在任中、国立大学を卒業した文部大臣にはついにただの一度もお目にかかりませんでした。出身大学のことは偶然の結果であると考えるにしても、ほとんどの文部大臣が初入閣の新人ばかりで、しかもその平均在任期間はわずか半年少々であったというようなことも含めて、我が国の政治の世界における教育や学術研究に対する認識について考え込まされる思いがしたことを思い出します。

当時、総務庁統計局が定期的に出していた「事業所統計調査報告」という政府刊行物がありました。これは、我が国のすべての業種を網羅し、それを分類して、あらゆる角度から統計調査を行っている極めて重要な政府の基本的資料なのですが、その中で学術研究機関および学校・教育はどういう分類に入っていたかといいますと、「サービス業」という分類に入っていたのです。大学を含む教育機関や学術研究機関は、旅館、ホテル、理容業、美容業、公衆浴場、映画館、マージャンクラブ、パチンコホールなどと並んで「サービス業」という分類に入れられていたのです。これは単なる分類の仕方で、行政府にはそれなりの考え方や理由もあったのかもしれませんが、私は何とも腑に落ちない気持ちがしてなりませんでした。

これらのことがある意味で象徴的に示しているように、我が国では大学や学術の研究、教育、さらには広く文化・芸術というようなものが、政治や行政の世界で果たして本当に理解されているのであろうかという疑念を拭いきれない思いをしたことを憶えています。

実際、その結果というべきでしょうか、我が国の高等教育と学術研究、さらには新しい科学技術や文化の創出に責任を負うべき大学は、当時、まさに危機的状況に陥っていたのです。

その危機の内容というのは具体的にはいかなるものだったのかといいますと、要するに「お金が足りない」というまことにお粗末な話でした。先立つものが無ければ話は始まらないといいますが、まさにその通りで、お金が無いばっかりに、大学の教育・研究活動が停滞して、前に進まなくなってしまっているばかりではなく、重大な支障が生じたり、嘆かわしい状態に陥ったりしていたのです。

例えば、昭和五十七年度から始まった政府の概算要求のゼロ・シーリング、さらに五十八年度からのマイナス・シーリングのもとで、文教予算の総額にも枠がはめられたまま、平成三年度にはついに文部省一般会計予算の七八・五%が人件費で占められる結果となり、人件費以外のあらゆる費目は残りのわずか二一・五%の物件費によってすべてまかなわざるを得ない状況に立ち至っていました。当時の国立大学の予算に直接かかわる国立学校特別会計における文教施設費にいたっては、物価上昇などもあわせ考えますと、その直近の十年間ぐらいの間に実に約半分近くにも減ってしまっていたのです。その結果、国立大学では雨漏りすら満足に直せないというような惨憺たる状況に陥っていました。

建物や施設の問題だけではなく、公務員の定員削減が助手などの教育・研究職員にも及んでどんどん減っていき、教育・研究の支援体制も年々弱体化してきていました。また、科学技術に関する研究開発費の国の負担割合が先進諸国の中でも格段に劣っている状況は容易に改善されないばかりか、むしろ悪くなる方向に進む気配すらみられました。

そのような当時の国立大学の窮状については、森（亘）先生のあとを受けて東大総長になられ、国大協の会長を受け継がれた有馬朗人先生が、ご著書『大学貧乏物語』（東京大学出版会、一九九六年）の中で具体的にいろいろな数値まであげながら詳しく書いておられます。有馬朗人先生は文化勲章なども受けられた原子核物理学の世界的権威で、東大総長のあと文部大臣や科学技術庁長官なども務められ、俳人としても有名なとても愉快な方で、先生が国大協の会長時代には副会長だった私と一緒に国大協の会長、副会長として互いに苦労を共にした仲でもあり、この本の中には私の名前も出てきますが、有馬先生はその『大学貧乏物語』という本の中で当時の国立大学の悲惨な「貧乏」状態をいろいろと具体的に述べておられます。例えば、「施設が老朽化してもそれを改修したり改築することがほとんど行えず、美観がそこなわれるどころか壁が落ちたり雨漏りがするような施設が急増している」とか、「うっかりガラス窓を拭こうものならば、窓枠といっしょに外に落っこってしまうというような事態さえ起っている」、等々とそのひどい惨状を慨嘆し、「決して華美な建物を望んでいるのではない。質素でよい。また、新しくなくてもよい。ただ雨漏りがしたり、押せば落ちそうな窓枠、汚れたガラスに壁ぐらいは修理し、きれいにしたい」とその改善を切々と訴えておられます。

実際、その頃、日本の国立大学の中では最も立派であるとされている東京大学を訪れたニューヨーク州立大学のヤン教授（ノーベル物理学賞受賞者）が、その施設・設備のお粗末なことに驚いて、「アメリカの三流大学にも劣る」と言ったということが新聞（『日本経済新聞』平成元年九月十一日付朝刊）で報じられたようなこともありました。

少し話がそれますが、前にお話しした豊中キャンパスの中山池（愛称叫ヶ池）を阪大の用地として国に買ってもらったのは、まさにそのような、東大ですら雨漏りも満足に直せないような惨憺たる状態にあった時だったわけで、そんな時期によくもまあ池を買うためだけに二十億円近い大金を出してくれたものだと改めて感嘆します。奇跡的だったとしか言えませんね。

話を元に戻しますと、国立大学がそのような悲惨な状況にあった一方、世の中はいわゆるバブル景気の到来で好況に浮かれていたのです。その頃、ある会合で、さる自民党衆議院議員の大蔵政務次官（当時）と同席した際に、私は国立大学の現在のひどい窮状を述べて、その改善を訴え、「今や世界第二の経済大国といわれている日本の国立大学がこのような状況にあるというのは政治が悪いという他はない」と言ったところ、その大蔵政務次官は憤然として、「国立大学がお金に困っているというような話は今まで聞いたこともなかった。要求なきところに予算なしというのは財政の根本原則である。もし大学がそのような状況になっているというのなら、それはあなた方大学人自身の責任である。」と言われたことがあります。

たしかに、言われてみれば、このような事態を招いたことについては、我々国立大学の側にも色々な意味で責任があるのではないかという気がしました。中でも、政府や政党をはじめ各界の理解と支援を求める積極的な努力をほとんど何もしてこなかった責任は特に大きいと思いました。政治家を含めて、大学以外の社会一般の人々が、国立大学のそのような切羽つまった窮状について知らされる機会がなかったとすれば、それは我々国立大学自身の怠慢ではないかと思ったわけです。

我が国における高等教育や教育制度、教育政策などに関する教育社会学の第一人者である天野郁夫東京大学教授（当時、現名誉教授）がそのご著書『大学―試練の時代』（東京大学出版会、一九八八年）の中で、「我が国の大学の原点は、あらゆる意味で「貧しさ」であり、それが今も続いている。大学はその国や社会の「本当の意味」での「ゆたかさ」の象徴である。経済大国といわれるようになったいま、この機会をのがしたら、私たちは、もはや日本の大学の原点としての「貧しさ」から脱却することはできないのではないか。」（同著第一章の一部）と述べておられることにも私は触発されました。天野先生は、先程申し上げたように、国大協の入試改善特別委員会の委員として大変お世話になった方でもあります。

そのようなこともあって、私は平成二年六月の国立大学協会総会において、「我が国の国立大学の劣悪な教育・研究環境を改善するために我々も立ち上がって闘うべきである。みんなでムシロ旗でも何でもおっ立てて文部省の正面玄関にすわり込みでも何でもしようではないか」と奮起を促しました。この呼びかけには有馬会長はじめ全学長が賛同され、そのせいかどうかはわかりませんが、有馬会長を先頭に国大協の各学長先生方もそれぞれに力を尽くされるようになりました。有馬先生が先程申し上げた『大学貧乏物語』を書いて世に問われたのもその一つだったのではないかと思います。

そのような大勢の方々のご努力の結果、事態は徐々に改善の方向に向かって動き始めました。中でも特筆すべきことは、平成七年十一月に、世界的にも他にあまり類例をみない「科学技術基本法」という画期的な法律が成立したことでした。この法律は我が国における科学技術の研究・開発に関して政府がとるべき施策や予算等について国の責任を厳しく定めたもので、これについてはまた詳しくお話ししたいと思いますが、この法律が出来たおかげで、少なくとも科学技術分野に関する限り、大学の研究環境も大きく改善されました。

ただ、国立大学が平成十六年に法人化されて以降、「お金が欲しければ自分で稼げ」と言わんばかりの風潮が現れて、再び教職員の定員削減が進められるとともに、大学への国からの予算（運営費交付金）が年々減らされつつある最近の傾向にはまことに憂慮に堪えない思いがいたします。

真に社会に役立つ大学とは

阿部　「大学とは何か」ということが未だ十分に理解されていないということでしょうか。

熊谷　そういうことだと思いますね。例えば理論物理学や数学などの基礎科学分野や、哲学など多くの文系の学術分野などでは、そもそも基本的に「自分で稼ぐ」すべがありません。しかも、これらの分野こそ大学でしか取り組むことのできない重要な研究分野なのであって、人文・社会科学系までを含む基礎的、基盤的な学問分野の進歩・発展がなければ、新しい文化を生み出したり、革新的な新技術を創出したりするためのいとぐちや原動力が無くなって、結局、世界から敬愛されるような真の意味での豊かな国や社会の実現は望めなくなるということをよく認識しなければならないと思います。

産学連携について申しますと、本来、協力というのは、異質のものがそれぞれの長短や得手・不得手を互いに補完し合うことによってはじめて実質的な効果が得られるものなのです。産学連携の場合も全く同様です。企業で行う事業は、研究・開発も含めて、すべて、最終的に何らかの形で利潤につながるものであることが求められます。これに対して大学は、利潤にも採算にも納期などにもとらわれず、いつ、どこで、何の役に立つか当面は全く見当もつかないような、従って企業では原則として行うことができないような基礎的、先駆的、基盤的な研究に全力を傾注する責務を負っています。そして、その役割を果たすことによって、はじめて大学は社会や産業界に対して、さらにひいては世界・人類に対して「大学ならではなし得ない貢献」を行うことができるようになるのです。

大学は企業の「駆け込み寺」としての役割も果たさなければなりませんが、そのためにも、大学は常に最新、最高の知的源泉でなければならないのです。例えば、世界のどこかで、突然、全く新しい技術分野の萌芽が現れ、しかも日本の産業界には未だその分野に関する十分な知識や経験がないような場合に、大学に行けば適切な最新、最高の知見や支援が得られる、というような関係が本来望ましい産学連携の姿であると言うことができるからです。

それに対して、大学が研究費の乏しさに背に腹をかえられず、「自分で稼ぐ」ために、企業が当面必要としているような仕事を大学がそのまま「内職的」あるいは「アルバイト的」に手伝うというような形の「産学連携」は好ましくありません。それでは、結局、企業の数が増えたのと同じ効果しか期待できず、大学本来の存在意義もなくなって、真の意味での産学連携の実が得られなくなってしまうからです。大学と企業とが、常に同じフェーズで、同じような仕事をすることは、結局、全体的にみて得策ではなく、国際競争力の向上などにもつながらないことになるのです。

ただ、同時に、よく理解していなければならないのは、原理的、学理的な新しい発見やアイデアと、その応用、実用化との間には千里の道のりがあるということです。そして、その苦難の道のりを乗り越えていくためには大変な努力と創意、工夫が必要で、それに全力を尽くすのが企業や産業界の役割なのですが、これを大学等における学術的な基礎研究よりも低くみることは大きな間違いなのです。実際、応用、実用化のための大きな努力や創意、工夫がなければ、どんなに優れた原理やアイデアでも結局は何の役にも立たないただの夢物語に終わってしまうことになるからです。企業は大学で行われている基礎的・先駆的な研究の成果を新しい応用・実用化のシーズとして常に注目し、また、大学は社会のニーズをよく認識して、自らの研究成果が社会に役立つ途はないかということを常に意識していることも必要です。

一方、最先端の新しい課題について産業界と大学とが共同で取り組むことが双方にとって有効な場合ももちろんよくあります。私自身の経験として一、二の例を申しますと、例えば次世代の通信方式としてそれまで全く未開拓の領域であったミリ波を用いたミリ波通信に関する研究をしていた頃、私の考案した、ミリ波伝送系に不可欠の新しい回路素子の試作などを住友電工（住友電気工業株式会社）にお願いして作っていただいたり、ミリ波通信に大きな関心をもっておられた同社の研究開発部門の方々と頻繁に検討会を開いて、我々の新しい研究結果を含む国内外の学界の最新の情報を交換し合ったりしていたことがありましたが、大学では新しいアイデアの回路素子を実際に試作することなどは出来なかったので我々としては非常に有難かったし、住友電工の方たちも新しいミリ波通信方式に大変関心をもっておられて、一緒に勉強しながらお互いに協力し合って同じ課題に取り組みました。その時のお一人だった中原恒雄さんは後に住友電工の副社長や日本工学アカデミーの会長などを務められ、もうお一人の倉内憲孝さんは同じく住友電工の社長になられました。

また、光ファイバー通信に関する研究を始めた初期の頃には、電々公社（日本電信電話公社、現ＮＴＴ）の茨城電気通信研究所（茨城通研）で、大学院の学生たちも含めた我々の研究室の者たちと茨城通研の研究者の方たちとで定期的に研究会を開き、我々の新しい研究成果を紹介したり、それに対して通信事業者としての実用上の見地からのいろいろな意見や問題点などを聞かせてもらったりして、一緒に世界を相手に最先端を競い合う研究開発に協力し合ったことなどもあります。これらの共同研究は、いずれも我々大学側と企業側の双方にとって互いに非常に役に立つ産学連携・協力の関係だったと思います。

阿部　「真に社会に役立つ大学」であるために大学の在り方として最も重要な基本的要件は、

結局、何と考えればよいでしょうか。

熊谷　大学の責務は教育と研究と社会貢献の三つであるといわれています。しかし、モノには順序というものがあって、これが無ければ他はすべてなり立たないというものがあるのです。大学の場合、それは何かといいますと、すべての基本はまず「優れた研究」が行われているということです。新しい時代の進展に対応し得る優れた人材を育成するためにも、社会人に対する有益な再教育を行うためにも、あるいは産業界に対して「大学ならではなし得ない貢献」をすることができるためにも、まずは大学において最新、最高の優れた研究が行われていることがすべての基本なのです。

大学は社会に対して常に開かれていなければなりませんが、大学が「大学ならではなし得ない貢献」を行うことができるためには、その中身は、基本的には、常に新しい「象牙の塔」でなければならないのです。大学にはいろいろな性格や目的をもったものがあってもよいのですが、本来の意味で「大学」とよぶにふさわしい「知的源泉」としての大学こそが、結局、結果的には、産業界にとっても、さらには広く社会一般にとっても、大学ならではなし得ない貢献を行うことのできる存在として「真に役に立つ」可能性が期待できるようになるからです。政治にも、行政にも、産業界にも、そしてまた社会一般にもこのことをよく理解していただくことを望みたいと思います。そして、文系、理系の幅広い学術的な新知見を考究する常に新しい

「象牙の塔」としての大学に各界が物心両面からの支援をされることはけっして「人のためならず」とお考えいただきたいと思います。

同時に、大学は、それに応えて、その本来の責務を果たすべく、新しい知の探究に全力で取り組むとともに、それを基礎とする優れた人材の育成と社会への貢献にあらゆる努力を尽くさなければならないことは言うまでもありません。

ただ、ここで非常に難しいのは、大学に対する評価の問題です。大学における教育の評価や大学で基礎研究を行っている研究者に対する評価ほど難しいものは他にはあまりないと言っても過言ではないかもしれません。実際、大学における教育の効果などは何十年も経ってみなければ正確には評価できませんし、基礎研究の意義というようなものも簡単には評価できません。研究に没頭している研究者の苦しみというようなものも一般の人々にはなかなか理解されにくい面をもっています。例えば、研究に行き詰まったり、次の新しいテーマを求めて研究者が寝てもさめても一番苦しんでいるような時などは、一般の人がはた目から見れば一番ブラブラと暇そうに見えるというようなこともあるのです。

湯川秀樹先生が大阪帝国大学理学部の物理学科の講師になられたのは昭和八年（一九三三年）、二十六歳の時ですが、ある時、先生が当時の物理学科の主任教授だった八木アンテナの共同発明者として有名な八木秀次先生（後、第四代阪大総長）から「君の同級生の朝永君（朝永振一郎博士、昭和四十年ノーベル物理学賞受賞）は次々に論文を発表してよくやっているのに、君はまだ論文が一つも出ていないというのはどういうことか。もっとしっかり勉強しなければ駄目だ」と言って叱られていたという話を、やはりその頃同じ阪大の物理学科におられて湯川先生とも親しかったという内山龍雄先生（阪大名誉教授、故人）から私は直接うかがったことがあります。

しかし、湯川先生はその後、初めての論文として「素粒子の相互作用について」という論文を日本数学物理学会の欧文誌に英文で発表され（昭和十年、一九三五年）、その論文を主論文とする学位論文を阪大に提出して大阪（帝国）大学から理学博士の学位を授与されましたが、さらにその後、昭和二十四年にはこの論文によって日本人として初のノーベル物理学賞をお受けになったのです。大学を卒業して研究生活に入ってから丸六年間も全く論文を書かなかったというのは当時としてもかなり珍しく、今流行りの期限付きの研究員制度なんかだったらとっくにクビになっていたかもしれませんね。また、生まれて初めて書いた最初の論文がノーベル賞の授賞対象になったというのもなかなか面白い話で、他には例が無いのではないかとも言われています。

この話一つをとっても、研究に没頭している研究者を適正に評価するというのは本当に難しいものだと思いますね。そもそも学校（スクール、school）の語源はギリシヤ語の「スコーレ」

（skhole）に由来し、その本来の意味は「暇」とか「閑暇」ということなのだそうです。スカラー（学者、scholar）というのも、この「スコーレ」というギリシア語に関連した言葉で、「閑人」つまり自由に学問に専念できる時間（暇）や余裕のある人というような意味があるのだということを聞いたこともあります。

もっとも、今時、大学の研究者だからといってそんな悠長な話が許されるはずはありませんし、特に国立大学の場合、それを支えているのは国費、すなわち国民の税金なのですから厳しい目でみられても当然です。しかし、一見したところ閑そうに見える一途な研究者や学者馬鹿といわれるような少々変わった人間をも包容し、ひたすら研究に没頭させることができるような「ゆとり」が画期的な学術の新分野を拓いたり、それが全く新しい革新的な新技術を創出する芽となるというような面があるということも確かです。そういう点では芸術家の創作活動と似たところがあるかもしれませんね。大阪大学の初代総長で世界的な物理学者の長岡半太郎先生（後、日本学士院院長、文化勲章の第一回第一号の受章者）も「大学とは珍奇なる動物を多数飼っておるところである」と言っておられます。

厄介なことは、先程も申しましたように、外から見ただけでは世俗を離れてひたすら研究に没頭している者と、ほんとに呑気に過ごしている者との見分けがつきにくいということですが、しかし、実際には、すぐ近くで研究している仲間や学界の専門家には本物の研究者かそうでないかは結構分かるもので、結局は自然淘汰が行われていくものなのですね。ですから、この点はある程度覚悟をきめて、「珍奇なる動物」にも自由に研究に没頭させる余裕をもつことが真の「豊かさ」というものなのかもしれません。前の年に発表した論文の数などによって研究者の処遇や翌年の研究費の額などが決められるというような機械的、数値的な評価や、効率や生産性だけを重視する短期的な評価だけで大学行政や予算執行が行われる傾向には注意が必要です。

かつて、そのような大学政策を強引に押し進めたイギリスのサッチャー元首相に対する大学人たちの評判は極めて悪く、「もうこれでイギリスからはかつてのニュートンやマクスウェルのような大学者が生まれることはないであろう」という嘆きの声があがりました。オックスフォード大学では自校の出身者が首相になると名誉博士号を贈る慣例があるんだそうですが、サッチャー元首相に対してだけはこの名誉博士号を出さなかったという話も聞きました。

たしかに、歴史的にみても、これまでに世界・人類に大きな影響を及ぼした国々や民族は、いずれも、それぞれの時代に、経済力や軍事力だけではなく、世界に冠たる学問、技術や文学、芸術等の「文化の力」をもっていました。「大学の衰退は国家・社会の衰退につながる」ということが言えるのではないかと思います。

科学技術会議と科学技術基本法の成立

阿部　次に、先ほどお触れになった科学技術基本法と科学技術会議についてお話しいただけますでしょうか。

熊谷　科学技術会議というのは内閣の重要政策に関する非常に重要な会議の一つで、我が国の科学技術政策について審議・答申する内閣直属の審議機関として昭和三十四年（一九五九年）に設置されました。

議長は内閣総理大臣で、議員は十名でしたが、そのうち五名は官職指定の議員で、文部大臣、大蔵大臣、科学技術庁長官、経済企画庁長官（いずれも当時）、および日本学術会議会長の五名で、残りの五名は学識経験者の中から国会の同意を得て任命された有識者議員で、そのうち二名は常勤議員でした。そして、その下に各分野の著名な専門家からなる委員会やプロジェクトチーム等が置かれていました。

この科学技術会議は平成十三年（二〇〇一年）一月から「総合科学技術会議」という名称に変わり、規模・内容も官職指定の議員は内閣官房長官や科学技術担当大臣なども加えて五名から七名に、有識者議員も五名から七名以上に、そのうち常勤議員は二名から四名へと拡大・強化されました。

私は阪大総長を退任して二年後の平成五年にこの科学技術会議の議員を拝命して、平成十二年末まで七年間議員を務めました。議員の任期は一期二年で、通常は一期ないし二期で交代すると聞いていましたので、私はそれよりもかなり長く務めたことになりますが、これはたまたま「科学技術会議」から「総合科学技術会議」に移行する時にあたったためでした。そして、その間に、日本の科学技術政策に関する大きな進展があったのです。

それは、平成七年十一月に「科学技術基本法」という、世界的にも他にあまり例をみないユニークな法律ができたことでした。この法律は我が国では比較的数少ない議員立法として、衆参両院とも自民党から共産党まで全会派の満場一致で成立した画期的な法律で、その第一条では「我が国の経済社会の発展と国民の福祉の向上に寄与するとともに、世界の科学技術の進歩と人類社会の持続的な発展に貢献することを目的とする」という高い志が謳われています。

そして、それまでのように、単に「科学技術の振興が重要である」というような定まり文句を口先で言うだけではなく、その第三条で、「国は、科学技術の振興に関する総合的な施策を策定し、及びこれを実施する責務を有する」と定めて「国の責務」であることを明記し、また、その第八条で、「政府は、毎年、国会に、政府が科学技術の振興に関して講じた施策に関する報告書を提出しなければならない」とし、第九条では「政府は、科学技術会議の議を経て、科学技術の振興に関する基本的な計画（科学技術基本計画）を策定しなければならない」と具体的に義務づけています。

私は、戦後の日本が目覚ましい経済発展を遂げた時ですら、世界から尊敬されるどころか、国際社会から「基礎研究ただ乗り」という不名誉な批判を浴びたり、「エコノミックアニマル」というような屈辱的な蔑んだ呼ばれかたをしたような、それまで長く続いてきた嘆かわしい状況から日本が脱却することをめざしたこのような画期的な法律が成立したことに感無量の思いがしました。

そして、この法律の成立をうけて、我々科学技術会議では平成八年度から平成十二年度までの五年間に国が講ずべき科学技術に関する重要な施策について検討し、必要な予算規模等まで具体的に書き込んだ「科学技術基本計画」（第一期）を作成して、それが平成八年七月に正式に閣議決定されました。その中には、例えば、政府は平成八年度から向こう五年間に総額十七兆円の科学技術振興関連経費を投入すべきこと、などが具体的に明記されています。大蔵省（現財務省）は「五年も先までの国の予算を来年の税収すらわからない今の時点で決定してしまうなんてとんでもない話だ」と言って強く抵抗しましたが、それを押し切って政府が閣議決定したことに私は大変感動しました。そして実際、この（第一期）「科学技術基本計画」で示された重点施策と予算計画はその後の五年間の計画期間内に確実に実行されたのです。政府の対応はまことに立派であったといえると思います。

科学技術基本計画はその後も五年毎に見直されて、現在（平成二十六年）は第四期の基本計画に沿って我が国の科学技術政策が進められていますが、少なくとも数年前ぐらいまでは政府は苦しい財政事情のもとでもよく頑張って、予算措置なども含めて基本計画の実施に大変努力してきてくれたと思います。

なお、この画期的な「科学技術基本法」の成立については、自民党の衆議院議員で科学技術政策担当大臣や財務大臣、科学技術庁長官などを務められた尾身幸次氏の絶大なご努力があったことを決して忘れてはならないと思います。「科学技術基本法」の内容やその成立までの経緯などについては尾身幸次先生の書かれたご著書『科学技術立国論』（讀賣新聞社、一九九六年）の中に詳しく述べられていますが、その本の中には当時科学技術会議の議員を務めていた私の名前も出てきます。

阿部　第一期の科学技術基本計画は平成八年度から平成十二年度までの五年間の基本計画を定めておりますが、先生はこの期間を含めて七年間議員をお務めになったということでしょうか。

熊谷　そういうことになりますね。私は平成五年十二月から平成十二年十二月まで七年間科学技術会議の議員を務め、第一期の科学技術基本計画の策定とその推進にかかわり、第二期の基本計画の原案をまとめて翌月の平成十三年一月に名称を改めて再発足した総合科学技術会議に引き継いだわけです。

阿部　この間の内閣を思い出しますと、細川、羽田、村山、橋本、小渕、森、この辺りでしょうか。

熊谷　そうですね。そういう歴代の首相たちが科学技術会議の時には議長として出てきていました。その頃は、会議は、新しく建てかえられる前の、昔の重厚な煉瓦造りの首相官邸で開かれていました。

阿部　この会議は一年間に何回ぐらい開催されていたのでしょうか。

熊谷　それが本当に問題で、首相らも出席する本会議というのは当時は年に二、三回しかなかったんです。その代わり、実質的な審議を行う政策会議というのがあって、基本的にはそこで全部やっていました。政策会議や、その中に設けられていた専門委員会には、ノーベル化学賞を受けられた野依（良治）先生など、みなさんそれぞれの分野を代表する第一人者の方々がおられて熱心に議論をしてくださっていました。この政策会議は大体月に二〜三回ぐらいの頻度でありました。

阿部　かなりお忙しいですね。

熊谷　たしかにそうですね。私は非常勤の議員でしたが、それでも月に少なくとも二回か三回、場合によってはそれ以上の頻度で上京し、いろいろな課題について議論していました。しかし、首相も出てくる本会議というのは年に二、三回だったんです。これは当時から問題になっていて、ある議員が辞められる時、出席された最後の本会議の席で、退任のあいさつで、「こんな重要な会議が年に二、三回しか開かれないというのは問題だ。もっと頻繁にやらなければ駄目だ」と内閣総理大臣をはじめ並居る大臣たちを前に一喝喰らわせて辞められたこともありました。

そのようなこともあって、この「科学技術会議」は、先程申しましたように、平成十三年一月から「総合科学技術会議」へと改編され、議員の数も議長の内閣総理大臣の他十名から十四名へと増強されるとともに、本会議も原則として毎月一回開催されることになりました。さらに、「科学技術会議」では「内閣総理大臣の諮問に応じて審議・答申する」とされていたものが、「総合科学技術会議」では「必要な場合には諮問を待たず、内閣総理大臣等に自ら意見を具申できる」と改められ、また、「科学技術会議」ではその審議の対象を「科学技術（ただし人文科学のみに係るものを除く）」とされていましたが、「総合科学技術会議」では「人文・社会・自然科学を総合した科学技術を対象とする総合戦略を策定すること」と規定され、自然科学と人文・社会科学との連携・融合を重視した科学技術の総合戦略を策定することとしています。これは私のかねてからの考えと合致するもので、この改正は非常によいことだったと思っています。

「経済財政諮問会議」などと並んで内閣の最も重要な基本政策に関する会議として位置づけ

られているこの「総合科学技術会議」は、さらに最近になって、平成二十六年からその名称が「総合科学技術・イノベーション会議」と再変更され、本会議も原則として月一回開催することとなっています。

大阪大学からは、私の二代後の岸本忠三第十四代総長が総長退任後の平成十六年から二年半「総合科学技術会議」の常勤議員を務められ、その後平野俊夫第十七代総長が「科学技術・イノベーション会議」の議員を務められました。

奈良先端科学技術大学院大学の創設

阿部　熊谷先生のもう一つの重要な学外でのご活動が、「けいはんな学研都市」の関連と思われます。そこに含まれる奈良先端科学技術大学院大学の創設に先生は貢献されたとうかがっておりますし、また、やはり「けいはんな学研都市」にある国際電気通信基礎技術研究所の設立にも先生は深くかかわってこられたと耳にしておりますので、この辺りのお話をうかがえれば幸いです。

熊谷　戦後、財界も含めて熱心に推進された関西地域の大きな開発プロジェクトがいくつかありました。その一つは関西国際空港の開設、もう一つは大阪府の北地区、今、「彩都」と呼ばれている国際文化公園都市構想の推進、それから、大阪湾ベイエリアの開発、そして「けいはんな」（京阪奈）の関西文化学術研究都市の建設、などがそうで、これらが、関西の非常に大きな、官・民・財界を挙げての開発プロジェクトでしたが、私は関西国際空港（関空）を除くそのすべてにかかわってきました。

財界は関西経済連合会（関経連）の日向方齊会長とか、宇野収会長などの歴代会長が先頭に立って一生懸命に努力され、特に注目されていた大きなプロジェクトである関西国際空港が出来た後は、引き続いて、京都府、大阪府、奈良県の三府県にまたがる「けいはんな」（京阪奈）地区の関西文化学術研究都市（けいはんな学研都市）の開発というのが次の大きなプロジェクトになっていました。

この「けいはんな学研都市」の開発については、関西文化学術研究都市推進機構というのがつくられて、これは現在も続いていますが、その会長には、歴代、関経連の会長や京都商工会議所の会頭など関西財界の大立者が就任されており、私もその推進機構の評議員会議長を何年間か務めました。そしてまず、「けいはんな学研都市」の中核となる施設として考えられたのが国際高等研究所と国際電気通信基礎技術研究所（ＡＴＲ）でした。私は国際高等研究所の発足当初から理事や顧問などを長年務めましたが、国際電気通信基礎技術研究所（ＡＴＲ）は当時の郵政省（現総務省）と関西財界が中心となって、情報通信技術に関する最先端の研究を行う国際的な研究所をつくるというもので、この研究所については私は特に深い関係がありますので、後で詳しくお話ししたいと思います。

その頃にもう一つ、この二つの研究所とは全く別の話ですが、科学技術に関する最先端の研究と教育を行う、これまで日本にはなかった、学部を持たない大学院だけの大学をつくるという話が文部省（現文部科学省）から出てきました。日本の二ヶ所につくりたいということで、一つは北陸の石川県に、もう一つは関西の「けいはんな学研都市」の中の奈良県につくったらどうだろうという話でした。なぜ石川県と奈良県なのかということについては、これは本当の話なのかどうかは知りませんが、その頃に聞いた話では、自民党の文教族の大ボスのお一人が石川県の森喜朗さん（元文部大臣、元首相）で、もうお一人が奈良県の奥野誠亮さん（元文部大臣、元法務大臣）なので、そういうことになったのだということでした。

この二つの大学院大学について、まだそういう話が出てきた一番最初の段階だったのですが、文部省（当時）の高等教育局長から阪大総長だった私のところに直接電話がかかってきて、「今度、科学技術関連の新しい大学院大学をつくることになったのでぜひ意見を聞かせてほしい」ということだったので、私はすぐに文部省に行きました。そうしたら、「これまでに全く前例のない科学技術に関する大学院だけの大学をつくろうと思うのだが、どのようなものにしたらいいか、ぜひ意見を聞かせてほしい」と言われたので、私はその日は帰って、三日後に自分の案をまとめて再び文部省に行きました。

そして申し上げたのは、まず一つは、三つの研究科を柱とするべきだということです。一つは情報通信分野、もう一つは生命科学分野、そして、もう一つは材料・物性科学の分野で、まずこの三つの分野の研究科を柱として発足すべきだということを申しました。それからもう一つは、学部のない大学院大学という新しい試みは結構だけれども、修士課程までだけの大学院では絶対に駄目で、必ず博士課程まで持った大学院大学にしなければ駄目ですよ、ということを申し上げました。そして、この二つを基本とする具体的な構想案をお示ししました。

結果として実際に創設されたものは、私の提案どおり後期課程まで持つ五年制の大学院大学で、また、三つの柱となる分野についても、予算の関係もあるので、まず生命科学（バイオサイエンス）と情報通信科学の二つの分野の研究科でスタートさせて、その後、なるべく早く材料・物性科学の分野の研究科を増設するということになりました。いずれも私の申し上げた提案どおりでしたので、私は大賛成でした。

その頃、関経連の会長は宇野収さんで、宇野さんは「けいはんな」に科学技術大学院大学をつくることに財界代表として一生懸命に協力してくださっていたのですが、大学の名称が、それまで仮称として「奈良先端科学技術大学院大学」となっていたので、私は宇野さんに、関西国際空港もできることになって「関西」という名称の国際的な知名度も上がってきているし、北陸の石川県につくる大学院大学も「石川先端科学技術大学院大学」ではなくて「北陸先端科学技術大学院大学」としていることなどから、こちらも「奈良」ではなくて「関西先端科学技術大学院大学」としたほうがよいのではないかと強く申し上げていたんです。

「関西」という地域名は国際的にはまだ知名度が低いという見方もあったのですが、これからは関西国際空港もできて、国際的にも「関西」という名称が世界に通用するようになってくると思うし、「先端科学技術」と「古都奈良」というイメージもあまりぴったりしない感じがするので、「関西先端科学技術大学院大学」という名称にしたほうが将来的にもいいのではないかと思ったからです。

それには宇野さんも賛成されて、いろいろ折衝してくださったのですが、奥野誠亮先生が絶対に「奈良」を付けないと駄目だと言っておられるということで、宇野さんにはずいぶん頑張っていただいたのですが、最後に、東京から電話をかけてこられて、「もうこれ以上、名称にこだわっていたら、大学院大学の創設そのものの話が駄目になっていまうかも分からないから、これはあきらめましょう。出来なくなるよりはましだから」と言われて、私もあきらめることにしたといういきさつがあるんです。

その後すぐ引き続いて、文部省のほうから、創設準備をする設置準備委員会をつくるので大阪大学で面倒を見てもらいたい、という話がまいりました。しかし、「けいはんな学研都市」の開発については、それまで学界関係では私も親しくお付き合いをさせていただいていた梅棹忠夫先生（京都大学名誉教授、文化勲章受章者、故人）とか、奥田東元京大総長（故人）をはじめ歴代京大総長など京都の人たちが中心になって熱心に進めてきておられたので、私は「京都大学を差しおいて大阪大学でやってもいいんですかね」と聞いてみたんですが、文部省は「なんとか大阪大学のあなたのほうで引き受けてほしい」と言われましてね。結局、大阪大学が創設準備の担当大学になって設置準備委員会も大阪大学に置くことになり、その部屋も阪大の本部事務局の人たちが工面して吹田の阪大本部の中につくってくれました。

このようなことになったことについても、当時の京大の西島（安則）総長が先輩の総長方や京大の先生方から「あんたがぼやぼやしているから阪大にもっていかれたんだ」といって大変叱られたという話を聞いて、私はとてもお気の毒に思いました。実際、これは全く文部省の意向だけでそうなった話であって、もちろん私が何か特別の運動などをしたせいでもけっしてありませんので、先ほどの国大協の入試制度改革の時の話とともに、私は重ね重ね西島先生には本当にお気の毒なことだったと思っています。

学長の人事については、当時阪大の基礎工学部長をしておられた藤澤俊男教授を初代学長にすることで文部省との間でも了解をとり、設置準備委員会の委員長になってもらって創設準備を進めていたのですが、その藤澤さんが開学のほんの三ヶ月ぐらい前に突然亡くなってしまったんです。藤澤俊男さんは私と同じ阪大工学部の通信工学科のご卒業で、とても愉快な、そして実に頭のよい秀才で、私とは同級の大親友だったので本当に驚き、かつ残念でした。それで、慌てて、私は当時奈良高専（奈良高等工業専門学校）の校長をしておられた阪大の名誉教授で阪大の産業科学研究所の所長などもお務めになった櫻井洸先生を初代学長として急遽、文部省に推薦し、結局、櫻井先生に初代学長にご就任いただくことになりました。

そして、最初に設置された情報科学研究科の初代研究科長には私や藤澤俊男さんとも大変親しかった阪大工学部の通信工学科の卒業生で、阪大の基礎工学部長などを務められた嵩《かさみ》忠雄教授にご就任いただきました。また、私が特にお願いして嵩教授と一緒に阪大の基礎工学部からこの新設された大学院大学の情報科学研究科に移っていただいた鳥居宏次教授（阪大工学部電子工学科卒）はその後同大学院大学の第三代の学長になられました。

こうして、初代学長だけは最初の予定とは変わってしまいましたが、その他はすべて計画どおり順調に進み、平成三年（一九九一年）十月に無事予定どおりに開学することができました。

そういういきさつがあるので、奈良先端科学技術大学院大学は私にとっていろいろな思い出のある大学で、発足後も同大学院大学の支援財団の理事などを務めてきましたが、幸い優秀な人材が集まって、立派な研究成果を挙げ、極めて高い評価を受けており、大変嬉しく思っています。例えばｉＰＳ細胞の研究で二〇一二年にノーベル医学・生理学賞を受けられた山中伸弥教授も、この奈良先端科学技術大学院大学で助教授、教授として研究しておられたのです。

国際電気通信基礎技術研究所（ATR）の創設と会長就任

熊谷　もう一つ、先ほど阿部先生からおっしゃっていただいた「けいはんな学研都市」にある国際電気通信基礎技術研究所（Advanced Telecommunications Research Institute International　略称ATR）も私にとりましては設立準備の段階から深くかかわってきた大変ご縁の深い研究所なんです。

この研究所が創設されることになったそもそもの発端は、昭和六十年（一九八五年）の四月一日から旧電電公社（日本電信電話公社、現NTT）が民営化されることになったのにともなって、その株式の売却益や政府が保有することが義務づけられていたNTT株式の三分の一の政府保有株の配当金などによって基金を作り、それで国の将来に役立つような事業を行ってはどうかという構想が、所管官庁の郵政省（当時、現総務省）の中でもち上ってきたのが始まりでした。

この話を打診された当時の関経連の日向方齊会長が郵政省と話し合われた結果、「けいはんな学研都市」開発の先導的な役割を果たす中核施設として、我が国の将来の発展にとって極めて重要な電気通信に関する基礎的、先駆的研究を行う大規模な研究所を京阪奈の関西文化学術研究都市（けいはんな学研都市）につくってはどうかということになり、その設立準備研究会が設置されることになって、当時阪大工学部の通信工学科の教授をしていた私のところにその座長を務めてもらいたいという依頼があったのです。昭和六十年三月のことでした。その時、私はまだ通信工学科の一教授だったのですが、すぐその翌月の四月に突然工学部長に任命され、続いてそのわずか二ヶ月後の六月には思いもかけず総長に選出されて驚きました。昭和六十年という年はそういう意味で私にとってはいろいろと印象深い年でした。

この設立準備研究会の委員は座長の私の他二十九名で、その下の幹事会やワーキンググループ、事務局の方々を合わせますと総勢九十八名という非常に大がかりなものでしたが、その百名近い人たちの中で大学関係者は私と、後に京大総長になられた長尾真京大教授のたった二人だけで、他はすべて郵政省やNTT、KDD、NHK等々の他、日本を代表する主要な民間企業からの方々を網羅したもので、そういう点でもまことにユニークな構成でした。事務局は関経連が務めましたが、この設立準備研究会は実に精力的に作業を行い、五ヶ月後の昭和六十年八月には詳細な報告書をまとめました。その最終段階で、研究所の正式名称や英語名などが決まり、略称を「ATR」とすることなども私の判断で決めました。

そして、翌昭和六十一年の三月に私も出席して設立総会が開かれてATRが正式に発足しましたが、「けいはんな」の現在地でATRの建物新築の起工式が行われた頃は、まだ周辺一帯はまともな道路もないような山林と野っ原で、文字通り学研都市開発の尖兵という感があり、前途の多難を思わずにはいられませんでした。

実際、設立総会において採択された設立趣意書には「電気通信分野における基礎的・先端的な技術の一大研究開発拠点として内外に開かれた国際的な研究所を設立し、産学官の共同研究体制と国際的な研究協力体制を確立するとともに関西文化学術研究都市の中核的施設としてその先導的役割を果たす」というまことに高い志が謳われており、私たちも設立準備の検討を始めた最初の頃は国立か準国立の研究機関になるものと思っていたのですが、いろいろないきさつがあって、結局、はじめに申しあげた、研究所の設立と運営の源資となる基金は国（政府）の事業には直接には使えないことになり、研究所の設置形態は株式会社でなければお金が出せないということになったのです。それで、「民間企業では行うことのできない基礎的、先駆的な研究を行う民間企業」というまことに奇妙な性格をもつ研究所ということになり、委託研究のみによって運営する、日本ではこれまでに前例のない我が国初の株式会社組織の研究開発会社として発足したものでしたから、その運営にはひとかたならぬご苦労があったことと思われます。

しかし、この研究所は発足以来現在まで四半世紀以上にわたって極めて勝れた研究成果を挙げ続け、国の内外から高い評価を受けながら平成二十四年（二〇一二年）には創立二十五周年を迎えました。時代の進展とともに、研究対象分野も発足当初の「電気通信」から最新の脳情報科学や知能ロボットなどを含む幅広い最先端の情報通信関連の技術分野に拡張・発展してきましたが、この研究所が設立の趣旨に沿って立派な成果を挙げてこられた最大の決め手は、やはり何といっても優れた人材を大勢集めることができたことでした。私は、ATRの設立準備を進めていた時、電電公社総裁からNTTの初代社長になられた真藤（恒）さんを社長室（元NTT総裁室）に訪ねて、「この研究所が立派な研究所になれるかどうかは、いつにかかってNTTがどれだけ本気で支援してくださるかによって決まります。現在のNTTの四つの世界的な研究所は全部関東にしかありませんから、第五番目の研究所を関西につくるというぐらいのつもりで支援をしていただきたい」ということを単身お願いに行ったことがあるんです。私は電電公社の研究開発本部顧問を長年務めていた関係もあって、真藤社長（元電電公社総裁）も「分かった」と言ってくださって、本当に最高の人材をたくさん送り込んでくださったんです。それ以外のところからも優秀な人たちが大勢集まってこられて、そのおかげでATRは、皆さんそれぞれに苦労はされたでしょうけれども、非常に順調に研究活動をスタートさせることができて、その後の研究成果も予想以上に素晴らしい世界的な成果が次々に挙げられるようになったのです。

阪大工学部の通信工学科の私の教え子も、NTTから出向してきた人なども含めて何人もの優秀な弟子たちがATRの研究所員として優れた研究活動を行い、みんなそれぞれに立派な業績を残してくれました。ATRで研究生活を送った後、大学教授になった教え子もいます。

そういういきさつがあって、ＡＴＲは私には大変ご縁の深い研究所だったのですが、たまたま私が兵庫県立大学長の任期を終わる直前に思いもかけず会長にというお話があって、平成二十二年六月から取締役会長を務めることになり、現在まで続いています。設立準備研究会の座長を務め、設立発起人会や創立総会などにも参加した私が二十五年以上も後になって会長として創立二十五周年を迎えることになるなんて全く想像もしていなかったことでしたから、本当に不思議な巡り合わせだなと思います。

ＡＴＲは今も大阪大学とは共同研究その他いろいろな面で密接な関係が続いています。例えば遠隔操作アンドロイドや人型ロボットの研究開発で全国的に有名なＡＴＲ石黒浩特別研究所長の石黒浩博士は大阪大学大学院基礎工学研究科のご卒業で、現在、阪大基礎工学研究科の教授を併任しておられますし、また脳情報科学の分野で世界の最先端をリードしておられるＡＴＲ脳情報通信総合研究所長の川人光男博士も同じく大阪大学大学院基礎工学研究科のご卒業で、現在、大阪大学の吹田キャンパスに設置されている脳情報通信融合研究センターの副センター長も務めておられます。

また、国際的な研究所という点でも常に全研究員の約二十％以上は海外からの研究者で、これまで（平成二十六年まで）にＡＴＲに在籍した海外からの研究者数は延べ二、二六七名に達しており、その国籍も六十ヶ国にのぼっています。現在（平成二十六年度）もヨーロッパから二十九名、アジア・中東から二十三名、北米から十二名、中南米から二名、アフリカ、オセアニアから各一名と、広く世界各国、各地域から研究者が集って熱心に研究に取り組んでおり、また、海外の三十六の著名な大学や研究機関とも研究協力関係を結んでいて、文字どおり国際的な研究所となっています。

原子力安全システム研究所の初代社長・所長に就任

熊谷　私が阪大の総長を平成三年（一九九一年）八月に退任してから間もないその年の十二月に、関西電力さんから、今度、原子力発電の安全問題を専門的に研究する研究所をつくることにしたので、その初代の社長兼所長をお願いしたいという話が突然舞い込んできました。

私にとっては全く寝耳に水の話だったのですが、実はその年（平成三年）の二月に関西電力美浜原子力発電所二号機の蒸気発生器の細管が破断し、我が国の原子力発電所では初めての非常用炉心冷却装置が作動するという事故が発生しました。これは当時、新聞やテレビなどでも大きく報道され、社会的にも大きな関心を呼んでいました。

この事態を重く受けとめられた関西電力は、深い反省の上に立っていろいろな対応策や改善策を講じられることになったのですが、その中でも一番大きな目玉がこの研究所（原子力安全システム研究所、仮称）の設立だったのです。しかし、それにしても、原子力には全く門外漢の私になぜ、と思って関西電力会長の小林庄一郎さん（当時）に「私の専門は電子工学とか情報通信工学の分野で、原子力については全くの素人ですよ」と申し上げたんです。そうしたら、小林会長が「だからお願いしているんです。これまでずっと原子力の世界にいた人間では、新しい視点からの考え方や発想の転換を期待することが難しいし、ものの見方もみんなこれまでの流れにとらわれてしまうので、全く分野の違うあなたにお願いしたいんです」と言われたのです。私はその言葉にまず意表を突かれると同時に、思わず「なるほど」という気がしました。

そしてまた、新しくつくるこの研究所は関西電力の全額出資による株式会社組織の研究所にするけれども、独立した第三者的な立場から原子力発電の安全性と信頼性の一層の向上を追求して調査・研究を行い、関西電力に対して客観的な立場から「辛口の提案・助言」を行うとともに、得られた成果は原則として広く国内外に公開して、世界の原子力発電の安全性や信頼性の向上に寄与することを目指す公益性の高い研究機関にしたいと思っている、と言われました。私はその高い志に深い感銘を覚えました。

さらにまた、安全性や信頼性を向上するためには技術的な側面からの研究だけでは不十分で、ヒューマンエラーやヒューマンファクター、さらには組織文化等に関する心理学的、人間科学的、ないしは社会科学的な側面からの研究も不可欠であると思うので、この研究所は技術システム研究所と社会システム研究所の二つから構成し、それぞれの側面から調査・研究を行って原子力発電の安全性や信頼性の向上に寄与するとともに、社会や環境とのより良い調和をめざしたいと思う、という考え方を示されました。

これは、私がかねてから科学技術一般について主張していた考え方と全く一致するものだったので、私は心から共感しました。

今振り返ってみても、二十年以上も前にこのような極めて先進的な考え方を持っておられた小林庄一郎会長をはじめ当時の関西電力の皆さんの高いご見識と勝れた先見性には本当に感心いたします。

しかし、とにかく突然のお話だったうえに全く専門外の分野のことだったので取り敢えずちょっと考えさせていただきたいとお願いして、熟慮の結果、「やってみよう」と決心し、数日後に、お引き受けしますというお返事をしに関西電力の本店（本社）に行きました。たままその時、関西電力ではちょうど取締役会をやっておられた最中だったようで、議長をしておられた小林庄一郎会長が取締役会を中断して応接室にみえて、私が「お引き受けさせていただきます」というお返事をしたら非常に喜んでくださって、またすぐ取締役会に戻り、いま就任の承諾をもらったという報告をされたという話を後で聞きました。

そういうわけで、思いもかけず、それまでの私の専門分野とは全く違う、原子力発電を中心とする電力・エネルギーの分野の勉強をさせていただく機会が与えられたのです。

こうして、この研究所は私が阪大総長を退任して半年余り後の平成四年三月に発足したのですが、大阪大学との関係もなかなか深く、例えば私のすぐ次の二代目の社長になられた北田幹夫さん（元関西電力副社長）も、その後の四代目の社長の岸田哲二さん（元関西電力副社長）も、いずれも阪大工学部のご卒業で、これまでの四人の社長のうち第三代の社長を務められた藤洋作さん（現会長、元関西電力社長、京大工学部卒）お一人を除く三人までが阪大工学部の卒業生なのです。また、社会システム研究所の所長は初代の三隅二不二先生からはじまって、二代目の糸魚川直祐さん、三代目の直井優さん、そして現在の小泉潤二さんまですべて大阪大学の人間科学部の教授や人間科学部長を務めておられた阪大名誉教授の方々で、技術システム研究所の二代目の所長の木村逸郎さん（京都大学名誉教授）も阪大工学部の電子工学科のご卒業でした。もちろん研究所員にも阪大の卒業生はたくさんいました。

この研究所の発足と同時に、大所高所からの助言をいただくために各界・各分野の有識者からなる「最高顧問会議」が設けられましたが、その初代の議長を務められた近藤次郎先生（東京大学名誉教授、元日本学術会議会長）のご専門は航空工学でしたし、第二代の議長の西島安則元京大総長のご専門は高分子化学で、西島先生が亡くなられた後議長を務めることになった私自身も専門分野は電子・通信工学で、いずれも原子力発電とは全く縁のない別の分野で生きてきた者ばかりであり、その他の発足当初の最高顧問も、例えば病理学がご専門の森亘元東大総長や経済評論家の高原須美子さん（元駐フィンランド大使）等々、福島の原子力発電所の大事故以来いろいろと問題にされている、いわゆる「原子力ムラ」に属していたような原子力の専門家やメーカーなどの関係者は二十年以上も前の創設当初から現在にいたるまでただの一人もおられませんでした。そして、それぞれの視点から率直な「辛口の意見」や忌憚のない助言・提言などが行われ、まさに「独立した第三者的立場から客観的な研究を行う」というこの研究所の基本理念が設立当初から現在まで見事に貫かれていました。

この研究所は平成二十四年に創立二十周年を迎えましたが、私は発足時の平成四年から平成十五年まで十一年間、初代の社長兼所長を務めました。

その関係で、私は原子力委員会（当時）の長期計画専門部会の委員とか、使用済みの核燃料などの放射性廃棄物をどうやって処分するかという問題を検討する原子力委員会の中のバックエンド対策専門部会の部会長などを拝命したり、さらには、もっと難しい実際の処分場をどこにするかということまで含めて最終処分の問題を議論する原子力発電環境整備機構（略称NUMO）の評議員会議長などを務めました。

こうして、情報・通信の世界と、それまで全く関係がなかった電力・エネルギーの分野の勉強をさせていただいた結果、情報・通信の分野と電力・エネルギーの分野とで、全く異なる面と、どちらにも共通する同じ面の両方があるというようなことも改めてよく分かってきました。

例えば、全く違う面としては、情報・通信の分野ではまずはネットワーク（通信網）をつくらなければ話にならないわけですね。単独でどんなに上等の電話機を家の中に置いても、それだけでは何の役にも立ちませんし、いかに高級な携帯電話を作ってもネットワークにつながらなければ話になりません。世界中の任意のある一点と他の任意の一点とを結ぶネットワークがなければ、情報・通信の場合は意味をなさないのです。それに対して、電力・エネルギーの場合は、基本的には必ずしもネットワークを作る必要はないんですね。個人が、うちは自家発電でやるとか、ごはんやお風呂などは全部薪で炊くといっても全く勝手なわけで、要するに電力・エネルギーの場合には原則的には個別・分散型でいいわけです。

ネットワークになっていなければ全く意味をなさないのが情報・通信の世界であるのに対して、電力・エネルギーの世界では基本的には個別・分散型でいいわけで、それぞれの家庭とか会社や工場などが自分で火力発電や太陽光発電や風力発電などで電気を作って、自分の所だけで使って、余れば自分のところの蓄電池に電気をためておけばいいのです。余った電気は電力会社などに売ってもよいし、足りない時はよそから買うということもできますが、その場合にはやはりネットワーク（電力網）が必要で、特に電力の場合はネットワーク全体の周波数の安定性を確保したり、電圧を一定の基準で保持したりするのが技術的に非常に大変なので、再生可能エネルギーなどは原則的には個別・分散型、地産・地消でやるほうがいいのです。

ところが一方、安全性や信頼性の向上・改善というような点では全く共通する面があるのです。およそ人間の作るものは、すべて、その研究・開発の段階から、設計、製造、据付け、運転、点検、修理、保守、管理にいたるまでのあらゆる過程で人間が全く関与しないような局面は皆無なのです。ですから、情報・通信の分野でも電力・エネルギーの分野でも、技術者がいかに技術的に安全性の向上・改善に力を尽くしても、最後に残るのはヒューマンファクター、ヒューマンエラーの問題になるのは同じなのです。この研究所が技術的な側面から安全性の向上をめざす研究を行う技術システム研究所と、心理学的、人間科学的ないしは社会科学的な側面からヒューマンファクター、ヒューマンエラーなどに関する問題を追及する社会システム研究所の二つからなっているのはまさにそのような深い理由によるのですね。そして、安全性の向上とヒューマンファクターやヒューマンエラーなどとの関係に関する研究成果は、情報・通信の分野や電力・エネルギーの分野だけに限らず、医療の分野や交通の分野など他のいろいろな分野でも幅広く共通的に応用できる可能性があるのです。

私は平成十五年にこの研究所の初代の社長・所長の職を辞した後、引き続いて同研究所の最高顧問を拝命し、現在その最高顧問会議の第三代目の議長を務めていますが、原子力発電については、今後どのようなエネルギー政策が行われるにしても、避けて済ますことのできない既存の原子力発電所の解体・廃炉に関する技術や、使用済核燃料の処理・処分に関連する問題などを含めて、これからも長期にわたって取り組んでいかなければならない重要な課題が山積しています。原子力発電に関する安全性・信頼性を最大限確保するための研究を幅広く行うこの研究所の使命と存在意義も、今後ともけっして小さくなっていくものではないと思っています。

兵庫県立大学の創設と初代学長就任

熊谷　このようにして、それまでの専門分野とは全く別の世界の勉強をさせていただくことができたわけですが、原子力安全システム研究所の社長・所長の仕事も十年を超え、研究所の十周年の記念事業も無事終えることができたので、そろそろどなたかと交代したほうがいいなと思っていた矢先に、突然、兵庫県の井戸（敏三）知事から、今度、三つの県立大学を統合して新しく発足する県立の総合大学の初代の学長を引き受けてもらえないかというお話がありました。

実は、阪大を退官した後、いろいろな大学から学長のお話をいただいていたのですが、大阪大学総長の重責を何とか無事に務め終えた直後には、またもう一度すぐに大学の学長を務めることにはあまり乗り気になれませんでした。ところが、兵庫県立大学の場合は、前にも申し上げたように母方の実家が神戸で、私も子供の頃から神戸にはしょっちゅう遊びに行っていて、神戸は自分の故郷のような特別の親近感をもっていたせいか、このお話をうかがった途端に何か天命のようなものを感じて、その場で即座にお受けいたしますというお返事をしました。

兵庫県立大学が創設されることになったそもそもの原点は、貝原俊民前兵庫県知事時代の平成十一年（一九九九年）八月に、神戸商科大学、姫路工業大学、兵庫県立看護大学の三つの県立大学の今後の在り方について抜本的な検討を加えるため「県立大学検討懇話会」というものが設けられたことにさかのぼります。この検討懇話会は元神戸大学長の新野幸次郎先生を座長とする十六名の委員からなり、私もその委員の一人を拝命していました。

この懇話会は一年三ヶ月にわたる検討の結果をとりまとめ、県立三大学が今後進むべき改革の方向について提言を行いましたが、その骨子は「新しい時代の要請に応え得る教育・研究体制を構築するために、県立三大学を統合し、新たな理念のもとに新県立大学を創設することが望ましい」とするものでした。

これを受けて、平成十三年四月に「県立大学改革推進委員会」が設置され、同年十二月にはその年の八月に貝原知事の後をうけて新しく兵庫県知事に就任された井戸敏三知事のもとで「新県立大学基本計画」が策定されました。そして、平成十四年二月に「新県立大学設置準備委員会」が設けられて具体の準備が進められ、平成十六年四月一日に開学することとなり、私にその初代学長をやってもらえないかというお話が井戸知事からあって、喜んでお引き受けさせていただいたというわけです。

　私は平成十六年五月十八日に神戸市の松方ホールで行われた開学記念式典で初代学長として挨拶し、「本学は、統合による相乗効果と総合大学のもつ利点とを最大限に生かし、異分野間の連携・融合を重視した教育と研究を行い、新しい社会の進展に対応し得る確固たる専門能力と幅広い教養とを備えた人間性豊かな人材の育成と、独創的・先駆的な研究を推進して新しい知の創造に全力を尽くし、地域の発展と我が国の繁栄、ひいては世界・人類の幸せに貢献し得る大学となることをめざしたい」と述べました。今もその気持ちは変わっていません。

　兵庫県立大学の母体となった三大学は、いずれもそれぞれに輝かしい歴史と伝統をもち、多くの人材を世に送り出すとともに、数々の優れた研究業績を挙げて高い評価を受けてきた大学ばかりでしたから、新大学の発足にあたって多くの方々が一番ご心配くださったことは、そのような、専門分野も学風も全く異なる、しかもそれぞれに長い歴史と誇り高い伝統をもつ三つの大学を一度に統合して、果たして融合・一体化が円滑に進むであろうかということでした。

　私もそのことは一番大きなポイントだと思っていましたし、私にとってもそれまでに経験したことのないことだったのですが、旧三大学の学長先生方には全員副学長にご就任いただき、学外からお迎えした新しい副学長お一人を加えた四人の副学長と事務局長にも入っていただいて、毎週必ず定例の学長・副学長会議を開き、事の大小にかかわらずすべて皆さんとご相談しながら決定し、意志統一をはかりました。四人の副学長のお一人の鈴木胖《ゆたか》前姫路工業大学長は阪大の工学部長などもお務めになった阪大工学部の電気工学科のご卒業で、阪大教授の頃から親しくさせていただいていた方で、もうお一人の南裕子前兵庫県立看護大学長は日本看護協会会長や国際看護師協会の会長などを歴任された日本を代表する看護学の世界的権威で、現在も高知県立大学の学長を務めていらっしゃいますが、南先生には当時としては数少なかった女性の公立大学長経験者として貴重なご意見やアドバイスをたくさんいただきました。

また、ノーベル物理学賞の受賞者で前筑波大学長の江崎玲於奈博士や、聖路加国際メディカルセンター理事長で百四歳の今もお元気な皆さんよくご存じの日野原重明先生をはじめ学外の各界・各分野の著名な有識者十名からなる「運営協議会」を設けて、広く大学運営全般について大所、高所からの率直なご意見をいただくことにし、この協議会には全学の各部局長や大学院研究科長などにも加わっていただいて、有識者の方々のご意見を直接聴いてもらうことにしました。

この運営協議会の設置当初の学外委員は今申し上げた江崎玲於奈先生や日野原重明先生の他、劇作家・評論家で中央教育審議会の会長などもお務めになった大阪大学名誉教授の山崎正和先生、前神戸大学長で文化勲章受章者の西塚泰美先生、国文学者で元日本女子大学長の青木生子先生、元住友電気工業㈱社長で関西経済連合会会長の川上哲郎さん、関西電力㈱社長で電気事業連合会会長の藤洋作さん、富士ゼロックス㈱会長で元経済同友会代表幹事の小林陽太郎さん、㈱神戸製鋼所会長で神戸商工会議所会頭の水越浩士さん、松下電器産業㈱会長で日本経済団体連合会評議員会議長の森下洋一さん（いずれも当時）、等々文字通り我が国の学界や教育界、経済界を代表する第一人者の方々で、どなたも極めてご多忙な方々ばかりであったにもかかわらず、運営協議会には当時すでに九十歳を超えておられた日野原先生をはじめほとんど全員が毎回必ずご出席くださり、貴重なご意見をお述べくださいました。

このようにして皆さんの一致したご協力をいただくことができ、結局、開学当初に多くの方々がご心配くださったような旧三大学間の確執や考え方の相違などによる難しい問題で苦労したことは一度も経験せずにすんだのは本当に有難いことでした。

その頃、同じように複数の県立大学の統合を計画しておられた長崎県から長崎県議会の文教委員会の方々が我々のところにおみえになって、私たちのやり方や経験などについて熱心に質問されていたことなどもありました。

実際、兵庫県立大学の場合は幸いにも皆さん方とても良識的、協力的で、おかげさまで私は学長在任中に不愉快な思いや深刻な苦労をした憶えがなく、私自身には精神的なストレスというようなものは全くありませんでした。もっとも、ある人にその話をしたら、「全くストレスを感じない人は本人はいいけれども周りの人間はたまったものじゃないんだ」と言われたことがありました（笑）。

逆に、当時の石井孝一兵庫県大学課長らと一緒に新しい大学の学章やシンボルマークを考えたり、学歌の歌詞を公募して委員会で最優秀作を選んでもらい、私がそれを補作して有名な三枝成彰先生に作曲をお願いして学歌を作ったり、兵庫県立大学の英語表記を「Hyogo University」にしようとしたら、それはすでに他の大学によって登録されているので使えないということがわかって「University of Hyogo」とすることに決めたこと、等々楽しかった事ばかりが懐かしく思い出されます。学長の任期を二期六年までとすることなども私が提案して決めました。

新しい兵庫県立大学の非常に大きな特色の一つは、兵庫県内の各地にある県立のいろいろな博物館や天文台などの施設を、すべて同時に兵庫県立大学の附置研究所や大学院研究科にするとともに、それらの施設の研究員や学芸員の皆さん方はいずれも同時に兵庫県立大学の教授や准教授などの教員を兼務することとしたことでした。

例えば、一億四千万年前の恐竜の化石の発掘・調査で全国的な注目を集めている三田の県立「人と自然の博物館」や、淡路島にある、ＮＨＫの朝の連続テレビドラマ「わかば」の舞台にもなった県立の「景観園芸学校」、国の特別天然記念物コウノトリの野生復帰で大きな話題となっている、日本海に近い豊岡にある県立「コウノトリの里公園」、県東部の京都府との県境近くの丹波にある「森林動物研究センター」、さらには一般の人が直接目で見ることのできる望遠鏡としては世界最大の天体望遠鏡をもち、十億光年先の天体を誰でも見ることのできる県西部の岡山県との県境に近い山頂にある「西はりま天文台公園」などは、いずれも同時に兵庫県立大学の附置研究所にもなっており、そこの学芸員たちは兵庫県立大学の教員として大学での講義を担当したり、大学院学生などを受け入れて実践的な教育や研究を行うことができるようになっているのです。こんなユニークな制度をもっている大学は全国的にも他には例がないのではないかと思います。また、大学のもつ放射光施設としては我が国で最も大きな放射光施設ニュースバルのある播磨科学公園都市の「高度産業科学研究所」や、日本では初の看護学に関する本格的な研究所で、国連の世界保健機関ＷＨＯの研究協力センターにも指定されている明石にある「地域ケア開発研究所」、等々のユニークな研究所や研究施設などを持っています。

一方、既存の三つの県立大学を統合して発足した結果として、兵庫県立大学は、現在、神戸市内の二ヶ所や姫路、明石などの他、今申しましたような淡路島や豊岡、播磨科学公園都市など兵庫県内の各地に分散する八つのキャンパスからなっており、附属高等学校や附属中学校、附属研究施設などを合わせますと県内全域の十数ヶ所に広く点在していますので、キャンパスが各地に分かれていることは開学当初から総合大学としての機能を発揮するうえで支障にならないかということが心配されていました。

たしかに、キャンパスが各地に分散しているということは、一面では総合大学としての大きな問題点の一つではありますが、しかし、世の中に良いことばっかりというものはないのと同様に、悪いことばっかりというものもまたけっしてないのだという持ち前のネアカ思考で、私は与えられた現状を所与の条件として受け止め、逆に問題点をできるだけプラスに生かす発想の転換と積極的な意欲が必要であると考えることにしました。

実際、考えてみますと、例えば、私が青春時代を過ごしたアメリカのカリフォルニア大学は、世界の大学ランキングでも常にトップクラスに入っている世界的に有名な州立大学で、我が国の公立大学に相当する大学ですが、このカリフォルニア大学などはバークレーやロサンゼルスをはじめ日本の国土とほぼ同じ広さの広大なカリフォルニア州全域に分散して十一ヶ所にキャンパスをもっていますし、また、近年世界的に注目を集めているインドの劇的な発展に大きく貢献しているといわれているインド工科大学は、広大なインド各地に分散する七つのキャンパスからなっています。日本でも、今では国公私立大学とも総合大学の場合にはほとんどすべての大学が数ヶ所以上のキャンパスからなっており、中には二十ヶ所近い各地にキャンパスや研究施設をもっている大学もあります。ですから、兵庫県立大学が複数のキャンパスからなっていることは、決して国際的にも国内的にも特に珍しいことではないのです。最近は、むしろ、多くの大学がさらに新しいエクステンション・キャンパスを各地に設けるために積極的に取り組んでいます。

私たちは、兵庫県立大学の開学にあたって、各学部や附置研究所、附属研究センター等が互いに緊密に連携・融合をはかることができるように、各キャンパスを最新の情報通信ネットワークによって全学的に連結し、学生の皆さんが他のキャンパスの希望する講義を受講することができる遠隔授業システムを構築するなどの努力をしましたが、同時に、与えられた現状を前向きにとらえ、できるだけ全学的な一体性を有機的に保ちながら、各地に点在するいろいろな学部・大学院や研究所などが、それぞれの特色を活かして各地域と密着し、それぞれの地域の人々との親近感を深めながら地域と共生・連携して地域社会の発展にも貢献していくことに力を尽くすことをめざし、新しい時代の新しい公立大学としての一つのモデルになりたいと思ったのです。「兵庫県立大学のキャンパスはどこにあるのですか」とよく聞かれましたが、私はいつも「兵庫県立大学のキャンパスは兵庫県です」と答えていました。

こうして、私は初代学長を二期六年間多くの方々のお力添えをいただきながら楽しく務めさせていただいて、平成二十二年三月末に退任しましたが、その際に兵庫県立大学から名誉学長という身に余る称号をたまわり、今でも兵庫県立大学の名誉教授会には毎回お招きをいただき、出席させていただいています。

これまで度々申し上げましたように、私は学長在任中大勢の方々から暖かいご支援、ご協力をいただきましたが、特に井戸敏三知事には新しく誕生した大学に対して深いご理解と力強いご支援をたまわり、今でも心から感謝しています。

例えば、開学当初から、毎年、研究費に困っている重要な研究を支援したり、緊急性の高い調査・研究を行う必要が突発した場合や、教員が海外で開催される国際学会に出席して新しい研究成果を少しでも早く発表したい時などに海外渡航費として支給できるような、学長の裁量だけで臨機応変に活用することのできる貴重な「学長裁量経費」というものをつけていただき、どんなに有難かったかわかりません。

その頃、大学の教員が使うことのできる旅費というのは、普通、旧七帝大などのような大きな国立大学の教授ですら年に一回程度国内での学会に出席するのがやっとというような状況でしたから、毎年この「学長裁量経費」をいただいて本当に助かりました。ある時、何人かの公立大学長がおられる席でこの話をして、「うちの大学では国内はもちろん海外での国際学会に出席するための旅費に困っているような者は一人もいません」と言ったら、他の公立大学の学長さんたちがとても驚かれて、「日本にもそんなに素晴らしい大学があるのか」と皆さんから非常にうらやましがられました。

このような、新しく発足した大学に対する井戸知事の有難い数々のご配慮と、それらをすべて承認してくださった兵庫県議会の皆様にも心から深く感謝したいと思います。

兵庫県立大学は平成二十六年に目出たく創立十周年を迎え、その間、平成二十五年には県立大学から公立大学法人へと法人化されましたが、建学の理念は少しも変わることなく継承され、開学以来今日までの十年間、立派な研究業績を挙げるとともに、新しいユニークな大学院研究科や附属研究施設等を次々に開設するなど、常に充実・発展の歩みを続け、我が国有数の公立総合大学として高い評価を受けていることはまことに嬉しい限りです。

清原正義第二代学長をはじめ全教職員の皆様のたゆみないご努力に深く敬意を表しますとともに、これからも、多くのユニークな特色をもつ先駆的な大学として益々発展していかれることを心から願っています。

地域社会での活動と社会貢献

阿部　次に、先生のいろいろな社会貢献活動についてお話しいただけますでしょうか。

熊谷　私はどういうわけか、専門でもないのに、都市計画や街づくりなどにかかわる機会がとても多かったように思います。先程お話しした関西文化学術研究都市（けいはんな学研都市）推進機構の評議員会議長を務めたことなどもその一つですが、その他にも中央省庁の関係では国土審議会委員などを拝命し、また地方自治体の関係では大阪府総合計画審議会会長や大阪市総合計画審議会会長、大阪市将来構想委員会委員長、大阪市多目的ドーム建設検討委員会委員長、今の咲洲、夢洲などの埋め立て人工島の将来の在り方を検討するテクノポート大阪推進協議会の会長や、前にも申しました大阪大学医学部附属病院跡地利用構想検討委員会の委員長、大阪湾ベイエリア開発推進協議会代表委員、大阪駅北地区（北ヤード）まちづくり推進協議会委員、国際文化公園都市（現在の彩都）懇話会座長、等々の他、個別の施設や建物についても、例えば大阪シティドーム（現京セラドーム）をつくる時、その基本構想を検討した大阪シティドーム懇話会の会長や、ＮＨＫ大阪放送局（ＢＫ）の放送会館と大阪市立大阪歴史博物館を一体的に新改築することになった時の基本設計の公募型プロポーザル審査委員会の委員長など、とても全部は思い出せないほどたくさんの都市開発や街づくりに関係してきました。

みんなそれぞれにいろいろな思い出がありますが、例えば大阪府北部の国際文化公園都市の通称（愛称）をきめようということになった時、あの地区は茨木市と箕面市にまたがっていたので、茨木市と箕面市のそれぞれの愛称をつなぎ合わせて作ったものが原案として出されたのですが、茨木市と箕面市のどちらかの愛称が上で、どちらかが下になるものですから、下になるほうの案にはどちらの市議会も絶対に駄目だといって互いに譲らず、結局まとまりませんでした（笑）。

それで、その原案はつぶれて、結局「彩都」ということになったのですが、サイトという音のまちは日本に他にもあるということがわかって、少し難しい字ですが「彩都」という漢字の愛称にしたのを覚えています。

それから、大阪府庁や大阪府警本部などと隣接して馬場町の角にあったＮＨＫ大阪放送局の放送会館と、阪大の文学部長などを務められた名誉教授の脇田修先生が館長をしておられた大阪市立歴史博物館を複合的に一体化して立て直すことになった時、どの設計会社にするかというのを決めるのに、あまりよく知られていなかったプロポーザル方式というやり方で決めることになったのですが、私はそれを審査する審査委員会の委員長を頼まれました。

プロポーザル方式と言うのは、私もそれまでよく知らなかったのですが、具体的な設計の詳細そのものは原則として審査の対象とはしないで、その設計会社の今までの実績や、実際にやることになった時に現場に何人張り付けられるかというようなことを聞いたりして、建物の具体の設計については、基本的なデザインの考え方や出来上がった時の外観の完成予想図ぐらいしか出させないで審査をするという審査方式だったのです。

私は審査委員長を務めながらも、もう一つ感じがつかめず、私が一番よいのではないかと思ったのは有名なある設計会社が出した案で、ＮＨＫの放送会館と市立歴史博物館とを一体の建物として、四階か五階ぐらいまでは全部外壁をちょうど目の前の大阪城のお堀の石垣とマッチするような石貼りにするとともに、一階のフロアは共通にして、広々とした床は全面を透明なプラスチックか強化ガラスのようなもので張りつめ、下の難波宮の遺跡が誰でも見えるようにして照明で照らす、というような案だったのです。

私はこの案がなかなか面白いなと思ったのですが、いくつか重大な反対意見が出ました。その一つはＮＨＫから出たもので、そんなことをしたら駐車場はどこにするんだ、地下を使えないなら駐車場は二階か三階につくってエレベーターで車を運び上げたり下ろしたりすることになるんだろうが、放送局というのはいつでも放送車や取材用の車が待機していて、いざ事件という時には即刻飛び出さなければならないので、エレベーターなんかで車を下ろすというような悠長なことでは、全く話にならない。絶対に駄目だ、といって反対されました。

それともうお一人、歴史博物館も一体的につくるというので歴史学・考古学の大先生も委員におられたのですが、その先生から「ほんとにこれだから素人は困る」と言われました。遺跡や古墳なんていうものは、現場を掘り出してそのままにしておくだけでもすぐに駄目になってしまうものなのに、ましてや四六時中照明で照らして、いつでも誰でも見られるようにしておくなんてとんでもない話だ、と言って断固反対されました。

いずれも反論できないようなことばかりで、この案は採用されず、結局、昔はあの辺まで海で、あのあたりは難波津と呼ばれて、津というのは港という意味で、難波の港として海外との交流の拠点ともなっていた場所だったので、帆船の型を象徴する建物の案に決まりました。ＮＨＫの建物が船の帆の型で、その前に舳先の型で歴史博物館が大阪城のほうを向いているというもので、それはそれで難波津の港の跡につくるものとしては結構面白いのではないかと思いました。

しかし、出来上ったのを見たら、ＮＨＫの建物の帆に対して博物館の舳先がきちっと直角になっていなくて、横っちょに向いて曲っているのです。これでは話が違うではないかと言ったら、建物に必要な面積は決まっていたのに道路までの幅や面積が正確には分かっていなかったので、正しく帆船の型になるようにつくると舳先が道路へはみ出てしまうので、しようがなく曲げたのだと言うことでした。頭にきましたね。だから私は今でもプロポーザル方式という選定方式はあまりよい方式だとは思えないんです。

それからもう一つ、大阪シティドーム（今の京セラドーム）をつくる時にも、どういう内容やデザインのものにするかというのを決める「大阪シティドーム懇話会」の座長を頼まれました。この時にもいろいろな案が出てきたのですが、委員のお一人に佐々木（伸）さんという当時大阪市の助役をしておられた方がおられまして、この人は自分で小説を書いたりするアイデアマンで、私はかねてから佐々木さんのセンスを高く評価していましたので、結局、佐々木さんが強く推された「はちまき」をしめたような型の今の建物に決まりました。

内容についても随分いろいろと議論をしました。例えば、多目的のホールにしたいということだったので、野球だけではなく、サッカーもできればテニスもできるというような多目的のものにすること、そのために、短時間で一面に人工芝を敷いたり撤去したりできるようにすること、ホール全面に椅子を二、三十分で自動的に並べたり収納したりできるようにすること、などの他、川に近かったので、立派な船着き場をつくって、皇族方とか外国の賓客などがお見えになった時には船着き場からホールまで赤いじゅうたんを敷いて、国際的な行事やセレモニーなどもできるようにしようとか、いろいろな希望や条件を付けたんですが、実際にはその通りにはなりませんでした。

また、私は大阪駅北地区まちづくり推進協議会や大阪駅北地区都市再生懇談会の委員なども務めましたが、平成十五年頃にはあの地区、いわゆる大阪駅北ヤードをどういう姿の街にするかという大阪駅北地区国際コンセプトコンペなどがあり、私はその審査委員長を拝命し、建築家の安藤忠雄さんや伊藤滋さん（東大名誉教授）、川勝平太さん（現静岡県知事）など十二〜三人の委員の皆さんとご一緒に国内外から寄せられたたくさんのそれぞれに非常に面白い応募提案を審査したこともありました。

そして、いよいよ現在のナレッジキャピタルなどのある第一期先行開発区域の開発事業者を決定することになった時には、それを審査する「事業企画審査会」の委員長を頼まれてずいぶん気を使い、また苦労もしました。実際、例えば外資系のあまり信用できそうにない感じの不動産グループの運動などもあり、しかも、審査の透明性、公平性の観点から原則的には競争入札制で、少しでも高く土地の購入価格を提示した事業者に決めなければならないということになっていましたので、本当に心配しました。しかし、結局我々が一番よいと思っていた事業者グループに落ち着いてホッとしたことを覚えています。実際にも平成二十五年の春に出来上ってグランフロント大阪と名づけられたこの区域（愛称「うめきた」）はとてもよい感じのまちになっていて、人気も高く、大変喜んでいます。グランフロント大阪の目玉の一つともなっているナレッジキャピタルというのは、研究者や企業人、さらには一般社会人などが自由に交流して新しい知的創造をめざす活動の拠点として設けられたもので、そのナレッジキャピタルの代表理事は大阪大学名誉教授の宮原（秀夫）元総長が務めておられますが、私もそこの名誉会員にしていただいています。

その後、第二期の開発区域をどうするかということについては、大阪大学の西尾（章治郎）副学長（当時、後第十八代総長）が委員長となっていろいろと検討しておられましたが、その時々の経済事情などもありましょうが、国づくり、都市づくりなどというものは、しっかりした理念と長期的なビジョンのもとに、最高のものをめざして皆で努力しないと、結局世界から敬愛されるような魅力のある立派な国や地域にはなれないと思います。

以上のような仕事の他、地域の関係では、例えば大阪府の教育委員会の委員長を十一年間務めました。この委員会ではいろいろ難しい問題があって苦労しましたが、特に大変だったのは、少子化の影響でだんだん生徒の数が減ってきているので高等学校を統廃合するという問題と、定時制の夜間高校の問題でした。

高等学校の統廃合では、当然のことながら、統合によって廃止されることになる高校の卒業生たちの熱い思いや地域の人たちの強い反対などがあってとても大変でした。

また、私たちは、定時制の夜間の高校というのは、昼間は働いていて学校へは夜しか行けないという子のためにあるものだと思っていたのですが、事務局の説明では現状は必ずしもそうではないということを聞かされて大変驚きました。現在、定時制の夜間高校に行く子の大部分は、実は昼間働いているような子ではなく、昼間は家に引きこもっていて、夜にならないと出て行くのが嫌だというような子だとか、あるいは理由はいろいろあるのでしょうが、とにかく昼間の高校へは行きたがらないというような子どもたちがほとんどなのだということだったのです。それで、夜間の高校をできるだけ整理していきたいということだったのですが、しかし、経済的な理由や家庭の事情などで昼間は学校へ行くことができないような子が少しでもいる限り、夜間の定時制高校は絶対に必要であるというのが我々の考えでしたから、みんなで真剣に議論しましたが、いろいろな誤解などもあって後々まで苦労しました。

昼間の普通高校でも、生徒数が減ってきたから他の高校と統合するというのは、統合されてしまうほうは自分たちが卒業したなつかしい母校がなくなってしまうわけで、卒業生としたら誰でも嫌ですから、当然大きな抵抗があり、そういう中で、具体的に高等学校の統廃合を決めるというのは非常に大変で、いろいろな苦情などがたくさんきたりしてとてもつらい思いをしました。

その他、大阪府や大阪市に関係のある仕事では、例えば高知の沖で捕れた雄と雌の二匹のジンベイザメが大阪市立の水族館の海遊館へ納められた時に、その名前を決める委員会の委員長を頼まれたりしましてね（笑）。公募をしたので全国からたくさんの応募があったんですが、雄と雌のジンベイザメだったので、全員一致で、海遊館の海君、遊ちゃんと決めたことも今思い出しました。

阿部　社会貢献について、いろいろなご活動を語っていただいていますが、これらの他にも、例えば熊谷先生は大阪二十一世紀協会の会長もお務めになっていますので、このお仕事に関してご説明いただけますでしょうか。

熊谷　これは、わりに大阪大学とも因縁のある協会で、初代の会長は私の両親の時代から親しくさせていただいていた松下電器（現パナソニック）の創業者の松下幸之助さんでしたが、二代目が阪大の吹田キャンパスの正門整備などに多額のご寄付をいただいた関西電力の社長で関西経済連合会会長などを務められた芦原義重さん、そしてその次の三代目が阪大理学部の卒業生で私の浪高（旧制浪速高等学校）の親しい先輩でもあるサントリー社長の佐治敬三さん（いずれも当時）でしたが、その佐治敬三さんが突然亡くなったので、思いもかけず会長をやってくれと言われたのです。しかし、それまで会長は歴代関西経済界の超大物が務めておられましたので、私は経済界の方のほうがよいのではないですかと申し上げて固辞したのですが、秋山喜久関経連会長（当時）からも強く頼まれて、結局、平成十二年（二〇〇〇年）四月から私が第四代目の会長を務めることになったのです。

大阪二十一世紀協会というのは、まず松下幸之助さんを初代会長とし、大阪府知事、大阪市長、関西経済連合会会長、大阪商工会議所会頭等を副会長として昭和五十七年（一九八二年）に設立された財団法人で、理事・評議員には関西の経済界、官界、学界、文化界その他の各界を代表する方々六十三名を網羅し、理事会・評議員会の下に設けられた企画委員会は梅棹忠夫氏（文化勲章受章者、京都大学名誉教授）を委員長とし、小松左京氏、堺屋太一氏、佐治敬三氏、それに阪大教授の上田篤氏の四名を副委員長とする有識者三十四名で構成され、まさに関西・大阪の総力をあげての体制でした。

この協会の設立にあたって掲げられた理念は、「来る二十一世紀における大阪が国際的・文化的な魅力溢れる世界都市となることを目指す」というものでしたが、中でも特に強調されていたのは、経済と共に車の両輪をなす文化の重要性で、芸術的・学術的・創造的な諸政策の提言や文化的な諸行事の推進などに取り組むことが謳われており、これまで大阪の秋の風物詩として市民の皆さんに長く親しまれてきた御堂筋パレードをはじめさまざまな活動を行ってきていました。

設立三十周年を迎えた平成二十四年の四月一日からは公益財団法人に移行し、それを機に、名称も「関西・大阪二十一世紀協会」と改めて新しく再出発しましたが、設立にあたって掲げられた高い志は変わることなく継承され、関西・大阪が豊かに繁栄し、かつ世界の人々から敬愛されるような文化の薫り高い魅力溢れる地域となるために、「文化立都」をめざして歌舞伎や文楽などの伝統芸能の維持、興隆や幅広い学術・芸術・文化活動の支援をはじめ、日本万国博覧会記念基金事業として国際交流や国際相互理解の促進などいろいろな事業や活動を行っています。その他にも、例えば「KANSAI・OSAKA 文化力」という機関誌を定期的に発行して日本文化の魅力を国内外に情報発信したり、協会の中に「アーツサポート関西」という組織を設けて広く一般からの寄附を受け入れ、芸術・文化活動の支援を行うなどの事業に努めています。

この関西・大阪二十一世紀協会は発足以来今日まで財界などから大きなご支援をいただいてまいりましたが、大阪大学の岸本忠三第十四代総長（免疫学の世界的権威、文化勲章受章者）や、阪大法学部のご卒業で独立行政法人日本芸術文化振興会の理事長や財団法人大阪観光コンベンション協会の会長などをお務めになった元サントリー㈱副社長の津田和明さんにもそれぞれ理事としてご尽力いただだいています。また、審査委員会の委員長や委員などとして大勢の大阪大学の先生方にも大変ご協力をいただいています。

阿部　その他にもまだあればお話しください。

熊谷　その他には、例えば大阪府文化振興財団の理事長や大阪府の大阪センチュリー交響楽団（現日本センチュリー交響楽団）の理事長なども務めました。センチュリー交響楽団は私が理事長の時に初の海外公演を行い、私も同行してボストンの由緒あるシンフォニーホールやニューヨークの有名なカーネギーホールなどでも演奏会を開きました。

ボストンのシンフォニーホールはよく知られたボストン交響楽団の拠点で、世界的に有名な伝統あるクラシック音楽の殿堂ですが、このホールには年間を通して自分の定まった席を借り切ることができる制度があって、見てみると世界中の大金持ちや著名人の名前が書かれたネームプレートがついている席がいくつかありましたが、その中にサントリー㈱社長（当時）の佐治敬三さんのお名前が「Keizo Saji」と書いてある席があるのを見つけてびっくりするとともに、とてもなつかしく、思わず「格好良いなー」と嬉しくなりました。

佐治敬三さんは私よりちょうど十歳年上の浪高（旧制浪速高等学校）の尋常科、高等科の先輩で、大学も佐治さんは理学部化学科、私は工学部通信工学科と学部・学科は違いましたが同じ大阪大学の卒業生で、浪高時代から同じテニス部の大先輩でもありましたので、よく旅行やゴルフにもお供させていただくなど公私にわたって大変ご厚誼をたまわってきました。佐治さんの文字通り豪放磊落なお人柄はまさに天性のもので、佐治さんのまわりはいつも明るい笑い声につつまれて本当に楽しい限りでした。佐治さんが買い取られたフランスのボルドーの豪壮なワインのシャトー・ラグランジュにも何回かお招きいただきましたが、そこに大勢の賓客を招待してパーティーを催される時などにも佐治さんは大経営者としての実績と経験に裏打ちされた自信に満ち満ちて、アメリカやヨーロッパの各地から集まった大勢の著名人のなかにあって他を圧する堂々たるホスト振りで、オーラに満ち溢れ、まさに世界に通用する日本の大国際人でした。

佐治さんが昭和六十一年（一九八六年）にドイツ政府から功労勲章大功労十字章をお受けになった時には、私はその授与式の立会人を頼まれるという光栄に浴し、また佐治さんが設立されたサントリー文化財団の理事やサントリー地域文化賞の選考委員なども務めさせていただきました。

佐治さんはサントリーを日本を代表する世界的な大企業に育て上げられた偉大な経営者であると同時に、音楽をはじめ地域文化の振興や学術・文化・芸術などの幅広い分野の支援にも極めて大きな貢献をされた文化人でもありましたが、それにふさわしく、平成十一年の十一月三日「文化の日」にその輝かしい人生の幕を閉じられました。佐治さんがつくられた東京のサントリーホールで行われたサントリーの社葬では私は友人代表として参列させていただきましたが、私にとって佐治さんは友人というよりも敬愛する兄貴分のような存在でした。

由緒あるボストンシンフォニーホールでその佐治敬三さんのお名前が書かれた佐治さん専用の貸し切りの座席があるのを見つけて、改めてそのスケールの大きさに感嘆するとともに、日本人として、また同じ阪大の卒業生としてとても誇らしく思った次第です。佐治さんのいろいろな思い出についてはその後出版された佐治さんの追想録にも書かせていただいています（「佐治敬三さんの思い出」佐治敬三追想録 七〇頁 サントリー株式会社 平成十二年十一月一日）。

また、カーネギーホールで行った演奏会には当時国連大使をしておられた雅子妃殿下のご両親で、私とは旧知の小和田恒大使ご夫妻や、たまたまニューヨークに来ておられた阪大工学部の森永則彦教授（現名誉教授）などもお見えくださいました。

それからもう一つ、大きな仕事としては地球環境センターの理事長というのがあるのですが、これも非常に大事な仕事でした。

国連の中に、唯一、環境問題を専門的に扱う「国連環境計画」（United Nations Environment Programme、略称UNEP）という機関があるのですが、大阪市では平成二年（一九九〇年）に「自然と人間との共生」をテーマとした「国際花と緑の博覧会」を成功裡に終えたあと、その精神を引き継ぐものとして、地球環境保全に関する国際機関の誘致をめざして大阪市をはじめ関西の経済界を中心に政府もあげての熱心な誘致活動を行った結果、大阪に「UNEP国際環境技術センター」というのが設置されることになったのです。このセンターは、特に都市の大気汚染や排水、廃棄物問題、省エネ・省資源技術などの都市環境問題を対象として活動し、発展途上国への環境関連技術の移転・促進などを行う日本初の正式の国連の機関なのですが、その誘致のために、大阪市や日本政府はこのセンターが大阪に出来た場合にはその活動を全面的に支援する組織をつくって協力するということを国際的に公約していたのです。その結果出来たのが地球環境センター（Global Environment Centre　略称ＧＥＣ）という財団法人で、私はその初代の理事長を拝命し、このセンターが発足した最初の平成四年から宮原秀夫阪大名誉教授（元阪大総長）にお願いして交代してもらった平成十九年まで十五年間理事長を務めました。

大阪の鶴見緑地にできたＵＮＥＰ国際環境技術センターは正式の国連の機関なので、そのトップや職員も国連から派遣された正規の国連職員でしたが、建物も「国際花と緑の博覧会」の会場跡の花博記念公園の中に当時の省エネのモデル的な建物として新しく建てられたもので、地球環境センター（ＧＥＣ）もその建物と一体的につくられた建物に入ってＵＮＥＰ国際環境技術センターの支援活動をしていました。

ＧＥＣの理事長をしていたおかげで、「国連環境計画」（ＵＮＥＰ）の本部があったアフリカのケニヤの首都ナイロビにもＵＮＥＰの管理理事会などに出席するために何回か行きました。そして、その度に、有名なマサイ・マラ動物保護区へも泊まりがけで行き、野生のライオンや縞馬などたくさんの動物や鳥たちが自由に生きている様子を間近に見ながらアフリカの広大な原野の自然を体験することができて、非常に貴重な経験となりました。

阿部　社会貢献につきまして、先生は本当にたくさんのお仕事をされておりますが、主なご活動はこのぐらいと考えてよろしいでしょうか。

熊谷　社会貢献活動のうち、私の専門分野に直接関係する学界活動としては、電子情報通信学会会長をはじめ、世界最大の国際的な学会である米国電気電子学会（Institute of Electrical and Electronics Engineers, Inc.　略称ＩＥＥＥ）の Japan Council 初代会長などを歴任した他、多くの国際学会や国際会議の会長や組織委員長などを務めましたが、まだまだ他にもたくさんあります。この機会に思い出すままに申し上げますと、これまでに話に出てこなかったものの中で公的な仕事としては、例えば文部省（現文部科学省）の大学設置・学校法人審議会の理事や委員をはじめ、郵政省電気通信技術審議会委員、総務省独立行政法人評価委員会委員長、独立行政法人科学技術振興機構運営会議会長、国立民族学博物館評議員、国立国際美術館評議員などの他、私の専門分野に近いものとしては、例えばレーザー学会理事、国立情報学研究所評議員、郵政省電気通信フロンティア研究推進委員会委員長、郵政省情報通信ブレークスルー基礎研究二十一推進会議会長、光量子科学技術推進会議会長、テレコム先端技術研究支援センター会長、マルチメディアバーチャルラボ開発推進協議会会長、イメージ情報科学研究所評議員、近畿ニューメディア推進協議会理事・副会長、災害科学研究所理事長、基盤技術研究促進センター評議員、レーザー技術総合研究所理事、高輝度光科学研究センター理事など、また、学術・文化・教育等の関係では大学入試センター評議員、大学基準協会理事、衛星通信教育振興協会評議員、日本国際教育協会理事、公益財団法人国際科学技術財団評議員、同日本国際賞審査委員会委員長、国際高等研究所理事、大阪バイオサイエンス研究所理事、高知工科大学理事、大阪薬科大学評議員、国際大学評議員、日本工学アカデミー理事、関西新技術研究所（ＫＲＩ）顧問、地球環境産業技術研究機構顧問、地球環境関西フォーラム一〇〇人委員会代表委員、郵政省通信総合研究所特別顧問、理化学研究所相談役、日本放送協会放送技術審議会委員、日本電信電話公社（現ＮＴＴ）研究開発本部顧問、防衛庁（現防衛省）研究開発本部顧問など、さらには専門分野とは全く関係のない大阪府日本中国友好協会会長、日中科学技術協会理事、大阪府国際交流財団理事、太平洋人材交流センター評議員、サントリー文化財団理事、稲盛財団特別顧問、日本万国博覧会記念機構評議員、適塾記念会会長、懐徳堂記念会理事、ＮＨＫ近畿地方放送番組審議会委員長など、これまで数え切れないぐらいの役職を務めてきました。

その他、変ったところでは、昭和四十八年に阪大の吹田キャンパスをテリトリーに含む千里ロータリークラブが出来た時、当時の釜洞醇太郎総長のご推薦で、というよりも総長命令で、まだ教授になって間もなかった私が阪大から最初の会員として送り込まれ、創設十周年の時には会長を務めたりしましたが、この千里ロータリークラブにはその後の歴代阪大総長をはじめ大勢の教授や名誉教授の方々が会員となっておられます。

また、やはり変ったところでは、西宮高原ゴルフ倶楽部や大津カントリークラブの理事長なども務めました。前にも申し上げましたように、私は浪高（旧制浪速高等学校）の尋常科の頃から学生時代はずっとテニスをしていましたが、カリフォルニア大学のバークレーに行った時にゴルフを始め、それ以来ずっとゴルフを楽しんできました。そして、日本に帰ってくるとすぐに新しく開場したばかりの西宮高原ゴルフ倶楽部に入会して毎週のように通い詰めました。開場初年度の来場数第一位という、今後とも誰にも破られることのない珍妙な記録も持っています。

私はその後理事長を長く務め、平成二十五年に開場五十周年を迎えたのを機に理事長を交代してもらい、名誉理事長という称号をいただきましたが、このゴルフクラブには、私がお誘いして、親しかった阪大工学部通信工学科の中西義郎教授や手塚慶一教授（いずれも故人）、児玉慎三教授（現名誉教授）や宮原秀夫教授（後阪大総長）などが会員になられて、いつも一緒にゴルフを楽しみました。その他にも阪大の卒業生や現職の先生方が大勢会員でいらっしゃいまして、今でも阪大工学部の名誉教授を含む電気系の先生方の「緑喜会」というゴルフの会は毎回この西宮高原ゴルフ倶楽部で行われています。

こうして改めて思い出してみますと、私もずいぶんいろいろな役をしてきたものだと思いますが、八十六歳になった今も、国際電気通信基礎技術研究所（ＡＴＲ）の取締役会長をはじめ、計算科学振興財団評議員、学士会理事、原子力安全システム研究所最高顧問会議議長、兵庫県科学技術会議会長、兵庫県参与、関西・大阪二十一世紀協会会長、読売テレビ放送番組審議会委員長、ひょうご科学技術協会理事長、関西サイエンスフォーラム理事・企画委員会座長、国際民商事法センター評議員、京阪神ケーブルビジョン評議員、などの他、島津科学技術振興財団理事、立石科学技術振興財団理事、住友財団理事、松下幸之助記念財団理事、ダイキン工業現代美術振興財団理事、高橋信三記念放送文化振興基金運営委員会委員、安藤忠雄文化財団理事、茶道裏千家今日庵評議員、甲南女子学園理事・評議員、ＮＥＣ Ｃ&Ｃ財団評議員、等々いろいろな仕事を続けています。また、大阪大学の関係では大阪大学同窓会連合会会長をはじめ適塾記念会アドバイザリーボード委員や懐徳堂記念会運営審議員などを務めています。

これらの諸機関や財団等の中には大阪大学にご縁の深い方も大勢おられて、例えば基礎科学の研究や国内外の文化財の維持・修復事業等を助成しておられる公益財団法人住友財団の理事長の住友吉左衛門さんは住友家の第十七代当主でいらっしゃいますが、この住友さんは大阪大学大学院の基礎工学研究科で学ばれて工学博士の学位を阪大からお受けになった大阪大学の卒業生なのです。

以上のように、私にとっては思いもかけなかったような分野も含めて、いいろいろな仕事をやらせていただく機会を与えられてきましたが、振り返ってみますと、どの仕事もすべて楽しく、とても面白かったし、いろいろと勉強にもなり、やりがいのあることばかりやらせていただくことができて本当に幸せだったと思います。そして、いつも大勢の方々から暖かいお力添えをいただいて、感謝の気持ちで一杯です。

文化功労者顕彰

阿部　先生は平成十一年（一九九九年）十一月に文化功労者に選ばれておられます。このことにつきましてお聞かせいただけますか。

熊谷　この時も全く思いもかけず、文部省から私の自宅に電話があって、文化功労者の候補に内定したが受けられますか、というご連絡を突然いただき、驚くと同時に非常に感激しました。私はそれまでに文化勲章の受章者も併せて選考する文化功労者選考審査会（当時）の会長と副会長をそれぞれ一度ずつ務めたことがあるのですが、まさか自分が文化功労者に選ばれることになるとは思ってもいませんでしたので本当に嬉しく思いました。

前にもお話ししましたが、私の両親が神戸の栄光教会で結婚式を挙げた時、司祭をしてくださったのは栄光教会の日野原（善輔）牧師さんでしたが、その日野原牧師のご令息が現在百歳

文化功労者に熊谷元総長

電磁波工学を確立

科学技術の発展に貢献

十月二十六日に政府から発表された九十九年度文化功労者に、本学元総長の熊谷信昭名誉教授（70）が選ばれた。熊谷元総長は一貫して電磁波論とその工学的応用に関する研究を推進し、数々の先駆的な研究を展開して多くの顕著な業績を挙げ、新しい電磁波論の開拓と電磁波工学の確立に主導的役割を果たすとともに、本学総長をはじめ、電子情報通信学会会長、科学技術会議議員などの要職を歴任し、多くの有為な人材の育成と我が国の科学技術の発展に極めて顕著な貢献をした。日本学士院賞をはじめ数々の学会賞を受賞し、今年も一月に高柳記念賞、十一月に大川賞を受賞している。（関連記事2面に）

熊谷元総長は、世界に先駆けて相対論的電磁波論に関する研究を創始し、従来の定説や常識を覆す数々の興味ある学術的新知見を次々に見いだし、電磁波論の新しい分野を開拓して、この分野における世界的な研究活発化の端緒を開いた。

また、複合散乱体による電磁波の散乱問題の解明をはじめ、種々の電磁系および導波系における散乱や電磁放射、モード変換・モード結合などに関する電磁波論的解析を行い、各種の有用な解析技法を考案・開発するなど多くの貴重な学術的成果を挙げて、近代電磁波論の発展に大きく寄与した。

一方、それらの成果を駆使して、マイクロ波帯からミリ波帯および光波帯に至る電磁波の広汎な領域において、常に他に先駆けた工学的応用に関する先導的研究を展開し、独創性に富んだ幾多の研究成果を挙げて、現在、電磁波工学とよばれている分野の学問・技術の確立に大きく貢献した。特に、それまで未開拓の領域であったミリ波帯の通信への応用に関する研究に取り組み、世界の通信技術者がかつて経験したことのない多モード導波管伝送系に関する一連の先駆的研究を行い、従来全く明らかにされていなかった多モード導波管伝送系の特異な特性を解明して、低損失ミリ波導波管通信方式の研究・開発に寄与した業績は国際的にも高く評価されている。

さらに、各種のレーザや光回路素子および光導波系に関する多くの先駆的研究を行い、独創性に富んだ数々の成果を挙げて、レーザ工学の発展と光通信技術および光波エレクトロニクスの進歩にも先導的役割を果たした。

また、長年にわたり学生の教育や後進の指導・育成にも力を尽くし、国立大学協会副会長、文部省学術審議会専門委員、大阪府教育委員会委員長等として、我が国の教育改革と人材育成に多大な貢献をしている。

さらに、電子情報通信学会会長をはじめ、郵政省電気通信技術審議会委員、日本学術会議電子・通信工学研究連絡委員会委員などを歴任し、現在も科学技術会議議員や国土審議会委員をはじめ郵政省通信総合研究所顧問、理化学研究所相談役等として電子・通信技術の発展と我が国の科学技術の振興に大きく貢献している。

最近では、原子力安全システム研究所社長兼所長や国連地球環境計画（UNEP）支援法人地球環境センター理事長等として、エネルギー問題や環境問題の分野でも活躍している。

第一線の研究生活から退いて久しいが、「若いころに精根を傾けて取り組んだ研究は『初恋の人』のようなもの」と、今でも最新の論文や学会誌を思わず読みふけってしまうという。ミュンヘンのドイツ博物館で、若き日に情熱をもって取り組んだミリ波導波管の展示を見つけたときには、「ミュンヘンの地で昔の恋人に出会ったような感激を覚えた」。

現在、百四、五十の肩書きをもち、その中には上方演芸資料館などを管理する大阪府文化振興財団の理事長や大阪センチュリーオーケストラ理事長なども。

最近、文化勲章や文化功労者顕彰、日本学士院賞などの発表があるたびに本学関係者の名前が出ている。「私個人としても大変名誉なことですが、本学関係者の一人として選ばれたことを非常にうれしく思っています」。

学生に向かっては「何事にも徹底して取り組むことが大切」と後に続く阪大生にエールを贈っている。

現職	科学技術会議議員	
	大阪大学元総長・名誉教授	
学位	工学博士	
生年月日	1929年5月19日	
経歴	1953年	大阪大学工学部通信工学科卒業
	1956年	大阪大学大学院特別研究生修了
	1958年	カリフォルニア大学電子工学研究所上級研究員
	1971年	大阪大学工学部通信工学科教授
	1980年	大阪大学学生部長
	1985年	大阪大学工学部長
	1985年	大阪大学総長
	1990年	電子情報通信学会会長
	1991年	大阪大学名誉教授
	1993年	科学技術会議議員
主な受賞歴	1981年	IEEE Fellow
	1983年	レーザー学会特別功績賞
	1985年	電子通信学会業績賞
	1987年	電子情報通信学会功績賞
	1988年	郵政大臣表彰
	1989年	電子情報通信学会著述賞
	1990年	日本放送協会放送文化賞
	1994年	IEEE Life Fellow
	1995年	電子情報通信学会名誉員
	1997年	日本学士院賞
	1999年	高柳記念賞
	1999年	文化功労者顕彰
	1999年	大川賞

佐治敬三氏が死去

「大阪大学の誇りだった」

80　歳

元大阪商工会議所会頭で文化活動にも活発に取り組んだサントリー代表取締役会長、佐治敬三（さじ・けいぞう）氏が三日午前六時三十一分、肺炎のため大阪府吹田市の本学医学部付属病院で死去した。八十歳。

大正八年、寿屋（現サントリー）の創業者、鳥井信治郎氏の次男として大阪市に生まれた。昭和十七年大阪帝国大学理学部化学科を卒業、二十年寿屋に入社、三十六年から約二十九年間にわたって社長を務め、平成二年三月、会長に就任した。社長時代、父親譲りの「やってみなはれ」精神で新規事業に進出し、世界有数の洋酒メーカーに発展させた。

財界活動にも積極的で、関西経済同友会代表幹事、

文化功労者顕彰を伝える大阪大学新聞。平成11年11月20日付。

を超えてなおお元気な有名な日野原重明先生で、日野原重明先生と私の母は幼なじみだったのです。

その日野原重明先生が、私が文化功労者に選ばれる栄に浴した同じ年に、たまたま先生も文化功労者に選ばれて、顕彰式の時に初めてお目にかかりました。私は先生のお名前はもちろんよく存じあげていましたが、直接お目にかかるのはその時が初めてでした。

そうしたら、日野原先生が私に、「あなた熊谷さんというけど、ひょっとしてみっちゃんの息子さんじゃないでしょうね」と言われたんです。私の母親は道子という名前で、みっちゃんと呼ばれていました。それで、「そうです。熊谷道子、旧姓西山道子の息子です」と申しましたら、「やっぱりそうですか」と言って大変喜んでくださいました。本当に不思議な偶然の出会いで、私もとても嬉しく思いました。しかし、母はその時すでに五年前（平成六年）に八十八歳で亡くなっていましたので、残念ながらこのことを話すことはできませんでしたけどね。

その日は顕彰式のあと、日野原先生などとご一緒に天皇・皇后両陛下から御所でのお茶会にお招きいただいたりして本当に光栄に思ったことでした。

大阪大学は、旧帝大の中では二番目に歴史の浅い大学ですが、その短い歴史の間に文化勲章や文化功労者顕彰、あるいは日本学士院賞などを受けた人の数がこれほど多い大学というのは稀有のことだと言われてきましたので、私もその数に加えていただくことができたのは、個人

瑞宝大綬章受章の栄に浴して。
妻栄美子と共に。平成 19 年 11 月 6 日。

的に有難く嬉しいと思うと同時に、大阪大学にも多少のご恩返しが出来たのではないか、といいますか、大阪大学にとっても大変有難いことだと思った記憶があります。文化功労者に内定したというお知らせをいただいた時には、むしろ最初にそう思いましたね。この他にも平成九年に天皇陛下ご臨席のもとで日本学士院賞をいただいた時も、研究者として最高の栄誉と心から嬉しく思うとともに、その時も大阪大学にとっても有難いことだと思いました。

その後、私は平成十九年に瑞宝大綬章を授与されるという栄に浴しましたが、その時には少し様子が違って、叙勲の内示をいただいた時には私はまだ兵庫県立大学の学長を務めていた現職中だったので、叙勲というのは現役を引退されたお年寄りがもらわれるものだというような印象をもっていたものですから、私は半分照れかくしに、「そんな引退勧告みたいなものはいらない」と言っていたら、それが所轄官庁の文部省（当時）にまで聞こえたようで、文部省から電話がかかってきて、「あなたはそんな引退勧告みたいなものはいらないと言っているそうだが、大綬章というのは以前の勲一等で、ごく限られた人にしか授与されないものなのだから辞退するというようなことはしないほうがよい」と言ってこられました。文部省からの推薦だったらしくて、文部省は噂を聞いて心配されたようなのです。私はすっかり恐縮してしまって、「もちろん有難く頂戴いたします」と申し上げましたが、この騒ぎは未だに忘れられません。

その年の十一月六日に、皇居・宮殿において当時の福田康夫首相侍立のもとに天皇陛下から直々に勲章を親授され、天皇陛下ご直筆の「明仁」というご署名が書かれた勲記をいただいて大変有難く思いましたが、半分冗談とはいえ全く不遜なことを言ったものだと今でも申し訳なく思っています。

講書始の儀

熊谷　天皇陛下といえば、宮中の重要な行事の一つとして、毎年、年頭にあたって天皇陛下がいろいろな分野の学者から講義を受けられる新春恒例の「講書始の儀」というのがありますが、

講書始の儀。皇居・宮殿「松の間」において天皇陛下にご進講。
平成 13 年 1 月 10 日。

私はその進講者に選ばれて、平成十三年（二〇〇一年）の一月十日に皇居・宮殿の「松の間」で天皇陛下にご進講申し上げた思い出があります。

この「講書始の儀」というのは明治時代から続いている伝統の宮中行事で、毎年、分野の違う三人の進講者が指名されて、それぞれ自分の専門分野についてお話し申し上げることになっており、私は「情報通信技術の進歩」というテーマでお話ししました。持ち時間は一人十五分ということが厳格に定められており、しかもその準備は二年がかりで、進講者となることは二年前に決定されていて、一年前の「講書始の儀」には進講者控としてその年の進講者のうしろに控えて拝聴することになっているのです。まあ、翌年の本番のための実地見習いのようなものですが、しかし、その年の進講者にもしも万一急病その他不測の事態が起こった場合には代ってご進講をすることになっていて、一年前には正式のテーマもその内容も本番どおりきっちり準備して宮内庁に出しておかなければならないのです。

当日は天皇、皇后両陛下の他、皇太子殿下ご夫妻や秋篠宮殿下ご夫妻らの皇族方、それに衆参両院議長や最高裁判所長官など各界から招かれた陪聴者の方々が居並ぶまことに厳粛な雰囲気の中で粛々と進められ、私にとりまして大変印象深い貴重な経験となりました。

この「講書始の儀」には後日譚があって、天皇、皇后両陛下が私の話にご興味をおもちくださったのかどうか知りませんが、それから間もなく宮内庁から、両陛下が全く私的に私を食事に招きたいとおっしゃっておられるので一晩御所にお越し願いたいという連絡があったのです。そして、「誰か適当な人をご一緒にお連れください」ということだったので、やっぱりこういう時は女房ぐらいを連れて行くのが一番無難なのではないかなと思って「それでは家内を一緒に参上させていただきます」というお返事をしたら、また間もなく連絡があって、「奥さまはもういいから他の誰か適当な人を」と言われたので私は思わず吹き出してしまいました。

それで、誰か面白そうな人をと思っていろいろ考えて、結局、阪大の名誉教授で、私が総長時代には総長補佐をしてくださったりしていた著名な劇作家・評論家で、中央教育審議会の会長などもお務めになった我が国を代表する知識人のお一人で、私がかねてから敬愛している山崎正和さん（後、日本芸術院賞、恩賜賞受賞）と、普段から親しくさせていただいている世界的

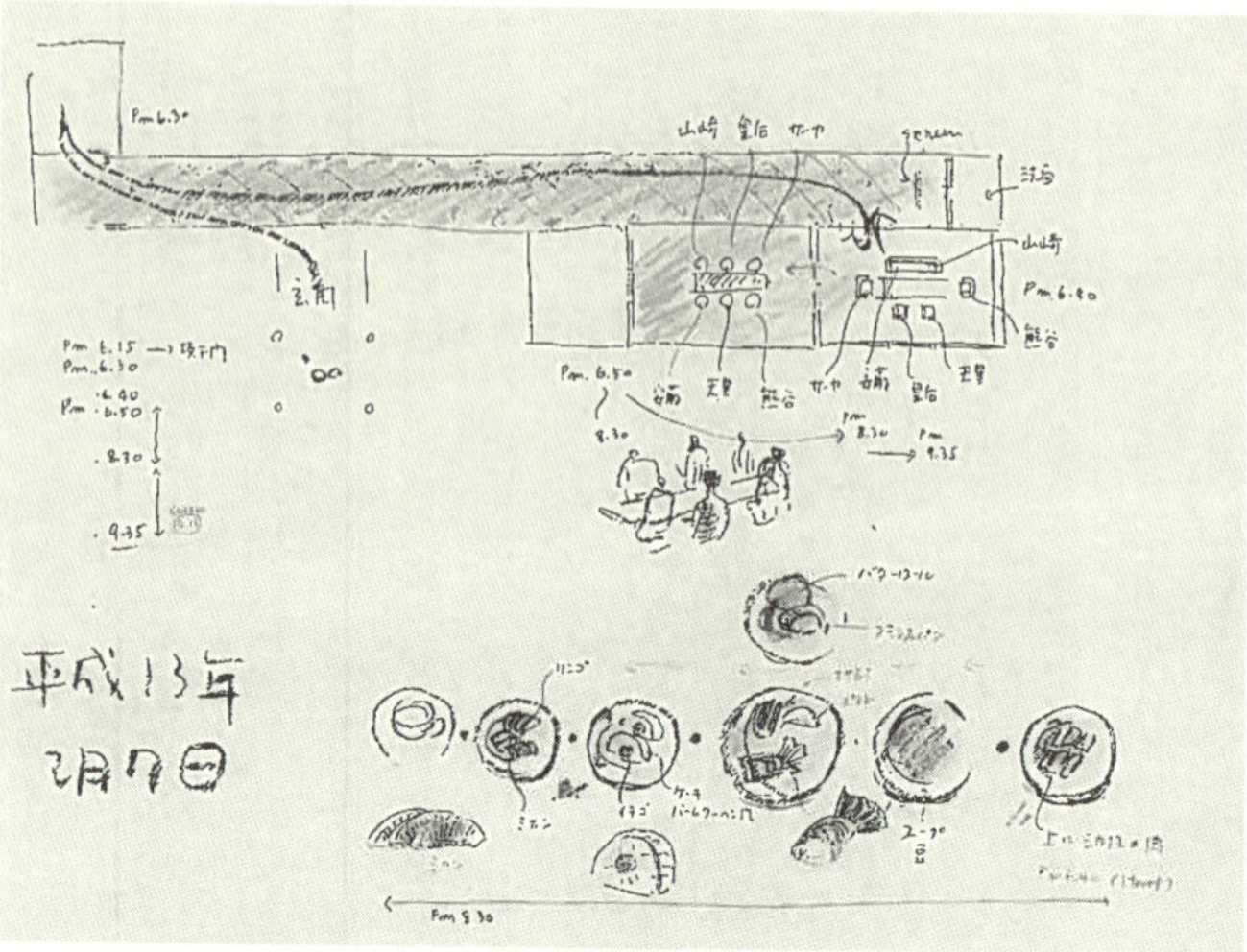

天皇・皇后両陛下から夕食にお招きいただき、山崎正和さん、安藤忠雄さんとご一緒に御所に参上して過ごした楽しい一夕。応接室や食堂での様子、いただいたお料理の品々などを安藤さんが描きとどめてくださった貴重な思い出。平成 13 年 2 月 7 日。

な建築家の安藤忠雄さん（後、文化勲章受章）のお二人をお誘いすることにしました。

お二人とも喜んで一緒に行ってくださることになって三人で御所に参上したのですが、その夜は思いもかけなかったほど愉快に盛り上がって、私も天皇陛下に「陛下はラーメンを召し上がられたことがおありですか」と失礼なことをうかがったりして、後で安藤さんから「天皇陛下にようあんなこと聞くわ」とひやかされました。天皇陛下もすっかりリラックスされたご様子で、子供の頃に、昼間に食べたお饅頭がとてもおいしくて、もっと食べたくて、夜にそのお饅頭が置いてありそうな所を探しに行った、というようなお話などいろいろなお話を面白そうになさって、本当に楽しい一夕でした。「サーヤ」とよばれて国民から親しまれていた紀宮さま（清子さま）もまだご結婚前で、遅くまでご一緒に楽しまれました。

実は、我々三人が御所に到着した時、まず控えの間のような所に通されて、そこで侍従から「最初にしばらくご歓談いただき、その後お席を変えてお食事を召し上がっていただいて、お食事の後のご歓談の時に応接室の扉を三回ノックいたしますので、それがお開きの時間がまいった合図だとご承知おきください」と言われていたのですが、食事の時から話が盛り上って、ノックが三回あるたびに天皇陛下がそれを無視して侍従を追い返されて、ずいぶん夜遅くまでお邪魔しました。

帰り際にお玄関まで天皇、皇后両陛下と紀宮さまがお見送りに来てくださったのですが、その時、皇后さまが私に小さなお声で「お手洗はよろしゅうございますか」とおっしゃってくださいましたので、私は「結構でございます」とお断り申し上げました。実は私は、それまでにも何回か御所に参上する機会があって、例えば日本国際賞の審査委員長を五年ほど務めていた時には、毎年、受賞者が決定すると、その方々のご業績と授賞理由を両陛下にご説明申し上げるために御所にうかがっていました。日本国際賞の授賞式と祝宴には天皇、皇后両陛下は第一回の時から毎年必ずご臨席になり、祝宴では天皇陛下からお言葉をたまわっていたのですが、そのために事前に受賞者の業績などをご説明にあがっていたのです。両陛下とも実にご熱心にお聴きくださって、いろいろご質問もいただき、美智子皇后さまもメモをとりながら熱心にお聴きくださり、どんなことにも常に真摯に取り組まれる両陛下のお姿には本当に敬服の念を禁じ得ない思いをしたものでした。

そういうこともあって、私はそれまでにも御所のお手洗には何回か行ったことがあったのですが、お手洗へは玄関ホールから階段を降りて地階に行かなければならないのでかなり時間がかかるうえに、お見送りくださっている両陛下や紀宮さまをお待たせするのは申し訳ないという気がしてお断わりして帰ったのですが、後で、安藤さんから「何で断ったんや、行って見たかったのに」と何べんもくり返し愚痴られました。安藤さんは建築家として御所のお手洗がどんなふうになっているのかをぜひ見ておきたかったのでしょう。安藤さんには大変申し訳なかったと思っていますが、御所はけっして特別贅沢な造りではなく、豪華な感じなどは全くなくて、お手洗を含めてすべてとても質素な感じで、清潔感に満ち、窓から見えるお庭などもよく手入れの行きとどいた美しい庭園などというような感じとは程遠く、樹々や草花などが自然のままに育っているような感じで、おうかがいするたびにいつもいいなあと思っていました。

話がそれてしまいましたが、元に戻しますと、お玄関では、我々が車に乗り込んだ後も、両陛下と紀宮さまのお三方は我々の車がお玄関の前の中庭の向こうを廻って見えなくなるまでずっと立ってお見送りくださっていて、私どもはそのご丁重な礼儀正しさに恐縮するとともに大変感動いたしました。

第七章　阪大生へのメッセージ

大阪大学の源流

阿部　最後になりますが、現在の大阪大学、そして大阪大学の学生諸君に対しまして、先生からのご助言、あるいはメッセージを頂戴したいと思います。

熊谷　我が国の第六番目の帝国大学として昭和六年（一九三一年）に発足した大阪大学は、平成二十三年（二〇一一年）に創立八十周年を迎えましたが、八十年前の開学式翌日の昭和六年五月二日の新聞には、一面トップの大見出しで「大阪帝大開学式」、「五月晴れの朝　朗らかな産聲」と大きな活字で書かれていて、官民挙げての喜びの模様を伝えています。

八十年余の歴史というのはイタリアのボローニャ大学の九百年を超える歴史や、ドイツのハイデルベルク大学、フランスのパリ大学などの数百年を超えるヨーロッパの諸大学の歴史にくらべますとけっして長いものではありませんし、日本の国立大学としても七つの旧帝国大学の

大阪帝国大学（現大阪大学）の開学を伝える新聞記事。
大阪朝日新聞昭和６年５月２日付夕刊。

中では最後から二番目に出来た最も若い大学の部類に入ります。さらに私学まで含めますと大阪大学よりも長い歴史をもつ大学はたくさんあります。

しかし、大阪大学の源流をたどりますと、古く、江戸時代における有名な学問所であった懐徳堂と適塾にまでさかのぼります。

懐徳堂は、今から約二九〇年余り前の江戸時代中期（享保九年、一七二四年）に創立された、漢学を中心とする大阪町人の学問所で、明治維新にいたるまで大阪町人の文教の中心となり、大きな足跡を残しました。

懐徳堂が町人の学問所といわれる所以は、封建制の時代にありながら、武士と町人の区別を全くつけることなく教育が行われ、しかも、それが鴻池家をはじめ五人の大阪の豪商によって設立され、その後の運営も住友家などを含むこれら商人の手によって行われたところにあるのです。懐徳堂からは、有名な町人の大学者の山片蟠桃をはじめ大勢の人材が輩出しています。

この懐徳堂の研究資料と三万六千冊におよぶ懐徳堂の蔵書は、昭和二十四年に大阪大学文学部が発足した際、すべて大阪大学に寄贈され、また、明治維新後一時中断の後、大正時代初期から再開されていた懐徳堂の文教活動も、それを機に大阪大学の教育・研究活動の一環として大阪大学に引き継がれることとなったのです。

大阪はよく、商人の町、商売の町、金儲けの町などといわれてきましたが、実は大阪のもつ大きな伝統的特色の一つは、その商人たちが昔から非常に学問・教育に熱心であったということなのです。大阪は、学問・教育を町人が育て支えるという伝統をもっていたのです。実際、昭和初期の深刻な不況の真最中に、すぐ隣接してすでに京都帝国大学が存在していたにもかかわらず、大阪帝国大学が大阪に創設されたのも、懐徳堂以来の伝統的な気風を背景に、当時の大阪市民や地元財界人などの熱烈な誘致運動と物心両面からの支援が大いにあずかって力となったのです。

一方、適塾は、今から約百八十年ほど前の江戸時代末期（天保九年、一八三八年）に、幕末における洋学研究の第一人者として仰がれた緒方洪庵によって大阪の町に開かれた、オランダ語と医学を中心とする洋学の学問所でした。適塾には、日本のほとんどすべての地域から学問を志す若者が集まり、その数は千名にも達しています。そして、適塾で学んだ塾生の中からは、塾頭を務め、後に慶應義塾大学を創設した福沢諭吉をはじめ、いずれも近代日本の建設に極めて重要な役割を果たした橋本左内、大村益次郎、大鳥圭介、長与専斎、佐野常民、高峰譲吉、等々の大勢の優れた人材が輩出しました。

適塾における勉学のはげしさは言語に絶するものがあったといわれています。たった一冊しかなかったオランダ語の辞書を塾生たちは奪い合って勉強したとも伝えられています。福沢諭吉も、その著『福翁自伝』の中で、自分の適塾における勉学時代をふりかえり、「およそ勉強ということについては、このうえにしようも無いほど勉強した」と述懐しています。そして、「江戸に教えることはあっても、江戸から学ぶことはなかった」と自信をもって述べています。適塾の存在によって、幕末の一時期、大阪は実質的に日本最高の学都となっていたのです。

この適塾が、明治維新後の大阪医学校、大阪府立大阪医科大学などを経て、昭和六年、新設された理学部と共に、大阪帝国大学の医学部となったのです。歴史作家の第一人者で、大阪大学に大変親近感をもってくださっていた司馬遼太郎さんも、その代表作の一つである『花神』の冒頭で、大阪大学の源流が緒方洪庵の適塾であったことに触れ、「昔、大坂の北船場にあった適塾を前身とする大阪大学は、政府がつくった大学ながら、私学だけがもちうる校祖をもっている」と書いておられます。

以上のような経緯から、我々は適塾と懐徳堂をもって本学の源流とみなしているのです。

ちなみに、適塾で学んだ塾生の一人である福沢諭吉は、奇しくも大阪大学発祥の地である大阪市中之島の元阪大医学部や同附属病院があったところで生まれ、今もその跡に建つ大阪大学中之島センターの真ん前に「福沢諭吉誕生地」という碑が建っています。これなんかもなかなか面白いご縁だと思いますね。

適塾の建物は、国の重要文化財として、今も往時の姿そのままに、大阪市の北浜に保存され、大阪大学がこれを管理しています。また、この適塾のすぐ近くにある日本生命本社ビルの道路に面した建物の壁面には、ここが懐徳堂の跡であったことを示す記念碑がはめ込まれています。

学生の皆さん方も、大阪大学の源流であるこの適塾や懐徳堂跡などをぜひ一度は訪れて、福沢諭吉をはじめ皆さん方のはるか先輩たちが情熱を込めて勉学に打ち込んだ、本学の原点の雰囲気をしのばれることをおすすめします。

大阪大学の歴史と伝統

熊谷　このような適塾と懐徳堂の流れを汲む大阪大学は、創設以来今日まで、まさに開学式当日の新聞の見出し通りに、朗らかで、明るく、活力溢れる若々しい大学として発展の一途をたどり続けてきました。

実際、医学部と理学部のたった二つの学部で発足した大阪帝国大学の開学初年度（昭和六年度）の新入学生の数は二つの学部を合わせてわずか八十六名に過ぎませんでした。

また、キャンパスも、開学当初は大阪市内の中之島にあった大阪府立大阪医科大学の建物・施設をそのまま新しく出来た大阪帝国大学の医学部として国に移管した医学部の建物と、そのすぐ近くにあった塩見理化学研究所の建物の中に理学部が仮住まいをしていただけで、とてもキャンパスと呼べるようなものではありませんでした。三年後の昭和九年四月にやっと医学部に隣接して新しく理学部の建物が出来上がりましたが、まだ大学本部の建物などはなく、総長室や本部事務局などもこの理学部の建物の中に同居していました。

その大阪大学が、平成二十六年の春には学部・大学院合わせて総計六四〇五名もの新入学生を迎え入れました。文字どおり隔世の感がいたします。ちなみに、大阪大学の学部新入学生の入学定員数は長い間一位を続けてきた東京大学を抜いて、平成二十三年度以降、全国立大学の中で最多となっています。

また、キャンパスも吹田キャンパス、豊中キャンパス、箕面キャンパスの三つのそれぞれ立派なメインキャンパスの他、大阪市内の中之島には大阪大学中之島センター、東京の霞ヶ関には文部科学省のすぐ目の前に平成二十六年三月に開設された大阪大学東京オフィスなどがあり、さらに海外にも北米センター（サンフランシスコ）、ASEANセンター（バンコク）、欧州センター（グローニンゲン）、東アジアセンター（上海）の四つの海外拠点を設けて教育・研究の国際交流や同窓会活動の支援などが行われています。

『大阪大学プロフィール二〇一四』によりますと、平成二十六年七月現在、大阪大学に在籍する学生の総数は学部、大学院合わせて二三四二九名にのぼりますが、そのうち女子学生が七一六七名もいるということを知って本当にびっくりしました。学部学生だけに限れば約三分の一の五〇〇四名が女子学生で、大学院にも二〇〇〇名を超える二一六三名もの女子学生がいるということで、全く驚きました。

そしてまた、全教員（三一六八名）のうち女性の教員が四二四名もおられ、しかもそのうち女性の教授が実に六十三人もおられるということを知って、本当に驚きました。これは非常勤の招聘教授や客員教授などを含まない、正規の常勤の女性の教授だけの数なのです。私は旧制の大阪大学の最後の卒業生として昭和二十八年に卒業しましたが、同じ年に卒業した同期の女子学生などは一人もおらず、女性の教授はもちろんのこと、女性の教員などというのはただの一人もおられませんでした。また、平成二十六年五月現在、海外からの留学生は世界一一三ヶ国・地域から学部・大学院学生と研究生を合わせて二〇一二名（うち女子学生一〇〇一名）が在籍し、外国人教員の数も一一八名にのぼっているということでした。

七〇〇〇名をはるかに超える女子学生、六十三名の教授を含む四百名以上もの女性の教員、二〇〇〇名を超える海外からの留学生、百二十名近い外国人教員、等が阪大におられるなどというようなことは、今の学生さんたちにとっては別に驚くようなことではないのかもしれませんが、私などのように半世紀以上も前に大阪大学を卒業した者にとっては全く驚きの一語に尽きる思いで、文字通り隔世の感がいたします。

大学の価値はもちろん学生の数や規模の大小などによって定まるものではありませんが、大学が大学たる由縁の最も重要な基本である学術・研究の面においても、大阪大学は発足当初から傑出した学風をもっていました。実際、例えば初代総長に就任された長岡半太郎先生は世界的な物理学者で、前にも申しましたように文化勲章の第一回の、しかも第一号の受章者で、日本学士院院長なども務められた我が国の学術界の最高峰でした。

また、開学当初の二つの学部のうち、適塾の流れを受け継ぐ医学部の初代の学部長となられたのは、我が国の内科学の第一人者で、長岡半太郎総長のあとを受けて第二代の阪大総長となられた楠本長三郎先生（医学部の前身である大阪医科大学の前学長）でしたが、楠本総長は総長ご在任中に、私の卒業した工学部の通信工学科をはじめ、微生物病研究所、災害科学研究所、産業科学研究所等の多くの附置研究所を創設されるなど、大阪大学の学術・研究と教育体制の充実・発展に大きく貢献されました。そのご功績を称えて、吹田キャンパスの医学部の正面には楠本長三郎先生の大きな胸像が置かれています。また、楠本総長のお名前は阪大の各学部・学科の最優秀卒業生に贈られる楠本賞として今も残されています。

一方、新設された理学部には長岡半太郎初代総長によって全国から飛び切りの俊秀が集められました。阪大時代の業績によって日本人初のノーベル物理学賞を受賞された湯川秀樹博士(当時講師、後助教授)などもそのお一人でした。そして、漆(ウルシオール)の研究で世界的に著名な初代の理学部長の真島利行先生(後第三代総長)をはじめ、それに続く、世界の屋根を制覇した八木アンテナの発明で知られる八木秀次先生(後第四代総長)、仁田勇先生、正田建次郎先生(後第六代総長)、赤堀四郎先生、(後第七代総長)らの歴代理学部長は、いずれも我が国の物理学や化学、数学などの分野を代表する世界的権威ばかりで、全員が日本学士院賞と文化勲章をお受けになりました。

他にも大勢の方々が文化勲章をはじめ立派な賞をお受けになっておられ、開学以来これまで(平成二十六年十二月まで)に文化勲章を受けられた本学の関係者は十九名にのぼり、文化功労者は三十三名、日本学士院賞の受賞者は六十二名で、そのうち十七名の方は恩賜賞もあわせて受けておられて、これらの数は八十年ほどの歴史しかない大学としては稀有のこととされています。さらに、平成二十三年六月には、私の総長時代に総長補佐などをお務めくださった名誉教授の山崎正和先生が日本芸術院賞と恩賜賞をお受けになりましたが、国立の総合大学の教授だった方が芸術院賞・恩賜賞を受賞されたというのは他にはちょっと例がないのではないかと思います。本当に嬉しい限りです。

二〇三一年に創立百周年を迎える大阪大学は、現在も、鷲田清一第十六代総長や平野俊夫第十七代総長らが提唱された「大阪大学二十一世紀懐徳堂」や「適塾から世界適塾へ」などのスローガンを掲げてさまざまな施策を推進しておられます。

世界に拡がる阪大生の輪

熊谷　このように、大阪大学は今も発展し続ける、活力溢れる若々しい大学で、卒業生の皆さんも広く国内外の各界・各分野で目覚ましい活躍をしておられ、最近よく行われる大学評価ランキングなどでも大阪大学は常に上位を占めるなど、今や名実ともに我が国を代表する世界的な大学の一つとして各方面から高い評価を受けていることは、まことにご同慶の至りです。

現在、大阪大学には部局毎、系毎、学科毎、等々のたくさんの同窓会がありますが、平成十七年にこれらの連合体として大阪大学同窓会連合会が結成され、同年七月二十五日の天神祭の日に、船渡御の阪大船の船上で宮原秀夫総長（当時）をはじめ各同窓会の会長や関係者、外国人留学生や応援団の諸君なども参加してその結成式が行われました。発足以来私がその会長を務めていますが、この大阪大学同窓会連合会には長い歴史と輝かしい伝統をもつ旧大阪外国語大学（現大阪大学外国語学部）の同窓会組織である「咲耶会」の会員や、阪大教養部の母体となった旧制の大阪高等学校や浪速高等学校の卒業生なども構成員として含まれており、部局や学科の枠を超えて、全同窓生と教職員がさらなる一体感をもって一層の親睦と連携・協力の輪を拡げ、大阪大学と全同窓生の益々の活躍と発展に資することをめざしています。

また、海外にも、私が総長の時、初の海外同窓会としてできた最も古い歴史を持つタイ阪大同窓会をはじめ、北米同窓会や上海同窓会、欧州同窓会などが結成され、大阪大学同窓会連合会と連携しつつ活動しています。

学生の皆さん方にはこのような大学で学ぶことができることを大きな喜びとし、かつ誇りとしていただきたいと思います。そして、その幸運を活かし、人との出会いや同窓の絆などを大切にしながら大阪大学の伝統的な明るく、活動的な学風を受け継いで広く世界に雄飛していただきたいと思います。

良い仕事は良い人間にしか出来ない

熊谷　私は大阪大学工学部（旧制）の通信工学科を昭和二十八年（一九五三年）に卒業して以来今日まで、半世紀以上にわたってずっと情報通信工学を中心とする科学技術の世界に身を置いてまいりました。

今の人たちには信じられないことかもしれませんが、私が大学生の頃までは、電話は固定電話しかなく、その設置を電話局に申し込んでも、実際に家に電話が取りつけられるまでには何日間もかかり、市外電話をかける時などは、例えば大阪から東京へかける場合、交換台に申し込んでから何時間も待たされ、特別料金を払って特急で申し込んでも、つながるまでには少なくとも一時間くらいは待たなければなりませんでした。もちろん今のような携帯電話などは誰も夢想だにしていませんでした。

そんな時代から現在の「高度情報社会」とか「ＩＣＴ」（Information & Communication Technology）というような言葉を見たり聞いたりしない日はないというような状況になるまでの情報通信技術の人類史上かつて例をみなかったほどの急速な進歩を目の当たりにしてきた私が、最近改めてつくづく思いますことは、科学技術や情報化が進めば進むほど、人間自身の賢明な判断力と、その基礎となる人間性がますます重要となってくるということです。

これまでも、新しい技術や文明が登場した時には、必ずいろいろな混乱や想定外の社会問題が多発するのが常でしたが、情報化社会においても、教育の問題やセキュリティの問題、知的財産権の問題、プライバシーの問題、ネット社会に固有の新しい犯罪の問題、等々の影の部分が発生します。実際、ネットを使った詐欺商法や出会い系サイトに端を発するいろいろな事件、ネットで誘い合わせた集団自殺や人権を無視した誹謗中傷など、予想し得なかった事態や社会的不具合が次々に発生しています。

よく、「情報化社会になると、人間は膨大な量の情報の洪水に埋没してしまうようになるであろう」といわれますが、実際にはそうはなりません。いかに情報化が進み、例えばＣＡＴＶで何十チャンネル、何百チャンネルものテレビ番組が放映されるようになっても、一人の人間が一度に見ることのできる番組はせいぜい一つか二つ、よほど器用な人でも三つぐらいが限度でしょう。新聞にしても、一人の人間が毎日読む新聞はせいぜい一紙か二紙、仕事上必要な人たちでも普通は五紙か六紙が限度です。

現在、一億をはるかに超えているると推定されるインターネット上のホームページを、一件一分で二十四時間不眠不休で読み続けたとしても、一億のホームページを一通り閲覧するには少なくとも百九十年を要します。すなわち、実際に人々が見るホームページは、ごく僅かな限られたものだけであって、インターネット上にホームページを開けば世界中のすべての人が見てくれるというのは、根拠のない誇大な幻想にすぎません。仮に何千人、何万人もの人たちが見てくれたとしても、世界の全人口からみればほんの一握りの僅かな限られた人たちだけなのです。

では、情報化の進展によって増えるものは何かといいますと、それは、一人の人間が受け取る「情報の量」ではなく、受け取る情報を一人ひとりが選べる「選択の自由度」なのです。情報化社会では、テレビの例でいえば、それぞれのチャンネルがニュース専門、スポーツ専門、経済専門、教育専門、音楽専門、ドラマ専門、等々と特定の分野の番組だけを二十四時間放映するようになります。さらに、同じ音楽番組でも、チャンネル毎に、クラシック音楽ばかり、ジャズばかり、演歌ばかり、等々と細分化され、情報の多様化と専門化、細分化が進み、その結果、人々は自分の好む情報だけを選ぶことができるようになるわけです。

このように、情報化の進展によって、いろいろな特定の分野に細分化された情報を自由に選ぶことができる「選択の自由度」が増えてくると、当然のことながら、人々は常に自分が関心のある分野の情報や、好きな番組ばかりを選んで見たり聴いたりするようになります。インターネットの場合でいえば、自分の好みに合う特定の狭いコミュニティーの中だけで情報のやりとりをするようになり、その結果、非常に視野の狭い偏った人間、他人の考え方や嗜好などを理解できない人間、健全な社会常識などを知らない人間、等々ができてしまう可能性があります。情報化が進むことによって、かえって若者と年長者、親と子、教師と生徒、上司と部下などの間における相互理解や意思の疎通などが困難になってくるおそれがあるわけです。

従って、情報化社会では人と人とが直接顔を見合わせながらフェイス・トゥ・フェイス（face to face）で語り合うコミュニケーションや、人間同士の直接的なふれあいが非常に重要な意義をもつようになるのです。実際、これだけ電子商取引き（eコマース）や銀行振込みが普及しているにもかかわらず、五・十日《ゴトビ》の道路の車の混雑は減っていません。商売をする人たちは単にお金を振り込むだけではなく、お得意様のところに直接出向いて、親しく日頃のお礼を述べたり、ご挨拶をすることがいかに重要であるかということを経験的によく知っているのです。

また、eメールやファックスなどが普通となる情報化社会では、手書きの手紙や自筆のお礼状などがますます大きな価値をもつようになります。情報化社会では人間自身が果たす役割が極めて重要となるのです。従って、情報化が進めば進むほど、バランスのとれた賢明な判断力をもつ人間教育と人間性の向上がますます必要となってくるわけです。

私はかねがね、「健全なる情報通信技術は健全なる社会から生まれる」と思っています。また、「より良い情報通信技術はより良い幸せと繁栄をもたらす」といえるものでなければならないと思っています。そして、これは情報通信技術や科学技術の分野における研究者や技術者だけに限らず、どんな仕事をする人についてもいえることで、これからの社会においてすべての人々に求められる最も基本的に重要なものは、結局、「良い人間である」ということになると考えています。

ゲーテ（J. W. von Goethe）も「良い仕事は良い人間にしか出来ない」と言っています。そして、ゲーテが同時代の学者として深く尊敬していた十八世紀最大の数学者といわれるラグランジュ（J. L. Lagrange）について、「彼は良い人間だった。だからこそ偉大な数学者だったのだ」と語っています（J. P. Echermann『ゲーテとの対話』）。私も全くその通りだと思います。

学生の皆さん方も、将来どのような仕事に取り組まれるにしても、常により良い人間性の向上につとめていただきたいものだと思います。

学問も事業も人情のため

熊谷　最後に、大阪大学の学生の皆様に、日頃から私自身が自らの精神の拠り所としてきた言葉をお贈りしたいと思います。それは、「学問も事業も究竟の目的は人情の為にするのである」という西田幾多郎博士の言葉です。これは、日本が生んだ偉大な哲学者西田幾多郎博士が、明治四十年（一九〇七年）に、友人の出版する著書の冒頭に求められて書かれた序文の中の一節にある言葉で、「人間の仕事は、人情ということを離れて外に目的があるのではない。学問も事業も究竟の目的は人情の為にするのである」というものです。この場合の「人情」というのは「人々の幸せを願う心」、あるいは「ヒューマニズム」とでもいうような意味に解してよいのではないかと思います。私はこの言葉をはじめて知った時深く感銘し、大学の卒業式や学位記授与式などの式辞の中でもしばしば申し上げてきた私の大好きな言葉なのです。

この、「学問も事業も究竟の目的は人情の為にするのである」という西田幾多郎博士の味わい深い言葉を学生の皆様にお贈りして私のインタビューを終らせていただきたいと思います。

長い時間をいただいて本当に有難うございました。

熊谷信昭第十二代総長略歴・受賞歴・主要著書

略歴

一九二九年五月　関東州（現中国遼寧省）旅順市に生まれる
一九四二年三月　豊中市立桜塚国民学校（現豊中市立桜塚小学校）卒業
一九四六年三月　浪速高等学校（旧制）尋常科修了
一九四九年三月　浪速高等学校（旧制）高等科理科卒業
一九五三年三月　大阪大学工学部（旧制）通信工学科卒業
一九五六年五月　大阪大学大学院（旧制）研究奨学生修了
一九五六年五月　大阪大学工学部助手
一九五八年九月　カリフォルニア大学（バークレー）電子工学研究所上席研究員
一九六〇年六月　大阪大学工学部通信工学科助教授
一九七一年六月　大阪大学工学部通信工学科教授
一九八〇年六月　大阪大学学生部長（併任、一九八二年五月まで）
一九八五年四月　大阪大学工学部長、大阪大学大学院工学研究科長（併任、一九八五年八月まで）
一九八五年八月　大阪大学総長（一九九一年八月まで）
　　　　　　　　大阪大学医療技術短期大学部学長（併任、一九九一年八月まで）
一九九一年九月　大阪大学名誉教授

一九九二年三月　原子力安全システム研究所代表取締役社長・所長（二〇〇三年六月まで）
一九九三年十二月　科学技術会議（現総合科学技術会議）議員（併任、二〇〇〇年十二月まで）
二〇〇四年四月　兵庫県立大学長（二〇一〇年三月まで）
神戸商科大学長（併任、二〇一〇年三月まで）
姫路工業大学長（併任、二〇一〇年三月まで）
兵庫県立看護大学長（併任、二〇一〇年三月まで）
二〇一〇年四月　兵庫県立大学名誉学長
二〇一〇年六月　国際電気通信基礎技術研究所取締役会長

受賞歴

一九八三年　米国電気電子学会 Fellow
一九八三年　レーザー学会特別功績賞
一九八五年　電子通信学会業績賞
一九八七年　電子情報通信学会功績賞
一九八七年　電子情報通信学会著述賞
一九八八年　郵政大臣表彰
一九九〇年　日本放送協会放送文化賞
一九九二年　米国電気電子学会 Life Fellow

一九九三年　大阪市民表彰
一九九四年　中華人民共和国白玉蘭賞
一九九五年　電子情報通信学会名誉員
一九九七年　日本学士院賞
一九九八年　文部大臣表彰
一九九九年　高柳記念賞
一九九九年　文化功労者顕彰
一九九九年　大川賞
二〇〇一年　米国電気電子学会 Third Millennium Medal
二〇〇六年　大阪文化賞
二〇〇七年　瑞宝大綬章
二〇一〇年　兵庫県功労者表彰

主要著書

ミリ波と赤外線（分担執筆、オーム社、一九六二年）
超高周波回路（共著、オーム社、一九六三年）
相対論的電磁界理論序説（共著、コロナ社、一九七一年）
電磁気学基礎論（オーム社、一九八七年）　電子情報通信学会著述賞　受賞

電磁波と境界要素法（共著、森北出版、一九八七年）
電磁理論特論（編著、コロナ社、一九八八年）
Integral Equation Methods for Electromagnetics（共著、Artech House、一九九〇年）
電磁理論（コロナ社、一九九〇年）
電磁理論演習（共著、コロナ社、二〇〇二年）
改定電磁理論（コロナ社、二〇一三年）

あとがき

本書は、大阪大学文書館設置準備室（当時、現大阪大学アーカイブズ）が実施した、熊谷信昭大阪大学第十二代総長へのオーラル・ヒストリーの記録です。その実施状況は以下の通りです。

第一回　二〇一〇年八月六日（第一章）
第二回　二〇一〇年九月七日（第二章）
第三回　二〇一〇年十月十三日（第三・四章）
第四回　二〇一〇年十一月十七日（第五章）
第五回　二〇一〇年十二月十三日（第六・七章）

オーラル・ヒストリーは、各回とも、大阪大学中之島センター（大阪市北区）内にある大阪大学同窓会連合会会長室で行われました。インタビュアーは、阿部武司（当時大阪大学文書館設置準備室長・大阪大学大学院経済学研究科教授、現大阪大学名誉教授・国士舘大学政経学部教授）と菅真城（当時大阪大学文書館設置準備室講師、現大阪大学アーカイブズ教授）が務めました。熊谷名誉教授の研究に焦点を当てた第二回のインタビュアーは、北山研一大阪大学大学院工学研究科教授に務めていただきました。

大阪大学文書館設置準備室では、発足した平成十八（二〇〇六）年度から名誉教授に対するオーラル・ヒストリーを実施してきました。熊谷名誉教授へのオーラル・ヒストリーもその一環です。また、大阪大学総長（初代～第十一代）の事績については、大阪大学編『大阪大学歴代総長餘芳』（大阪大学出版会、二〇〇四年）にまとめられています。本書は、これに続く総長の事績を、オーラル・ヒストリーの形でまとめたものです。

熊谷名誉教授には、この様な編者の意図をよくご理解くださり、全面的にご協力いただきました。お忙しいところ校正に多大な時間を取っていただき、正確な記録として出版することができました。

本書作成にあたっては、北山先生にはご多用のところ第二回目のインタビュアーをお引き受けいただいただけでなく、本書の出版に際してもご高配を賜りました。テープ起こしにあたっては、「ふみ工房」大段布美恵さんの正確なテープ起こしに助けていただきました。熊谷名誉教授の略歴作成および写真の選定にあたっては、熊谷名誉教授秘書の植本美千代さんのお手を煩わせました。原稿整理にあたっては、大阪大学本部事務機構総務企画部総務課文書管理室の川口由美子さんの補助を得ました。本書出版にあたっては、大阪大学出版会の大西愛さんにお世話になりました。記して感謝申し上げます。

二〇一五年十月

編者を代表して

菅　真城

や　行

ら　行

わ　行

A-Z

は　行

ま　行

さ行

た行

な行

か　行

人名索引

あ行

大阪大学とともに歩んで
熊谷信昭第12代総長回顧録

2015年11月10日　初版第1刷発行　［検印廃止］

編　　者　大阪大学アーカイブス
菅　真城
阿部武司

発 行 所　大阪大学出版会
代表者　三成賢次

〒565-0871
吹田市山田丘2-7
大阪大学ウエストフロント
TEL　06-6877-1614（直通）
FAX　06-6877-1617
URL：http://www.osaka-up.or.jp

印刷・製本　尼崎印刷株式会社

© Masaki Kan, Takeshi Abe et al. 2015　Printed in Japan

ISBN 978-4-87259-517-8 C3023

Ⓡ〈日本複製権センター委託出版物〉
本書を無断で複写複製（コピー）することは、著作権法上の例外を除き、禁じられています。本書をコピーされる場合は、事前に日本複製権センター（JRRC）の許諾を受けてください。